# 새로운 **도서**, 다양한 **자료**
# **동양북스 홈페이지**에서 만나보세요*!*

## 홈페이지 활용하여 외국어 실력 두 배 늘리기!

---

## 홈페이지 이렇게 활용해보세요!

**1** 도서 자료실에서 학습자료 및
MP3 무료 다운로드!

❶ 도서 자료실 클릭
❷ 검색어 입력
❸ MP3, 정답과 해설, 부가자료 등
   첨부파일 다운로드

\* 원하는 자료가 없는 경우 '요청하기' 클릭!

**2** 동영상 강의를 어디서나 쉽게!
외국어부터 바둑까지!

# 500만 독자가 선택한

가장 쉬운
독학 일본어 첫걸음
14,000원

가장 쉬운
독학 중국어 첫걸음
14,000원

가장 쉬운
프랑스어 첫걸음의 모든 것
17,000원

가장 쉬운
독일어 첫걸음의 모든 것
18,000원

가장 쉬운
스페인어 첫걸음의 모든 것
14,500원

버전업! 가장 쉬운
베트남어 첫걸음
16,000원

버전업! 가장 쉬운
태국어 첫걸음
16,800원

가장 쉬운
러시아어 첫걸음의 모든 것
16,000원

가장 쉬운
이탈리아어 첫걸음의 모든 것
17,500원

# 첫걸음 베스트 1위!

가장 쉬운
포르투갈어 첫걸음의 모든 것
18,000원

가장 쉬운
터키어 첫걸음의 모든 것
16,500원

버전업! 가장 쉬운
아랍어 첫걸음
18,500원

가장 쉬운
인도네시아어 첫걸음의 모든 것
18,500원

가장 쉬운
영어 첫걸음의 모든 것
16,500원

버전업! 굿모닝
독학 일본어 첫걸음
14,500원

가장 쉬운
중국어 첫걸음의 모든 것
14,500원

 동양북스
www.dongyangbooks.com
m.dongyangbooks.com

# 오늘부터는
# 팟캐스트로 공부하자!

**팟캐스트 무료 음성 강의**

## ▸1
### iOS 사용자
Podcast 앱에서
'동양북스' 검색

## ▸2
### 안드로이드 사용자
플레이스토어에서 '팟빵' 등
팟캐스트 앱 다운로드,
다운받은 앱에서
'동양북스' 검색

## ▸3
### PC에서
팟빵(www.podbbang.com)에서
'동양북스' 검색
애플 iTunes 프로그램에서
'동양북스' 검색

** 신규 팟캐스트 강의가 계속 추가될 예정입니다.

매일 매일 업데이트 되는 동양북스 SNS!
동양북스의 새로운 소식과 다양한 정보를 만나보세요.

blog.naver.com/dymg98          facebook.com/dybooks
instagram.com/dybooks          twitter.com/dy_books

국내 최초
현지 촬영 동영상 강의!

Live 중국어

현지회화의
모든 것

한희창, 이효영, 문형기 공저

동양북스

초판 7쇄 | 2017년 4월 5일

지은이 | 한희창 · 이효영 · 문형기
발행인 | 김태웅
편집장 | 강석기
편집 | 권민서, 양정화, 정지선, 김효수, 김다정
디자인 | 방혜자, 성지현, 이미영, 김효정
마케팅 총괄 | 나재승
마케팅 | 서재욱, 김귀찬, 이종민, 조경현
온라인 마케팅 | 김철영, 양윤모
제　작 | 현대순
총　무 | 한경숙, 안서현, 최여진, 강아담
관　리 | 김훈희, 이국희, 김승훈, 이규재

발행처 | 동양북스
등　록 | 제10-806호(1993년 4월 3일)
주　소 | 서울시 마포구 동교로 22길 12(04030)
전　화 | (02)337-1737
팩　스 | (02)334-6624

http://www.dongyangbooks.com

ISBN 978-89-8300-592-2  03720

ⓒ 한희창 · 이효영 · 문형기, 2008

▶ 본 책은 저작권법에 의해 보호를 받는 저작물이므로 무단 전재와 복제를 금합니다.
▶ 잘못된 책은 구입처에서 교환해 드립니다.

《라이브 중국어 현지회화의 모든 것》은 중국 생활의 모든 것이 담겨 있는 초중급 중국어 교재입니다. 초급 단계의 학습자들이 중국에 갔을 때 맞닥뜨릴 수 있는 여러 가지 상황을 설정하여 회화를 구성하고, 회화문을 통해서 중국 현지의 생생한 생활 정보까지 습득할 수 있도록 했습니다. 뿐만 아니라 중국에 가지 않고도 중국을 그대로 들여다 볼 수 있도록 직접 촬영한 사진과 함께 현지 정보를  담았습니다.

이 교재는 중국에서 생활하면서 겪게 될 여러 가지 상황을 크게 10장으로 나누어, 연관된 현지 정보와 표현을 중심으로 구성했으며, 상황별로 알아두어야 할 각종 주의사항이나 대처방안도 함께 소개했습니다. 중국이란 나라가 워낙 넓고, 빠르게 변화하는 곳이라서 이 책에 담긴 내용이 중국의 모든 지역에서 언제나 일치할 수는 없을 것입니다. 하지만 중국 각지에서 생활하고 있는 동문들과 중국인 친구들의 도움을 받아 최대한 중국에서 널리 통용되는 보편적인 정보를 선별하고, 필요한 부분에서는 변호사의 자문을 받았으며, 보다 실용적인 회화 표현을 싣기 위해 중국인 교수들께 문장 감수까지 받는 등 학습자들에게 정말 실질적으로 도움이 되는 '어학+정보'가 담긴 교재를 만들고자 최선을 다했습니다.

동양북스로부터 현지 회화 교재 기획안을 접한 뒤, 교재 집필을 위해 본격적으로 회화 수집을 하는 동안 중국이 얼마나 넓은지, 또 지역마다 사람마다 표현이 얼마나 다양한지 절실히 느꼈습니다. 뿐만 아니라 '언어는 분명히 사회와 문화를 적극 반영하는 의사소통 수단'이라는 점도 다시 한 번 깊이 깨달았습니다. 왜냐하면 우리가 알고 있는 단어나 문법 지식에만 의존해서는 풀리지 않는 표현들이 너무도 많기 때문입니다. 예를 들면 은행에서 '통장정리'를 하려고 할 경우, '통장'과 '정리'라는 단어의 문법적 조합이 아닌 전혀 다른 "划一下(화이샤 - 긁어주세요)"라는 말을 해야 하니 말입니다. 또한, 호텔 등의 숙박업소에서 "24시간 온수 사용이 가능한가요?" 등의 표현을 알아두어야 하는 것도 '중국'이라는 특수한 상황을 반영한 표현입니다. 우리나라에서라면 이런 질문은 필요 없겠죠?

이 책을 집필하던 지난 2년여의 시간은 저희에게 참으로 많은 것을 배우고 깨닫게 해준 값진 시간이었습니다. 그리고, 지난 시간의 노력이 드디어 학습자 여러분께 다가간다고 생각하니 설레는 마음과 벅차오르는 감격을 감출 길이 없습니다. 모쪼록 이 교재가 중국에서 생활하게 될 많은 한국인들에게 도움이 되길 진심으로 바랍니다.

무엇보다 저희에게 이 교재를 쓸 수 있도록 기회를 주신 동양북스의 사장님을 비롯한 편집부 식구들에게 깊이 감사 드리며, 교재 집필에 도움을 주신 난징대학교의 리카이(李开) 교수님, 까오샤오팡(高小方) 교수님, 성린(盛林) 교수님, 양시펑(杨锡彭) 교수님, 임복순 교수님, 이소현 선생님, 임승규 선생님, 이민숙 선생님, 서동주, 최혜진, 김정, 김영진, 폭 넓은 정보 수집과 사진 촬영을 위해 애써주신 〈중한비즈〉 가족 여러분, 부산외대 강봉균, 임한영, 중국 법률을 자문해 주신 쉬훼이(许辉) 변호사, 든든한 지원군 모교 한양대학 중국학부 교수님들과 동문들, 부산외대 왕충의 교수님과 정태업 교수님께 감사 드립니다. 그리고 끝으로 자식으로서 늘 부족하기만 한 저희를 언제나 따뜻하게 격려해 주시는 부모님과 가족들, 항상 가족처럼 따뜻한 관심과 배려, 우정을 아끼지 않는 남경 사물놀이패 식구들에게 진심으로 감사 드립니다.

**저자** 한희창, 이효영, 문형기

# CONTENTS

**여는글**

중국 삶의 현장을 사진으로 구경하고, 소개하는 글을
읽으면서 중국 생활을 미리 체험해보세요.

● **mission**

중국에서 살면서 언제 어디서나 겪을 수 있는 상황을 가지고
step1과 step2 두 단계의 회화를 구성했습니다.

● **step1** 살다 보면 이 말은 꼭 한다!

중국에서 생활할 때 가장 필요한 표현만을 엄선했습니다.
듣기보다는 일단 내가 원하는 말은 어떻게 하는지가
더욱 중요합니다. 내가 하게 될 말을 미리 연습하세요!

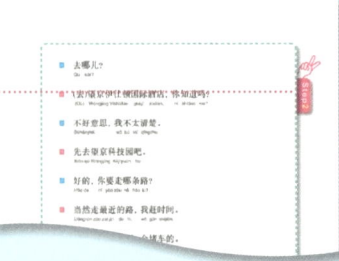

**step2** 이 정도는 알아듣자!

step2에서는 중국인들이 말하는 것을 듣는 연습을 합니다.
중국인이 하는 말을 알아들을 수 있도록 듣기 훈련을 하고,
회화를 통해 관련 표현들을 배웁니다.

**일러두기**

★ 어법 용어는 빈어 → 목적어, 개사 → 전치사, 상황어 → 부사어 등 중국 용어를 이해하기 쉽게 우리식으로
   바꾸어 표기합니다.

★ 해석 부분에서 표기된 중국어의 한글 독음은 참고만 하세요. 중국어 발음은 한글 표기법으로는 정확히 표
   기하기가 어렵기 때문에 문장 속에 보여지는 한어병음을 보고 읽는 것이 가장 좋습니다.

★ 정보란에 실은 모든 정보는 베이징을 기준으로 합니다. 각종 물가는 베이징 시내에서도 지역 차이가 많이
   나므로 임의 가격으로 설정했지만, 교통 요금은 2008년 베이징 기준 요금을 적용하여 표시했습니다.

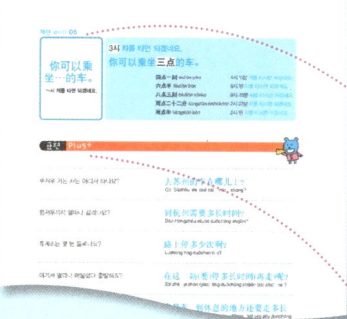

● 패턴 drill

회화에서 정말 자주 사용하는 표현 패턴 40개를 모았습니다.
문형을 반복 연습하면 중국인들과 부딪혔을 때 자기도 모르게
하고 싶은 말들이 툭툭 튀어나옵니다.

● 표현 Plus

mission에서 학습한 것만으로는 뭔가 부족합니다.
한국 사람들이 중국에 살면서 '이 말을 어떻게 해야 하지?'라는
의문을 품는 표현들만 쏙쏙 뽑았습니다. step1, step2에서 업그레
이드 된 내가 '말하게 될' 표현들입니다.

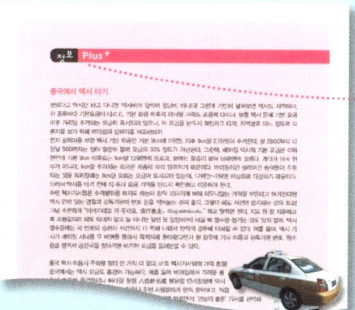

● 정보 Plus

개괄적인 중국 소개로는 좀 부족하죠? 중국에 대한 이야기가
무궁무진해서 맨 앞의 두 페이지로는 성이 차지 않습니다.
좀더 자세히 알아두어야 할 생활 정보들을 담았습니다.

어휘 Plus ●

실제 대화를 하게 되면 굳이 문장으로 표현하지 않아도
단어만으로 의미 전달이 되는 경우가 많습니다.
상황별로 알아두면 도움이 되는 생활 어휘들을 모았습니다.

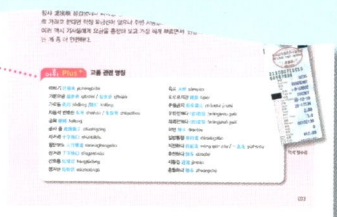

★성조의 미묘한 변화를 눈으로 확인하세요!
　중국어의 성조는 실제 회화에 반영될 때 여러 가지 이유에 의해서 변화됩니다. 기존의 교재들은 학습자들
의 혼동을 방지하기 위해서 '3성의 변화' 등 기본적인 변조를 제외한 '실제 구어체에서 들리는 성조의 변화'
를 한어병음 표기에 충분히 반영하지 않았다고 볼 수 있습니다. 본 교재는 현지 생활에 적응할 수 있도록
구어체에서의 성조 변화를 한어병음 부분에 일부 추가 반영하였습니다.
　단, '3성 + 경성'으로 이루어진 단어를 읽을 때 경성으로 읽히는 글자가 본래 3성일 경우에는 '2성 + 경성'으
로 발음합니다. 표기는 '3성 + 경성'으로 합니다.

# 귀가 뚫리고 입이 열리는 MP3 CD 활용하기

## ★ 드라이브족들을 위한 우리말 녹음 서비스!

책이 없어도 언제 어디서나 연습할 수 있도록 우리말과 중국어를 함께 담았습니다.(Step2는 제외)
우리말로 먼저 듣고 뒤따라 나오는 중국어 표현을 듣고 따라 해보세요.
주요 표현을 담은 Step1과 중요한 문형을 연습하는 패턴 drill, 좀더 자세한 표현을
익혀보는 표현 Plus를 각각 본문 순서대로 모았습니다. 원하는 것만 골라 들으실 수 있습니다.

## ★ 중급으로 업그레이드하려면 우리말 없이 들으세요!

교재의 모든 중국어를 처음부터 과의 순서대로 녹음한 MP3 파일을 한데 모았습니다.
원어민의 발음을 들으면서 자신의 발음도 체크해보고, MP3 기능을 이용해 반복 연습하면
원어민처럼 자연스럽게 말할 수 있습니다.

# 재미있게 공부하는
# 업그레이드 무료 동영상 강좌

## ★ 동영상 강좌에는 선생님과 칠판밖에 없다?!

엽기 강사 이승해가 직접 베이징에 가서 베이징 시민들과 나눈 인터뷰와
살아 있는 베이징의 모습을 직접 담아왔습니다.

## ★ 각 장에서 핵심이 되는 Mission 하나를 골라 Step2를 강의합니다.

인터뷰와 상황극을 보고, 주요 표현과 내용을 학습합니다.
Step1에 들어 있는 핵심 표현은 Step2 회화에도 들어 있으므로, 강의 내용에 포함됩니다.

## ★ 패턴 drill과 표현 Plus는 강의에 들어 있지 않습니다.

강의에서는 패턴 drill과 표현 Plus를 다루지는 않습니다. 패턴 drill은 문형을, 표현 Plus는 전체적
인 의미를 염두에 두고, MP3를 활용해서 반복 연습을 하면 더욱 놀라운 효과를 얻을 수 있습니다.

# 나, 중국 간다

## 01

### 출국

# 01  인천공항에서 셔우뚜 지창으로

## >> 출국

요즘 중국으로 여행 가거나 어학연수 또는 유학을 떠나는 학생의 수가 셀 수 없이 많다. 그 중 중국에 유학 중인 학생 수만도 7만 명을 웃돈다고 하니, 실로 어마어마한 숫자가 아닐 수 없다. 중국에 유학 가는 첫 관문, 공항을 이용하는 법부터 알아보자.

### 출국 수속

공항에는 출국 시간보다 두 시간 정도 일찍 도착하는 것이 좋다. 탑승 시간이 가까울수록 이용자가 많으므로, 여유 있게 일찍 출발하자. 공항에 도착한 후 가장 먼저 가야 할 곳은 바로 항공사 데스크다. 각 항공사별로 데스크 부스가 A~M 사이에 나뉘어 위치하고 있다. 자신이 타고 갈 항편을 확인하고, 해당 항공사 부스로 가서 짐을 부치고, 비행기표를 탑승권으로 바꾼다.

01 인천공항에 들어가면 A~M까지 전 세계 항공사들의 티켓부스가 줄지어 서 있다. 안내판에서 해당 항공사 티켓부스의 알파벳을 확인할 수 있다. 02 인천공항의 출국심사대를 통과하면 면세점과 게이트가 있는 곳이 나온다. 03 베이징 공항에 도착 후 비행기에서 내려 길을 따라 가면 입국심사대가 나온다. 외국인 입국심사 데스크 앞에 서서 수속을 기다리는 사람들. 04 공항 내 청사간의 이동 거리가 멀다. 입국심사대를 통과하면 레일을 타고 짐을 찾으러 가야 한다. 05 심사대 앞에는 출입국신고서가 배치되어 있다. 비행기 안에서 미처 준비 못했다면 여기서 작성하면 된다. 06 海关은 '세관'을 뜻한다. 이곳을 통과하면 중국으로 입성! 07 쾌적하고 깨끗한 신청사.

짐은 1인당 20kg을 초과하면 초과량에 대한 비용을 지불해야 한다. 또한 물이나 화장품, 젤 등 액상 물품과 칼 같은 날카로운 물건들은 모두 휴대할 수 없으므로, 미리 큰 짐에 넣어서 부쳐야 한다. 짐을 다 부친 후 배웅 나온 사람들과 마지막 인사를 나누고, 세관에 신고할 물품이 있으면 신고하고, 없으면 곧바로 엑스레이 검색대로 간다. 엑스레이 검색대를 통과하면 출국심사대가 나온다. 여기에서 여권에 도장을 받으면 출국 수속 끝! 면세점을 구경하다가 탑승 10분 전까지 비행기에 해당 탑승구로 가서 탑승하면 된다.

### 서울에서 베이징까지

서울에서 베이징까지 비행 시간은 두 시간 정도 소요된다. 최근에는 국내 항공사와 중국 항공사들이 승무원들을 서로 지원하고 있어서 어느 국적의 항공사를 이용하든지 중국인과 한국인 승무원이 동승한다. 그러므로 기내에서 크게 불편한 사항은 없다.

### 베이징의 새얼굴, T3

베이징 셔우뚜 국제공항에 신(新)청사가 생겼다. 2008년 3월에 개장한 신청사 T3(제3터미널)는 기존의 T1, T2를 대신해 모든 국제선을 수용하며, 아시아 최대 규모를 자랑한다. 규모가 크다 보니 비행기에서 내려서 입국하기까지의 이동 거리가 상당히 길다. 게이트 및 입국심사대가 입국장과 다른 건물에 있어서 입국심사를 마치면 레일을 타고 입국장으로 이동해야 한다. 입국장에 도착하면 수하물 찾는 곳에서 짐을 찾고 세관을 통과해 중국에 입국한다.

입국심사대에서 신청사로 이동하기 위해 레일을 타는 사람들 | 트롤리를 컨베이어 벨트 앞에 배치해두었다. | 수하물 찾을 때는 항편과 출발지를 확인한다. | 공항 내의 안내표지판에 한글이 병기되어 있다.

떨리는 가슴으로 비행기에 올라타고, 드디어 떴다! 떴다! 비행기!!
비싼 항공료 냈으니까 서비스를 톡톡히 받아내야지~
미리 중국어 연습도 해볼 겸 예쁜 중국 스튜어디스 누나 좀 불러볼까나?! 콩중샤오지에 空中小姐~

**Step1**

听 您需要什么?
Nín xūyào shénme?

说 **请给我一副耳机，好吗?**
Qǐng gěi wǒ yí fù ěrjī, hǎo ma?

说 **我要一杯矿泉水。**
Wǒ yào yì bēi kuàngquánshuǐ.

听 飞机刚刚起飞还没稳定，过一会儿送来，好吗?
Fēijī gānggāng qǐfēi hái méi wěndìng, guò yíhuìr sònglái, hǎo ma?

**단어** 需要 xūyào 필요하다 | 给(我) gěi(wǒ) (나에게) 주다 | 耳机 ěrjī 이어폰 | 矿泉水 kuàngquánshuǐ 생수 | 刚刚 gānggāng 방금, 막 | 起飞 qǐfēi 이륙하다 | 还 hái 아직 | 稳定 wěndìng 안정되다

**해석** 听 뭐 필요하세요?
说 이어폰 좀 주시겠어요?

说 물 한 잔만 주세요.
听 비행기가 이제 막 이륙했으니 잠시 후에 가져다 드리겠습니다.

听 您需要什么帮助?
Nín xūyào shénme bāngzhù?

说 有今天①的报纸吗?
Yǒu jīntiān de bàozhǐ ma?

听 有，您要吗?
Yǒu, nín yào ma?

说 是的，请给我②一份(报纸)，好吗?
Shì de, qǐng gěi wǒ yí fèn (bàozhǐ), hǎo ma?

听 好的，您要哪一种(报纸)?
Hǎo de, nín yào nǎ yì zhǒng (bàozhǐ)?

说 韩文的各来一份。
Hánwén de gè lái yí fèn.

听 好的，马上给您送来③。
Hǎo de, mǎshàng gěi nín sònglai.

---

**단어** 帮助 bāngzhù 돕다, 도움 | 今天 jīntiān 오늘 | 马上 mǎshàng 곧, 즉시 | 报纸 bàozhǐ 신문

**참고** ① 어제는 昨天zuótiān 내일은 明天míngtiān이다.
② 동사 뒤에 간접목적어로 쓰이는 你, 我, 他 등은 경성으로 읽는다.
③ 평서문에서 단음절 동사 뒤에 붙는 방향보어 来, 去는 경성으로 읽는다.

**해석** 听 무엇을 도와드릴까요?
说 오늘 신문 있나요?
听 네, 필요하십니까?
说 네, 신문 한 부만 가져다 주시겠어요?
听 어떤 걸 원하십니까?
说 한국어 신문 전부 한 부씩 주세요.
听 네, 바로 가져다 드리겠습니다.

패턴 drill **01**

## 请给我…, 好吗?

~ (좀) 주시겠어요?

이어폰 (좀) 주시겠어요?

## 请给我一副耳机, 好吗?

| 一杯咖啡 yìbēi kāfēi | 커피 (좀) 주시겠어요? |
| 一个枕头 yíge zhěntou | 베개 (좀) 주시겠어요? |
| 一条毛毯 yìtiáo máotǎn | 담요 한 장 (좀) 주시겠어요? |
| 一杯橙汁儿 yìbēi chéngzhīr | 오렌지주스 (좀) 주시겠어요? |
| 一点餐巾纸 yìdiǎn cānjīnzhǐ | 냅킨 (좀) 주시겠어요? |

표현 **Plus⁺**

---

휴대전화가 꺼져 있는지 확인해주십시오.

请确认手机关闭了。
Qǐng quèrèn shǒujī guānbì le.

---

등받이 좀 조정해주십시오.

椅靠背调一下。
Yǐkàobèi tiáo yíxià.

---

탁자 좀 올려주시겠습니까?

请把您的(小)桌板收一下。
Qǐng bǎ nín de (xiǎo) zhuōbǎn shōu yíxià.

---

비행기가 곧 착륙하겠으니,
승객 여러분께서는 안전벨트를 확인해주십시오.

我们的飞机很快就要着陆了,
Wǒmen de fēijī hěn kuài jiùyào zhuólù le,

请您再确认一下是否系好安全带了。
qǐng nín zài quèrèn yíxià shìfǒu jì hǎo ānquán dài le.

---

이 가방 좀 위로 올려주시겠어요?

请帮我把这个包放在上面, 好吗?
Qǐng bāng wǒ bǎ zhè ge bāo fàng zài shàngmian, hǎo ma?

---

입국신고서 한 장만 다시 주세요.

再给我一张入境登记卡。
Zài gěi wǒ yì zhāng rùjìng dēngjì kǎ.

---

입국신고서 쓰는 방법 좀 가르쳐주세요.

请告诉我怎么写入境登记卡。
Qǐng gàosu wǒ zěnme xiě rùjìng dēngjì kǎ.

---

화장실이 어디예요?

洗手间在哪里?
Xǐshǒujiān zài nǎli?

---

자리 좀 바꿔주실래요?

能不能换个位子?
Néng bu néng huàn ge wèizi?

---

벌써 중국에 도착한 건가? 어쨌든 니하오 你好! 반갑다, 중국아!
비행기에서 내리자마자 들려오는 중국어와 제복을 입고 돌아다니는 공안들 때문에 나도 모르게 긴장 모드로 돌입!
릴랙스~ 릴랙스~ 자, 이제 공항을 빠져나가볼까?

Step 1

听 摘一下帽子，好吗？
Zhāi yíxià màozi, hǎo ma?

说 好的。
Hǎo de.

听 你是来学习的吧。
Nǐ shì lái xuéxí de ba.

说 是的，我(是)来学习汉语的①。
Shì de, Wǒ (shì) lái xuéxí Hànyǔ de.

단어 摘 zhāi 벗다 | 帽子 màozi 모자 | 学习 xuéxí 학습(하다), 공부(하다)

참고 ① 是…的는 강조구문으로 '…' 부분에 들어가는 말을 강조해준다. 앞의 是는 생략해도 되지만, 뒤의 的는 생략할 수 없다.

해석 听 모자 좀 벗어주시겠어요?
说 네.

听 공부하러 오신 거죠?
说 네, 중국어를 공부하러 왔어요.

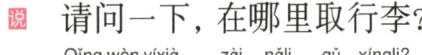

说 请问一下，在哪里取行李？
　　Qǐng wèn yíxià, zài nǎli qǔ xíngli?

听 给我看看你的行李单。
　　Gěi wǒ kànkan nǐ de xínglidān.

说 在这儿①。
　　Zài zhèr.

听 是 2号行李提取处，你就往这个方向一直走，
　　Shì èr hào xíngli tíqǔchù, nǐ jiù wǎng zhè ge fāngxiàng yìzhí zǒu,

　　右转会看到2号的标志。
　　yòu zhuǎn huì kàndao èr hào de biāozhì.

说 那里会有手推车吧。
　　Nàli huì yǒu shǒutuīchē ba.

听 路上有放手推车的地方。
　　Lùshang yǒu fàng shǒutuīchē de dìfang.

说 谢谢!
　　Xièxie!

听 不谢!
　　Bú xiè!

단어 在 zài ~에서 | 取 qǔ 갖다, 얻다, 손에 넣다 | 行李 xíngli 짐, 가방 | 行李单 xínglidān 수화물표 | 这儿 zhèr 여기 | 行李提取处 xíngli tíqǔchù 수화물 찾는 곳 | 一直 yìzhí 똑바로, 곧바로 | 走 zǒu 가다 | 会 huì ~하게 될 것이다 | 标志 biāozhì 표시 | 手推车 shǒutuīchē 카트, 손수레 | 地方 dìfang 곳, 장소

참고 ① 거기는 nàr 那儿, 어디는 nǎr 哪儿이라고 한다.

해석 说 저기요, 짐은 어디서 찾나요?
听 수화물표 좀 보여주세요.
说 여기요.
听 2번 컨베이어네요. 이쪽으로 쭉 가다가 오른쪽으로 꺾어지면 2번 번호판이 보일 겁니다.
说 거기에 카트 있겠죠?
听 가다 보면 카트 있는 곳이 나와요.
说 감사합니다.
听 별말씀을요.

我(是)来
…的。
~하러 왔어요.

중국어를 공부하러 왔어요.

我(是)来学习汉语的。

| | |
|---|---|
| 参加博览会 cānjiā bólǎnhuì | 박람회에 참가하러 왔어요 |
| 谈工作 tán gōngzuò | 일을 상의하러 왔어요 |
| 看朋友 kàn péngyou | 친구 만나러 왔어요 |
| 旅游 lǚyóu = 旅行 lǚxíng | 여행하러 왔어요 |

## 표현 Plus

제 짐을 찾을 수가 없어요.

我找不到我的行李了。
Wǒ zhǎo bu dào wǒ de xíngli le.

다른 사람이 제 가방을 잘못 가져간 것 같아요.

好像别人拿错了我的包。
Hǎoxiàng biérén ná cuò le wǒ de bāo.

이거 그냥 친구에게 줄 기념품이에요.

这只是送给朋友的小纪念品。
Zhè zhǐshì sòng gěi péngyou de xiǎo jìniànpǐn.

좀 도와주시겠어요?

请帮我一下，好吗?
Qǐng bāng wǒ yíxià, hǎo ma?

죄송합니다, 저 트렁크 좀 내려주시겠어요?

麻烦你，请帮我拿一下那个皮箱，好吗?
Máfan nǐ, qǐng bāng wǒ ná yíxià nàge píxiāng, hǎo ma?

**우리 돈을 중국돈으로 환전할 때 가장 좋은 방법은?**

예전에 암달러상이 성행했을 때는 한국 돈을 달러로 바꿔 가져 가서 다시 중국돈으로 바꾸는 방법이 가장 이상적이었지만, 암달러상이나 은행의 환율이 비슷한 지금은 은행에서 환전하는 것이 훨씬 안전하다. 뿐만 아니라 자주 거래할 경우 은행이 고객 관리 차원에서 환전수수료 할인 서비스를 제공하므로, 여러 모로 은행을 이용하는 것이 좋다. 최근에는 해외 여행자나 유학생이 증가함에 따라서 한국 은행마다 해외직불카드 서비스를 제공하고 있는데, 환전하지 않고 국내 통장에 있는 돈을 바로 중국의 카드 인출기에서 중국돈으로 뽑아 쓸 수 있다.

## 여권 및 비자 발급 받기

외국에 갈 때 가장 중요한 준비물은 바로 여권! 해외로 나갈 때 가장 먼저 준비해야 할 것이 바로 여권이다. 일반여권은 1995년 10월 1일자로 외무부 여권과에서 일선 구청 또는 도청으로 이전되어 서울의 10개 구청 여권과와 14개 광역시청 및 도청 여권계에서 발급하며, 출신 지역이나 거주 지역과는 상관 없이 본인이 가기 편한 발급 기관으로 가서 신청하면 된다. 신청에서 발급까지의 소요 시간은 특별한 일이 없을 경우 개인은 2~3일이 걸리지만, 성수기에는 10일 정도 걸리므로 미리 준비해 두어야 한다. 여권이 발급되면 접수증과 주민등록증을 가지고 가서 여권을 받는다. 2006년부터 여권 유효기간이 5년에서 10년으로 길어졌다. 해외에서는 여권이 곧 신분증인데, 최근 중국을 비롯한 동남아 일대에서 한국인의 여권을 노린 범죄가 급증하고 있으므로 잘 간수해야 한다.

중국에 가려면 비자를 받아야 하는데, 2007년 9월 1일자로 규정이 개정되어 개인은 비자를 신청할 수 없고, 중국대사관에서 지정한 여행사를 통해서만 신청 가능하게 되었다. 그러므로, 중국 비자를 받으려면 여행사에 비자대행을 신청해야 한다. 국내에서 비자를 미리 신청하지 못했다면, 중국 현지에서 바로 비자를 받을 수 있는 '도착비자'가 있다. 이 도착비자는 중국 모든 지역에서 신청할 수 있는 것은 아니다. 베이징 北京, 광저우 广州, 선양 沈阳, 칭다오 青岛, 옌타이 烟台 등의 몇 군데로 지정되어 있고 발급하는 지역마다 종류나 수수료 등의 조건이 다르므로, 미리 알아 보거나 비자를 한국에서 받는 것이 좋다.

### 비자의 종류와 체류 가능 기간

– 유학 (X) 비자 学生签证 Xuésheng qiānzhèng 유학생들이 신청하는 비자, 체류기간 1년
– 체류 (Z) 비자 职业 签证 Zhíyè qiānzhèng 주재원 등 직업 관련 비자, 체류기간 1년
– 관광비자 (L) 旅游签证 Lǚyóu qiānzhèng 단수 체류기간 30일 / 관광 90일 비자 체류기간 30 / 90 / 180일

### 어휘 Plus⁺

| | |
|---|---|
| 비자 签证 qiānzhèng | 국내선 도착 国内到达 guónèi dàodá |
| 여권 护照 hùzhào | 국외선 도착 国际到达 guójì dàodá |
| 비행기표 飞机票 fēijīpiào | 도착시간 到达时间 dàodáshíjiān |
| 탑승권 登机牌 dēngjīpái | 탑승구/게이트 登机口 dēngjīkǒu |
| 안내데스크 咨询台 zīxúntái | 분실물 신고센터 报失中心 bàoshī zhōngxīn |
| 갈아타다 转乘 zhuǎnchéng / 转机 zhuǎnjī | 카트/트롤리 手推车 shǒutuīchē / 行李车 xínglichē |
| 국내선 国内航班 guónèi hángbān | 수하물 찾는 곳 行李提取处 xíngli tíqǔchù |
| 국제선 国际航班 guójì hángbān | 行李领取处 xíngli lǐngqǔchù |
| 국내선 출발 国内出发 guónèi chūfā | X번 컨베이어 X号运输设备处 X hào yùnshù shèbèichù |
| 국외선 출발 国际到达 guójì chūfā | |

# 국경에서
# 시내로 진입하라

## 02
### ―
### 교통

#  02 공항에서 숙소로 이동하라

## >> 공항 교통

01

02

베이징 셔우뚜 국제공항에서 베이징 시내까지는 그리 멀지 않다. 차량으로 30분에서 한 시간 가량이면 도착하는데, 문제는 바로 교통비다. 교통 수단에 따라 요금 차이가 많이 나므로 어떤 교통 수단을 이용할 것인지 먼저 고려한 후에 이용하자.

### 공항 리무진 버스 이용하기

셔우뚜 국제공항은 시내로 진입하는 교통편이 매우 편리하다. 베이징 셔우뚜 국제공항에서 시내로 들어가는 공항 리무진 버스의 노선은 총 6개. 유학생들이 가장 많은 지역인 우따오커우 五道口와 쉐위엔 로 学院路, 시내 한복판인 베이징 기차역 北京站을 포함한 시내 주요 지역으로 들어간다. 버스 요금은 전 노선이 16위엔이며, 공항 신청사의 출구 쪽에 공항 버스 매표소 机场巴士售票处가 있다.

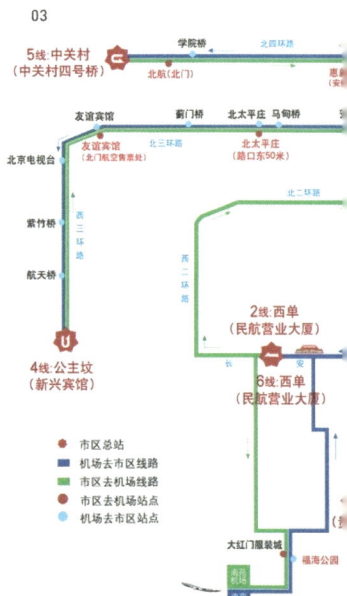

03

01 베이징 셔우뚜 국제공항을 나오면 바로 공항 리무진 버스와 택시 승차장이 보인다. 공항 리무진들이 인천 국제공항처럼 입구에 노선별로 주차해 있어서 이용하기 어렵지 않다. 02 베이징의 택시가 변하고 있다. 신형 택시들은 택시 기사와 승객 사이에 있던 칸막이를 없애고, 깨끗한 모습으로 단장했다. 물론 요금은 가장 비싼 2위엔/km. 그런데 더 반가운 건 이 신형 택시들이 다름 아닌 현대의 '엘란트라'라는 것. 괜히 어깨가 올라가는 순간이다. 03 공항 리무진 노선도. 총 6개의 노선으로 베이징 시내 곳곳을 누빈다. 04 시딴에 위치한 민항빌딩. 공항 리무진 2선의 종점이기도 한 이곳에서는 각종 교통편을 알아볼 수 있다. 05 공항 앞에서 대기 중인 베이징 기차역과 꿍주펀公主坟으로 가는 공항 리무진 버스. 06 베이징 시내를 누비는 공항 리무진 버스

## 택시 이용하기

베이징 시내를 잘 모른다면 택시를 이용해보자. 베이징의 택시 기본 요금은 10위엔(원화로 1,400원 정도). 공항에서 베이징 시내까지 들어가는 데 대략 60~100위엔 정도의 요금이 나온다. 이렇게 요금 차이가 크게 벌어지는 이유는 바로 구간 요금과 도로 통행료 때문. 베이징 시내의 택시는 모두 3km까지는 기본 요금이 10위엔이지만, 이후에는 택시의 등급에 따라 km당 1.2~2.0위엔까지 다양한 구간 요금이 적용된다. 여기에 공항 도로 이용료를 승객이 내게 되어 있어서 요금이 더해진다.

## 장거리 버스 이용하기

베이징 셔우뚜 국제공항에서 다른 도시로 이동할 때는 국내선 비행기를 주로 이용하지만, 따롄 大连 등 베이징 근처 도시들로 이동할 때는 장거리 버스를 이용하기도 한다. 특히 따롄의 경우 셔우뚜 국제공항에서 가는 공항 리무진 버스도 있어서 저렴하고 편리하게 이용할 수 있다.

중국의 장거리 버스는 세면실, 화장실, TV가 기본으로 설치되어 있다. 버스들이 신형 차량으로 속속 교체되고 있어서 버스 내부도 매우 쾌적하게 변하고 있다. 장거리 버스 터미널은 베이징 시내 곳곳에 위치해 있으며, 터미널마다 주로 운행하는 지역이 다르므로, 사전에 미리 알아보고 이용하는 것이 좋다. 장거리 여행을 할 때를 대비해서 시딴 西单 민항빌딩, 베이징 기차역 北京火车站과 치엔먼 前门 장거리 버스 터미널은 꼭 기억해두자.

택시 出租汽车 chūzūqìchē
出租车 chūzūchē
的士 díshì

중국 공항을 빠져나오는 순간, 갑자기 펼쳐진 낯선 환경에 머릿속은 하얘지고, 혀는 굳어버렸다네~ 일단 숙소로 가야 해. 택시가 뭐였더라? 다띠! 打的 다띠! 打的 택시 기사 아저씨를 뭐라고 했더라… 아~ 사부!! 스푸~ 취! 师傅 ~ 去 기사아저씨~ 일단 가자구요!

**Step 1**

听 去哪里?
　　Qù nǎli?

说 (去)王府井 东方新天地。
　　(qù) Wángfǔjǐng Dōngfāng xīntiāndì

听 好的, 你要走哪条路?
　　Hǎo de, nǐ yào zǒu nǎ tiáo lù?

说 走近路吧。
　　Zǒu jìnlù ba.

听 东方新天地到了, 在哪里停?
　　Dōngfāng xīntiāndì dào le, zài nǎli tíng?

说 再走一点点, 前面车站停①。
　　Zài zǒu yìdiǎndiǎn, qiánmiàn chēzhàn tíng.

**단어** 打的 dǎdì 택시를 잡다 (잡는 행위) | 近路 jìnlù (다른 길과 비교했을 때) 거리가 가까운 길, 지름길 | 到 dào 도착하다 | 停 tíng 멈추다, 중지하다 | 再 zài 다시, 재차 | 一点点 yìdiǎndiǎn 아주 조금 | 前面 qiánmiàn 앞쪽 | 车站 chēzhàn 정류장

**참고** ① 停의 뒤에 下 xià, 下来 xiàlai, 下去 xiàqu 등을 붙여서 '세우다'라는 뜻을 강조할 수 있다.

**해석** 听 어디까지 가세요?
说 왕푸징 뚱팡 신톈띠 빌딩으로 가주세요.
听 알겠습니다. 어느 길로 갈까요?
说 가까운 길로 가주세요.
听 뚱팡 신톈띠 빌딩 도착했습니다. 어디에 세울까요?
说 조금 더 가서 앞쪽 정류장에 세워주세요.

听 去哪儿？
Qù nǎr?

说 (去)望京伊仕顿国际酒店，你知道吗？
(Qù) Wàngjīng Yīshìdùn guójì jiǔdiàn, nǐ zhīdao ma?

听 不好意思，我不太清楚。
Bùhǎoyìsi, wǒ bú tài qīngchu.

说 先去望京科技园吧。
Xiān qù Wàngjīng Kējìyuán ba.

听 好的，你要走哪条路？
Hǎo de, nǐ yào zǒu nǎ tiáo lù?

说 当然走最近的路，我赶时间。
Dāngrán zǒu zuì jìn de lù, wǒ gǎn shíjiān.

听 现在是下班时间，会堵车的。
Xiànzài shì xiàbān shíjiān, huì dǔchē de.

说 那……，大概需要多长时间呢？
Nà……, dàgài xūyào duōcháng shíjiān ne?

听 不堵嘛，二十分钟就能到，但是堵车的话不好说。
Bù dǔ ma, èrshí fēnzhōng jiù néng dào, dànshì dǔ chē de huà bùhǎo shuō.

단어 不好意思 bùhǎoyìsi 죄송합니다(부끄럽다, 민망하다, 난처하다) | 当然 dāngrán 당연히, 물론 | 赶时间 gǎn shíjiān 시간에 맞추다 (시간이 촉박하다는 의미) | 现在 xiànzài 지금, 현재 | 下班 xiàbān 퇴근하다 | 堵车 dǔchē 차가 막히다 | 大概 dàgài 대략 | 多长 시간 duōcháng shíjiān (시간이) 얼마 동안, 얼마나 | 但是 dànshì 그러나

해석 听 어디까지 가세요?
说 왕징 이스턴호텔 가는데요, 아세요?
听 죄송합니다. 잘 모르겠는데요.
说 그럼 일단 왕징 과기원으로 가주세요.
听 알겠습니다. 어느 길로 갈까요?
说 가장 가까운 길로 가주세요. 시간이 없거든요.
听 지금 퇴근 시간이라 길이 많이 막힐 거예요.
说 그럼, 시간이 얼마 정도 걸릴까요?
听 안 막힐 때는 20분이면 가지만, 막힐 때는 알 수 없죠.

走…吧

~ 길로 가주세요.

가까운 길로 가주세요.

**走近路吧。**

| | |
|---|---|
| 高架 gāojià | 고가도로로 가주세요. |
| 这条路 zhè tiáo lù | 이 길로 가주세요. |
| 那条路 nà tiáo lù | 저 길로 가주세요. |

## 표현 Plus +

여기서 뚱팡신톈띠까지 얼마 정도 나올까요?

从这儿到东方新天地大概(需要)多少钱?
Cóng zhèr dào Dōngfāng Xīntiāndì dàgài(xūyào) duōshao qián?

됐어요, 여기서 세워주세요.

到了，就在这儿停吧。
Dào le, jiù zài zhèr tíng ba.

아무래도 지나친 것 같아요.
차 좀 돌려주시겠어요?

好像走过了，麻烦掉个头，好吗?
Hǎoxiàng zǒu guò le, máfan diào ge tóu, hǎo ma?

먼저 뚱팡신톈띠에 갔다가
베이징 기차역으로 가주세요.

先去东方新天地，再去北京火车站。
Xiān qù Dōngfāng Xīntiāndì, zài qù Běijīng huǒchēzhàn.

속도를 조금만 줄여주시겠어요?

请你开得稍微慢一点，好吗?
Qǐng nǐ kāi de shāowēi màn yìdiǎn, hǎo ma?

 현지 엿보기

**중국 택시는 승객이 무서워……?**

중국 택시에는 운전석과 승객 사이에 택시 기사의 안전을 위해 택시강도 방지용으로 만들어진 칸막이가 있다. 보통은 플라스틱으로 되어 있는데, 심한 경우철창(?)으로 되어 있는 것도 있어서 마치 경찰차로 호송되는 듯한 느낌을 받기도 한다. 그런데 최근 급증하는 외국인 관광객들에게 좀더 편안하고 깨끗한 택시의 이미지를 주기 위해 우리나라 택시처럼 칸막이를 없앤 택시를 보급하고있다고 한다.

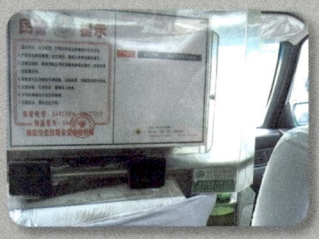

중국은 대부분의 공항들이 시내 외곽에 있어 택시를 타면 시내까지 100위엔은 넘게 나온단다. 100위엔이면 우리 돈으로 얼마지? 13,000원! 그리 큰 돈은 아니지만 그래도 좀 아까워서 천천히 살펴보니, 우리나라 공항 리무진 버스 机场大巴 같은 것이 있네. 일단 목적지, 버스 번호 확인하고. 버스 안에 버스 안내양 아주머니가 직접 돈을 받고 잔돈도 거슬러 주시고 "취 톈안먼 광창 去天安门广场 톈안먼 광장 까지요." 시내까지 16위엔! 앗싸, 돈 굳었다!

说 **请问，机场大巴在哪儿坐？**
Qǐng wèn, jīchǎng dàbā zài nǎr zuò?

听 一直走，在前面右拐。
Yìzhí zǒu, zài qiánmiàn yòu guǎi.

说 **在哪儿买票？**
Zài nǎr mǎi piào?

听 车上①有人售票。
Chēshang yǒurén shòupiào.

说 **多少钱？**
Duōshao qián?

听 十六块钱。
Shíliù kuài qián.

단어 机场大巴 jīchǎng dàbā 공항 리무진 | 哪儿 nǎr 어디 | 右拐 yòu guǎi 우회전 | 买票 mǎi piào 표를 사다 | 车上 chēshang 차에서 | 售票 shòupiào 표를 팔다 | 多少 duōshao 얼마

참고 ① 명사 뒤에 방위사 上, 下, 里 등이 올 때는 경성으로 읽는다.

해석 说 공항 버스 어디서 타요?
听 곧장 가다가 오른쪽으로 꺾으세요.

说 표는 어디서 사는데요?
听 차에서 표를 팔아요.

说 얼마예요?
听 16위엔입니다.

说 请问一下，去西单 民航大厦①怎么走？
Qǐng wèn yíxià, qù Xīdān Mínháng dàshà zěnme zǒu?

听 你从出口出去，在那儿可以坐出租车，
Nǐ cóng chūkǒu chūqu, zài nàr kěyǐ zuò chūzūchē,

也可以坐机场大巴。
yě kěyǐ zuò jīchǎng dàbā.

出租车大概需要一百块钱左右，坐大巴的话需要十六块，
Chūzūchē dàgài xūyào yìbǎi kuài qián zuǒyòu, zuò dàbā de huà xūyào shíliù kuài,

在民航大厦下。
zài Mínháng dàshà xià.

说 坐大巴的话，需要多长时间？
Zuò dàbā de huà, xūyào duōcháng shíjiān?

听 大概一个小时左右，不过如果堵车就说不准了。
Dàgài yí ge xiǎoshí zuǒyòu, búguò rúguǒ dǔchē jiù shuō bu zhǔn le.

说 在哪儿买票啊？
Zài nǎr mǎi piào a?

听 车上有人售票。
Chēshang yǒu rén shòupiào.

단어 大厦 dàshà 빌딩 | 从 cóng 경유한 노선 혹은 장소(~를 통과하여) | 出去 chūqu 나가다 | 可以 kěyǐ ~할 수 있다 | 也 yě 또한, 역시(~임과 동시에) | 大巴 dàbā 대형버스 | 左右 zuǒyòu ~ 정도 | 不过 búguò 하지만 | 如果 rúguǒ 만약, 혹시 | 说不准 shuō bu zhǔn 단언하기가 어렵다

참고 ① 건물이나 빌딩을 뜻하는 말로 大楼 dàlóu 라고도 한다.

해석 说 시딴 민항빌딩 가려면 어떻게 가죠?
听 출구로 나가셔서, 택시를 타거나 공항 버스를 타셔도 됩니다. 택시를 타시면 100위엔 정도 나오고요, 버스를 타시면 16위엔입니다. 시딴 민항빌딩에서 내리면 돼요.
说 공항 버스를 타면, 얼마나 걸리죠?
听 한 1시간 정도 걸립니다. 하지만 길이 막히면 장담할 수 없습니다.
说 표는 어디서 사는데요?
听 차에 표 파는 사람이 있어요.

패턴 drill 04

在哪儿…?

어디에서 ~하나요?

어디에서 **표를 사죠**?

**在哪儿买票**?

| 上车 shàngchē | 어디에서 타죠? |
|---|---|
| 住 zhù | 어디에서 살죠? |
| 付钱 fùqián | 어디에서 지불하죠? |
| 吃饭 chīfàn | 어디에서 밥을 먹죠? |
| 上课 shàngkè | 어디에서 수업하죠? |

**표현 Plus⁺**

이 버스는 몇 시에 출발하나요?

**这个大巴几点发车?**
Zhè ge dàbā jǐ diǎn fā chē?

이 버스는 어느 역으로 가나요?

**这个大巴往哪个车站走?**
Zhè ge dàbā wǎng nǎ ge chēzhàn zǒu?

짐칸 좀 열어주시겠어요?

**请开一下行李间，好吗?**
Qǐng kāi yíxià xíngli jiān, hǎo ma?

어느 정류장에서 내려야 하나요?

**要在哪一站下车呢?**
Yào zài nǎ yí zhàn xià chē ne?

지금 막히는 시간인가요?

**现在是不是高峰期?**
Xiànzài shì bu shì gāofēngqī?

**가까운 거리는 싼룬처 三轮车로!**

중국에는 교통수단이 참 다양하다. 싼룬처 三轮车 sānlúnchē 삼륜차도 그중 하나인데 오토바이도 아닌 것이, 경운기도 아닌 것이 꽤 스릴 있고 재미있다. 하지만 미관상안 좋고, 교통량 증가로 도로가 위험해져 정부에서 제재하고 있어 요즘 대로에서는거의 보기가 힘들다. 그러나 도심이 아닌 주거지역에서는 노인들이 가까운 거리를 이용할 때 사용하거나 열쇠수리공 등이 이 '싼룬처'를 영업용으로 이용하는 모습을 종종 볼 수 있다.

가도가도 끝이 안 날 것 같은 중국 땅, 이동 시간 몇십 시간은 기본. 그래서 좌석 대신 침대가 있는 장거리 버스도 다닌다. 엉덩이에 땀띠 나도록 장거리 버스 한번 타보는 거야. 근데 휴게소는 언제 들르는 건가~ 원처 晕车 멀미나!!

**Step 1**

说 **去南京怎么走?**
Qù Nánjīng zěnme zǒu?

昕 这儿有开往南京的直达车。
Zhèr yǒu kāiwǎng Nánjīng de zhídáchē.

说 **去南京的车有几点的?**
Qù Nánjīng de chē yǒu jǐ diǎn de?

昕 有下午四点的。
Yǒu xiàwǔ sì diǎn de.

说 **在哪儿买票?**
Zài nǎr mǎi piào?

昕 前面有个售票处。
Qiánmiàn yǒu ge shòupiàochù.

단어 开往 kāiwǎng (차, 배 따위가) ~를 향해서 출발하다 | 直达车 zhídáchē 직행 버스 | 小时(钟头) xiǎoshí(zhōngtóu) (양사) ~ 시간 | 班 bān (양사) 교통 기관의 운행표 또는 노선

해석 说 난징 어떻게 가요?
昕 난징까지 바로 가는 직행 버스가 있어요.

说 난징 가는 차 몇 시에 있나요?
昕 오후 4시 차가 있어요.

说 표는 어디서 사죠?
昕 저 앞에 매표소가 있어요.

说 我想去南京，有没有直达车？
　　Wǒ xiǎng qù Nánjīng,　yǒu méiyǒu　zhídáchē?

听 有，现在你可以乘坐4点的车。
　　Yǒu,　Xiànzài nǐ　kěyǐ chéngzuò sì diǎn de chē.

请您在售票窗口买票，需要268元①。
Qǐng nín zài shòupiào chuāngkǒu mǎi piào, xūyào liǎngbǎi liùshí bā yuán.

说 需要多长时间？
　　Xūyào duōcháng shíjiān?

听 需要几个小时②不好说。
　　Xūyào　jǐ　ge xiǎoshí　bù hǎo shuō.

说 容易晕车③也没有问题吧？
　　Róngyì yūnchē　yě méiyǒu wèntí ba?

听 路上应该会停四五次，但还是会难受的。
　　Lùshang yīnggāi huì tíng sì　wǔ　cì,　dàn háishi huì nánshòu de.

说 有没有别的办法？
　　Yǒu méiyǒu bié de　bànfǎ?

听 我看，你还是坐火车比较好。
　　Wǒ kàn,　nǐ　háishi zuò huǒchē bǐjiào hǎo.

---

단어 乘坐 chéngzuò (차, 배 등에) 타다 | 容易 róngyì 하기 쉽다, 하기 일쑤다 | 晕车 yūnchē 차멀미 | 应该 yīnggāi 마땅히 ~해야 한다 | 还是 háishi 여전히 | 难受 nánshòu 견디기 힘들다 | 别的 bié de 다른 것 | 办法 bànfǎ (일을 처리하거나 문제를 해결하는) 방법 | 比较 bǐjiào 비교적, 비교하다

참고 ① 숫자 268에서 '2'는 二百가 아니라 **两百**로 읽는다.
② 小时 '시간', 分钟 '분'은 시간의 양을 나타낸다. 30분 → 半个小时 bàn ge xiǎoshí, 三十分钟 sānshí fēnzhōng 한 시간 20분 → 一个小时二十分钟 yí ge xiǎoshí èrshí fēnzhōng
③ 晕은 yūn과 yùn, 두 가지 발음이 있는데, 회화체에서는 대부분 晕车를 yūnchē로 발음한다.

해석 说 난징 가려고 하는데요, 직행 버스가 있나요?
　　听 있어요, 지금 4시 차를 탈 수 있어요. 매표소에서 표를 사세요. 268위엔 입니다.
　　说 시간이 얼마나 걸리나요?
　　听 몇 시간이 걸릴지 확실하지 않아요.

　　说 멀미를 하는데 괜찮을까요?
　　听 중간에 네다섯 번 쉬긴 하겠지만, 그래도 힘들 거예요.
　　说 다른 방법은 없나요?
　　听 제 생각에는 기차를 타시는 게 나을 것 같아요.

你可以乘
坐…的车。

~시 차를 타면 되겠네요.

3시 차를 타면 되겠네요.

你可以乘坐**三点**的车。

四点一刻 sìdiǎn yíkè　　4시 15분 차를 타시면 되겠네요.
六点半 liùdiǎn bàn　　6시 반 차를 타시면 되겠네요.
八点三刻 bādiǎn sānkè　　8시 45분 차를 타시면 되겠네요.
两点二十二分 liǎngdiǎn èrshí'èrfēn 2시 22분 차를 타시면 되겠네요.
两点半 liǎngdiǎn bàn　　2시 반 차를 타시면 되겠네요.

**표현 Plus+**

쑤저우 가는 차는 어디서 타나요?

去苏州的车在哪儿上?
Qù Sūzhōu de chē zài nǎr shàng?

항저우까지 얼마나 걸리나요?

到杭州需要多长时间?
Dào Hángzhōu xūyào duōcháng shíjiān?

휴게소는 몇 번 들르나요?

路上停多少次啊?
Lùshang tíng duōshao cì a?

여기서 얼마나 머물렀다 출발하죠?

在这一站(要)停多长时间(再走)呢?
Zài zhè yí zhàn (yào) tíng duōcháng shíjiān (zài zǒu) ne?

멀미를 하는데요. 휴게소까지는 얼마나 남았어요?

我晕车，到休息的地方还要走多长
Wǒ yūnchē, dào xiūxi de dìfang hái yào zǒu duōcháng
时间呢?
shíjiān ne?

**중국의 장거리 버스에는 화장실은 기본 설비다!**

장거리 버스는 화장실이 달린 리무진 버스부터 2층 버스, 침대 버스까지 가지각색이다. 3~5시간 정도의 가까운 도시를 갈 때는 시간이 정해진 기차에 비해 편리하게 이용할 수 있는 편이다. 침대 버스가 아니라 해도 4~5시간 정도 가는 것은 기본이니 화장실을 갖춘 차량이 많이 있다. 버스 뒤 쪽에 화장실이 있어서 냄새가 장난이 아닌데 화장실이 있는 버스를 탈 경우엔 짐을 실을 때도 가능하면 화장실 쪽에서 멀리 짐을 싣는 것이 좋다.

## 중국에서 택시 타기

편하다고 택시만 타고 다니면 택시비의 압박이 장난이 아니다! 그런데 가만히 살펴보면 택시도 지역마다, 차 종류마다 기본요금이 다르고, 기본 요금 이후의 미터당 가격도 조금씩 다르다. 보통 택시 문에 기본 요금 이후 거리당 추가되는 요금이 표시되어 있으니, 이 요금을 반드시 확인하고 타자. 지역별로 어느 정도로 다른지를 보기 위해 베이징과 상하이를 비교해보자.

먼저 상하이를 보면 택시 기본 요금은 기본 3km에 11위엔, 이후 1km당 2.1위엔이 추가된다. 밤 23:00부터 다음날 5:00까지는 심야 할증이 붙어 요금의 30% 정도가 가산된다. 그런데, 베이징 택시의 기본 요금은 10위엔인데 기본 3km 이후로는 1km당 1.2위엔씩 오르고, 밤에는 할증이 붙어 1.6위엔씩 오른다. 게다가 이게 전부가 아니다. 1km당 추가되는 요금은 차종에 따라 달라지기 때문이다. 베이징이건 상하이건 승객들이 주로 타는 뒷문 유리창에는 1km당 오르는 요금이 표시되어 있는데, 1.2위엔~2위엔 이상으로 다양하기 때문이다. 따라서 택시를 타기 전에 이 추가 요금 가격을 반드시 확인하고 이용해야 한다.

어떤 택시기사들은 호객행위를 하기도 하는데 만약 미터기에 비해 터무니없는 가격을 부른다고 여겨진다면 택시 안에 있는 명찰과 감독기관의 번호 등을 적어놓는 것이 좋다. 그렇다 해도 사전에 방지하는 것이 최고! 그냥 속편하게 "미터기대로 가 주세요. 请打表走。Qǐng dǎbiǎo zǒu." 하고 말하면 된다. 지도 한 장 지참하고 혹 초행길이라 해도 티내지 말고 늘 다니던 길인 듯 당당하게!! 내릴 때 영수증 챙기는 것도 잊지 말자. 택시 영수증에는 차 번호와 승하차 시간까지 다 찍혀 나와서 만약의 경우에 대비할 수 있다. 예를 들어, 택시 기사가 베이징 시내를 두 바퀴를 돌아서 목적지에 돌아왔다던가 할 경우에 기사 이름과 감독기관 번호, 영수증을 챙겨서 공안국을 찾아가면 바가지 요금을 돌려받을 수 있다.

중국 택시 이용시 주의할 점이 한 가지 더 있다. 바로 택시기사와의 가격 흥정! 중국에서는 택시 요금도 흥정이 가능하다. 예를 들어 베이징에서 가까운 롱칭샤 龙庆峡 용겹협이나 빠다링 창청 八达岭长成 팔달령 만리장성에 택시로 가려고 한다면 적정 요금선이 있으니 주변 사람들에게 먼저 물어보고, 직접 여러 택시 기사들에게 요금을 흥정해 보고 가장 싸게 부르면서 '인상이 좋은' 기사를 선택하는 게 좀 더 안전하다.

택시 영수증

**교통 관련 명칭**

| | |
|---|---|
| 미터기 计程表 jìchéngbiǎo | 육교 天桥 tiānqiáo |
| 기본요금 起步费 qǐbùfèi / 起步价 qǐbùjià | 도로표지판 路牌 lùpái |
| 가로등 街灯 jiēdēng / 路灯 lùdēng | 추월금지 超车禁止 chāochē jìnzhǐ |
| 자동차 번호판 车号 chēhào / 车牌号 chēpáihào | 우회전하다 (往)右拐 (wǎng)yòu guǎi |
| 골목 胡同 hútòng | 좌회전하다 (往)左拐 (wǎng)zuǒ guǎi |
| 공사 중 此路施工 cǐlù shīgōng | 유턴 掉头 diàotóu |
| 사거리 十字路口 shízì lùkǒu | 일방통행 单行道 dānxíngdào |
| 횡단보도 人行横道 rénxíng héngdào | 직진하다 往前走 wǎng qián zǒu / 一直走 yìzhízǒu |
| 삼거리 丁字路口 dīngzì lùkǒu | 후진하다 倒车 dàochē |
| 신호등 红绿灯 hónglǜdēng | 지름길 近道 jìndào |
| 정지선 待转区 dàizhuǎnqū | 충돌하다 撞车 zhuàngchē |

# 02 둘 오만 가지 교통수단을 다 이용하라

## >> 시내 대중교통

베이징은 요즘 새 단장을 하느라 매우 바쁘다. 건물이 올라가고, 땅속에서는 지하철 공사가, 땅 위에서는 도로 공사가 한창이다. 이렇게 바쁜 도로 위에 사람들도 넘쳐난다. 베이징 서민들의 삶을 대변하는 시내 대중 교통에 대해 알아보자.

### 소시민들의 발, 자전거

넓찍한 대로의 양 옆은 어디나 자전거 전용도로가 차지하고 있다. 자전거 전용 신호등과 자전거 교통표지판, 자전거 보관소 등이 도심 곳곳에 보인다. 대형버스와 택시, 오토바이에 밀려 도심 대로에서는 보이지 않을 것 같은 자전거가 여전히 대중 교통 수단으로 자리를 지키고 있다. 뿐만 아니라 자전거 이외에 전동자전거나 삼륜차같이 재미있는 모양의 교통수단도 종종 눈에 띄일 볼 수 있다.

### 다양한 시내버스 이용하기

중국은 버스의 종류가 매우 다양하다. 트롤리 버스, 2층 버스, 일반 버스, 전기 버스, 냉·난방차, 미니 버스 등등. 종류에 따라 요금도 다르다. 일단 신형 버스와 냉·난방차는

01 버스를 이용하는 사람들. 버스 앞문 옆에 노란 바탕에 빨간 글씨로 分段计价라고 적힌 것이 보인다.
02, 03 비교적 한산한 시간의 지하철 모습과 출퇴근 시간의 지하철 모습. 우리나라와 별 다를 바가 없는 모습이다. 04, 05 '자전거의 천국' 답게 관련 시설이 잘 되어 있다. 자전거 신호등과 표지판. 아침 7시부터 저녁 9시까지 자전거 진입 금지. 그럼, 언제 다니란 소리…? 06 손님이 없구나… 무료함에 지쳐 잠든 자전거 수리상 아저씨. 자전거, 전동차전거 다 가져오세요~! 07 도심 곳곳에 마련되어 있는 자전거 보관소. 자전거 잃어버리기 싫으면 보관소를 잘 활용해야 한다. 08 지하철표와 버스표. 표 위에 가격이 적혀 있다. 09 버스 정류소 표지판. 현 정류장 명칭, 버스 노선과 함께 요금이 적혀 있다.

요금이 조금 비싸고, 냉난방이 안 되는 낡은 버스는 저렴하다. 또 노선이나 구간별로도 요금이 달라진다. 짧은 거리를 가는 버스는 문 옆에 单一票制 dānyīpiàozhì 라고 적혀 있다. 일단 버스를 타면 요금이 동일하다는 얘기다. 먼 거리를 가는 버스에는 안내양이 있고, 안내양에게 목적지를 말하면 버스표를 살 수 있는데, 구간별로 요금이 다르다. 이런 버스는 보통 두 칸짜리이며, 승하차 문 옆에 바깥쪽에서 볼 수 있도록 편 뚜안지쟈 分段计价 fēnduànjìjià 라고 적혀 있다.

## 교통카드 이용하기

교통카드를 이용한다면 편하기도 하고 할인도 받을 수 있다. 지하철 역이나 버스카드 충전소에서 카드를 판매하는데 학생할인을 받으려면 신청서를 작성해서 학교의 확인 도장을 받아와야 한다. 교통카드를 이용할 경우 내릴 때 뒷문에 설치된 기계에 반드시 카드를 대고 내려야 한다. 그렇지 않으면 가장 먼 거리를 이동하는 요금이 부과된다.

## 베이징의 지하철

베이징은 중국 내에서 지하철 역사가 가장 길다. 벌써 40년이 넘는 역사를 가졌지만 노선이 다양하지는 않다. 현재 계속해서 공사 중인데, 올림픽을 전후로 여러 노선이 동시에 개통될 예정이다. 1호선과 2호선을 제외한 나머지 노선은 새로 개통된 것이라 매우 깨끗하다. 기본 요금은 2위엔이고, 구간별로 요금이 조금씩 올라간다.

09

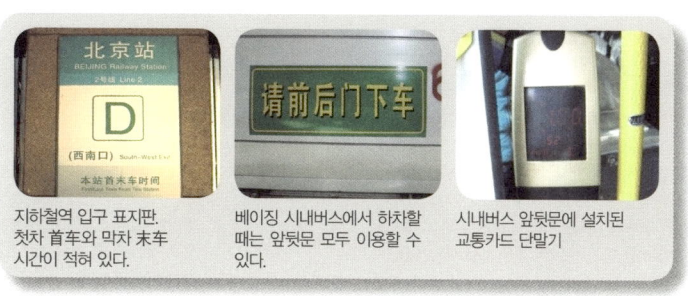

지하철역 입구 표지판. 첫차 首车와 막차 末车 시간이 적혀 있다.

베이징 시내버스에서 하차할 때는 앞뒷문 모두 이용할 수 있다.

시내버스 앞뒷문에 설치된 교통카드 단말기

대중교통 수단 중에 버스는 기본 아니겠어? 근데 버스 종류가 왜 이렇게 다양한 거야~ 버스 안내양이 있는 버스부터 밤에 불도 안 켜주는 버스까지. 도대체 내릴 때 눌러야 할 벨은 또 어디 있는 거야? 갑자기 어디선가 들리는 기사 아저씨의 힘찬 목소리~ "여우 런 씨아 마 有人下吗? 내릴 사람 있어요?" 어! "씨아씨아 下, 下 내려요~"

**Step1**

说 **请问，去天安门广场要坐几路车?**
Qǐng wèn, qù Tiān'ānmén guǎngchǎng yào zuò jǐ lù chē?

听 坐10路①，到天安门东站下。
Zuò shí lù, dào Tiān'ānmén dōng zhàn xià.

说 **到天安门广场还②要坐几站?**
Dào Tiān'ānmén guǎngchǎng hái yào zuò jǐ zhàn?

听 大概两三站吧。
Dàgài liǎng sān zhàn ba.

说 **到了就告诉③我，好吗?**
Dào le jiù gàosu wǒ, hǎo ma?

听 好的。
Hǎo de.

---

**단어** 告诉 gàosu 알리다, 말하다 | 站 zhàn 정거장

**참고** ① 버스 번호, 방 번호, 전화번호 등의 숫자 조합은 각각의 번호를 나열하듯 읽는다. 305는 三零五 sān líng wǔ, 버스 번호라면 여기에 노선을 뜻하는 路 lù 를 붙여서 三零五路(305번)라고 읽는다. 그러나 이 일련번호가 두 자릿수 이하라면 일반적인 숫자 읽는 것과 동일하게 읽는다. 예 25번 二十五路 èrshí wǔ lù

　　세 자릿수 이상의 숫자 조합을 읽을 때 숫자 1은 통상 yī가 아닌 yāo로 읽는다. 예 311 번 → sān yāo yāo

② 还 hái는 '또, 더'라는 뜻으로 수량이나 항목의 증가를 의미한다.

③ 告诉 gàosu에서 诉를 원래 성조인 4성으로 읽으면 '고소(하다)'라는 뜻이 된다.

**해석** 说 톈안먼 광장에 가려면 몇 번 버스를 타야 해요?　　　说 톈안먼 광장에 가려면 몇 정거장이나 더 가야 해요?
听 10번 버스를 타고 톈안먼 동역에서 내리세요.　　　听 두세 정거장 더 가야 할 거예요.
　　　　　　　　　　　　　　　　　　　　　　　　　说 도착하면 좀 알려주세요.
　　　　　　　　　　　　　　　　　　　　　　　　　听 알겠어요.

说 请问，去王府井要坐几路车？
Qǐng wèn, qù Wángfǔjǐng yào zuò jǐ lù chē?

听 五道口到王府井的…，好像没有直达的吧，都要转车。
Wǔdàokǒu dào Wángfǔjǐng de…, hǎoxiàng méiyǒu zhídá de ba, dōu yào zhuǎn chē.

说 那么，先坐几路到什么地方转车呢？
Nàme, xiān zuò jǐ lù dào shénme dìfang zhuǎnchē ne?

听 先坐六九零到前门下，
Xiān zuò liù jiǔ líng dào Qiánmén xià,

在那里再坐一二六路公交车①。
zài nàli zài zuò yāo èr liù lù gōngjiāochē.

说 (我)在下车的地方，可以直接转车吗？
(Wǒ) Zài xiàchē de dìfang, kěyǐ zhíjiē zhuǎnchē ma?

听 好像是，不过下了车，你再问问看吧。
Hǎoxiàng shì, búguò xià le chē, nǐ zài wènwen kàn ba.

说 那后面还有几站呢？
Nà hòumian háiyǒu jǐ zhàn ne?

听 应该是两三站左右吧。
Yīnggāi shì liǎng sān zhàn zuǒyòu ba.

---

단어 好像 hǎoxiàng 마치 ～과 같다(비슷하다) | 转车 zhuǎn chē (차를) 갈아타다 | 路口 lùkǒu 입구 | 直接 zhíjiē 바로 하는, 직접의

참고 ① 公交车는 대중교통 수단인 시내버스를 지칭하는 말로, 정식 명칭은 公共汽车 gōnggòngqìchē이다. 그러나 회화체에서는 비교적 발음하기 편한 公交车 gōngjiāochē나 公车 gōngchē를 주로 사용한다.

해석 说 왕푸징 가려면 몇 번 버스를 타야 합니까?
听 우따오커우에서 왕푸징이라……, 직접 가는 건 없을 겁니다. 모두 갈아타야 해요.
说 그럼 몇 번 타고 어디 가서 갈아타야 하죠?
听 먼저 690번 타고 치엔먼에서 내려서 거기에서 126번으로 갈아타세요.
说 내린 데서 바로 타면 되나요?
听 아마 그럴 거예요. 하지만 내린 후에 다시 한번 물어보세요.
说 거기서부터 몇 정거장이나 가야 하죠?
听 분명 2~3 정류장 될 거예요.

## 从…到… 要坐几路车?

~에서 ~까지(가려면) 몇 번 버스를 타야 하나요?

우따오커우에서 왕푸징까지 (가려면) 몇 번 버스를 타야 하나요?

## 从 五道口 到 王府井 要坐几路车?

望京 Wàngjīng    天安门 Tiān'ānmén    왕징에서 톈안먼까지 몇 번 버스를 타야 하나요?

鸟巢 Niǎocháo    故宫 Gùgōng    주경기장에서 고궁까지 몇 번 버스를 타야 하나요?

东直门 Dōngzhímén    西直门 Xīzhímén    똥즈먼에서 시즈먼까지 몇 번 버스를 타야 하나요?

### 표현 Plus⁺

---

지금 잔돈이 없는데, 어떡하죠?

我没有零钱, 怎么办?
Wǒ méiyǒu líng qián, zěnme bàn?

---

잠시만요, 내릴게요.

等等, 我要下。
Děngdeng, Wǒ yào xià.

---

교통카드 충전은 어디에서 하나요?

交通卡在哪里可以充值呢?
Jiāotōngkǎ zài nǎli kěyǐ chōngzhí ne?

---

조금만 비켜주세요.

请让一下。
Qǐng ràng yíxià.

---

아직 안 지났죠?

还没过了吧?
Hái méi guò le ba?

---

**중국의 길 이름은 어떻게 지었을까?**

중국 도시들의 거리를 다니면서 도로 표지판이나 이정표를 보면 난징 南京로를 비롯해 시장 西藏로, 충칭 重庆로, 광둥 广东로 등 도시나 각 성 省의 지명을 딴 거리 이름들을 쉽게 찾아볼 수 있다. 또 기념할 만한 가치가 있는 지명이나 역사적 사실에서 따온 이름, 위대한 인물 이름 등도 찾아볼 수 있다. 그야말로 각 도시 안에 온 중국이 들어있는 것 같다.

도시 생활에서 빠질 수 없는 띠티에 地铁 지하철! 베이징, 상하이, 광저우 등 중국의 대도시들에는 지하철 이용이 보편화되어 편리하다는데……. 앗! 베이징 지하철의 광고 모니터가 삼성, 난징 지하철은 LG~ 한국 기업들의 위상이 팍팍~느껴지는 순간!

Step1

说 **请问，去北京鸟巢体育场坐哪个方向的车?**
Qǐng wèn, qù Běijīng Niǎocháo tǐyùchǎng zuò nǎ ge fāngxiàng de chē?

听 就是这个方向。你还得在知春路换乘386路公交车。
Jiùshì zhège fāngxiàng. Nǐ hái děi zài Zhīchūnlù huànchéng sānbāliù lù gōngjiāochē.

说 **请问，到知春路多少钱?**
Qǐng wèn, dào Zhīchūnlù duōshao qián?

听 两块钱。
Liǎng kuài qián.

说 **请问，去鸟巢从哪个出口出去坐公交车呢?**
Qǐng wèn, qù Niǎocháo cóng nǎ ge chūkǒu chūqu zuò gōngjiāochē ne?

听 不好意思，我也不太清楚，看看路标吧。
Bùhǎoyìsi, wǒ yě bú tài qīngchu, kànkan lùbiāo ba.

단어 就是 jiùshì 그래, 맞다(문장 끝에 쓰여 긍정을 표시함) | 清楚 qīngchu 분명하다, 명확하다, 뚜렷하다 | 路标 lùbiāo 교통표지, 도로표지, 이정표

해석 说 베이징 냐오챠오 경기장 가려면 어느 방향에서 타죠?
听 바로 여기서 타면 돼요. 즈춘루에서 386번 버스로 갈아타셔야 해요.

说 즈춘루까지 얼마예요?
听 2위엔입니다.

说 냐오챠오 경기장으로 가려면 몇 번 출구로 나가서 버스를 타야 하나요?
听 죄송합니다, 저도 잘 모르겠네요. 안내 표지판을 보세요.

说 从这里到雍和宫怎么走？
Cóng zhèli dào Yōnghégōng zěnme zǒu?

听 可以坐地铁，如果不想换乘地铁就坐出租车。
Kěyǐ zuò dìtiě, rúguǒ bùxiǎng huànchéng dìtiě jiù zuò chūzūchē,

说 哪个更快一点？
Nǎ ge gèng kuài yìdiǎn?

听 如果不堵车，当然出租车快，可这个时间段是高峰时间，
Rúguǒ bù dǔchē, dāngrán chūzūchē kuài, kě zhè ge shíjiānduàn shì gāofēng shíjiān,

地铁好像快一点。
dìtiě hǎoxiàng kuài yìdiǎn.

说 需要多长时间？
Xūyào duōcháng shíjiān?

听 大概20分钟左右。
Dàgài èrshí fēnzhōng zuǒyòu.

说 在哪一站下车？
Zài nǎ yí zhàn xià chē?

听 从这里出发乘坐地铁13号线，在西直门站换乘地铁2号线，
Cóng zhèli chūfā chéngzuò dìtiě shísān hào xiàn, zài Xīzhímén zhàn huànchéng dìtiě èr hào xiàn,

在雍和宫站下车。
zài Yōnghégōng zhàn xià chē.

단어 换乘 huànchéng 갈아타다 ｜ 更 gèng 더욱, 훨씬, 한결 ｜ 快 kuài 빠르다 ｜ 时间段 shíjiānduàn 시간대 ｜ 高峰时间 gāofēng shíjiān
러시 아워, 피크 타임

해석 说 용허꿍에 가려면 어떻게 가죠？
听 지하철을 타면 되는데, 갈아타는 거 귀찮으면 택시를 타도 됩니다.
说 어느 게 더 빨라요？
听 안 막히면 당연히 택시가 빠른데, 지금처럼 붐비는 시간에는 아무래도 지하철이 조금 더 빠를 것 같네요.
说 얼마나 걸릴까요？
听 한 20분쯤 걸릴 겁니다.
说 어느 역에서 내려야 하나요？
听 여기서 13호선을 타고 시즈먼(西直门) 역에서 2호선으로 갈아타고 용허꿍(雍和宫) 역에서 내리면 됩니다.

## 从…出去
~(으)로 가세요.

5번 출구로 나가세요.

## 从五号出口出去。

南京东路方向 Nánjīngdōng lù fāngxiàng    난징똥 로 방향으로 나가세요.

前面左边 qiánmian zuǒbiān    저 앞 왼쪽으로 나가세요.

往前走右边第一个出口
wǎng qián zǒu yòubiān dì yī ge chūkǒu    쭉 가다가 오른쪽
첫번째 출구로 나가세요.

### 표현 Plus +

막차는 몇 시예요?

末班车是几点?
Mòbānchē shì jǐ diǎn?

2호선을 여기서 타나요?

二号线在这儿上吗?
Èr hào xiàn zài zhèr shàng ma?

지하철 표를 잃어버렸어요.

我把(地铁)票丢了。
Wǒ bǎ (dìtiě) piào diū le.

열차에 짐을 두고 내렸어요.

东西忘在客车里没拿下来。
Dōngxi wàng zài kèchēli méi ná xiàlai.

톈안먼 광장까지 1장이요.

要一张, 到天安门广场的(票)。
Yào yì zhāng, dào Tiān'ānmén guǎngchǎng de (piào).

 현지 엿보기

**중국의 올림픽 메인스타디움은 '새집'?**

베이징 올림픽 공원에 위치한 2008년 베이징 올림픽의 메인스타디움의 정식 명칭은 궈지아티위창 国家体育场 국가체육관 이다. 그런데, 베이징 시민들에 게는 이 보다 더 친근한 이름이 있으니, 그것은 바로 '냐오차오 鸟巢 새집'. 메 인스타디움의 외관은 철골로만 이루어져 있어서 멀리서 보면 철사를 얼기설기 엮어 만든 그릇처럼 보이는데, 이를 두고 베이징 시민들은 '새집'이라고 부른다.

중국 서민들의 필수품 쯔싱처 自行车 자전거! 자동차처럼 번호판까지 달아놓아도 자전거 도둑이 워낙 많아 너무 좋은 자전거를 사면 며칠 만에 잃어버리는 낭패를 당하기 쉬워 중고 자전거를 많이 애용한단다. 근데 이 중고 자전거가 애물단지라 산 가격보다 고치는 가격이…, 뭐야 배보다 배꼽이 더 크잖아! "스푸, 쯔싱처 여우 화이러 师傅, 自行车 又坏了~ 아저씨~ 자전거 또 고장났어요~ !!!"

**Step1**

说 **我想买一辆自行车。**
Wǒ xiǎng mǎi yí liàng zìxíngchē.

听 **你要什么样的? 喜欢什么款式?**
Nǐ yào shénmeyàng de? Xǐhuan shénme kuǎnshì?

说 **有没有稍微便宜点的自行车?**
Yǒu méiyǒu shāowēi piányi diǎn de zìxíngchē?

听 **这辆怎么样? 是两百三的。**
Zhè liàng zěnmeyàng? Shì liǎngbǎi sān de.

说 **车牌也帮我代办吗?**
Chēpái yě bāng wǒ dàibàn ma?

听 **我们可以代办车牌。**
Wǒmen kěyǐ dàibàn chēpái.

**단어** 辆 liàng [양] 대. 차량을 셀 때 쓰는 양사 | 款式 kuǎnshì 양식, 스타일 | 稍微 shāowēi 약간, 조금, 다소나마 | 便宜 piányi (값이) 싸다. (값을) 깎다 | 怎么样 zěnmeyàng 어떻게, 어때요? | 代办 dàibàn 대신 처리하다, 대행하다

**해석** 说 자전거 한 대 사려고 하는데요.
听 어떤 걸 원하세요? 어떤 스타일을 좋아하세요?

说 좀 저렴한 자전거 없을까요?
听 이건 어떠세요? 230위엔입니다.

说 자전거 번호판 등록 신청도 대신 해주시나요?
听 저희는 자전거 번호판도 대행해드립니다.

听 你需要什么?
Nǐ xūyào shénme?

说 这辆自行车怎么卖?
Zhè liàng zìxíngchē zěnme mài?

听 两百五,这个质量很好。
Liǎngbǎi wǔ, zhè ge zhìliàng hěn hǎo.

说 有没有再便宜的?
Yǒu méiyǒu zài piányi de?

听 这是一百五的。
Zhè shì yìbǎi wǔ de.

说 这个太不结实了,还是刚才那个给我便宜点儿吧。
Zhè ge tài bù jiēshi le, háishi gāngcái nàge gěi wǒ piányi diǎnr ba.

两百行不行?
Liǎngbǎi xíng bu xíng?

听 那是好车,两百二,不能再便宜了。
Nà shì hǎochē, liǎngbǎi èr, bùnéng zài piányi le.

说 那么,把篮子、锁、铃铛都算在内两百二吧。
Nàme, bǎ lánzi、 suǒ、 língdāng dōu suàn zài nèi liǎngbǎi èr ba.

단어 质量 zhìliàng 품질 | 结实 jiēshi 튼튼하다, 단단하다 | 刚才 gāngcái 방금 | 篮子 lánzi 바구니 | 锁 suǒ 자물쇠 | 铃铛 língdāng 경적

해석 听 뭘 찾으세요?(무엇이 필요하신가요?)
说 이 자전거 어떻게 해요?(얼마예요?)
听 250위엔인데, 품질이 좋아요.
说 더 싼 거는 없나요?
听 이건 150위엔입니다.
说 이건 너무 튼튼하지 않네요. 그냥 방금 그걸 좀 싸게 주세요. 200위엔에 안 돼요?
听 그건 좋은 자전거입니다. 220위엔 주세요. 더는 깎아드릴 수 없습니다.
说 그럼, 바구니랑 자물쇠랑 경적이랑 다 포함해서 220위엔에 주세요.

패턴 drill 08

有没有…
的自行车?

좀 ~한 자전거는 없을까요?

좀 저렴한 자전거 없을까요?
有没有 再便宜一点 的自行车?

再结实一点 zài jiēshi yìdiǎn  더 튼튼한 자전거 없을까요?
轮子更小 lúnzi gèng xiǎo  바퀴가 좀 더 작은 자전거 없을까요?
二手 èrshǒu  중고 자전거 없을까요?

표현 Plus+

| | |
|---|---|
| 자전거가 이상하네요. | 我的自行车有点毛病。<br>Wǒ de zìxíngchē yǒudiǎn máobìng. |
| 타이어에 구멍이 난 것 같아요. | 轮胎好像有洞。<br>Lúntāi hǎoxiàng yǒu dòng. |
| 자전거 체인이 빠졌어요. | 我的自行车链条掉了。<br>Wǒ de zìxíngchē liàntiáo diào le. |
| 자전거 체인이 끊어졌어요. | 我的自行车链条断了。<br>Wǒ de zìxíngchē liàntiáo duàn le. |
| 브레이크가 좀 이상해요. | 刹把(刹车)有点问题。<br>Shābǎ (shāchē) yǒudiǎn wèntí. |
| 안장 좀 높여주세요. | 把垫子抬高一点儿。<br>Bǎ diànzi tái gāo yìdiǎnr. |
| 이것 좀 어떻게 해주세요. | 请你帮我把它弄一下。<br>Qǐng nǐ bāng wǒ bǎ tā nòng yíxià. |

현지 엿보기

**육교가 에스컬레이터?!**

베이징 기차역, 즉 베이징짠 北京站 앞에는 좀 특이한 것이 있다. 바로 육교 계단이
에스컬레이터로 되어 있다는 것. 얼핏 보면 별로 특이해 보이지는 않지만, 비를 막는
천장도 없이 에스컬레이터가 설치되어 있어서, 비가 많이 오는 우리나라 사람들이 보
기엔 납득이 가지 않는 특이한 모습이다.

## 자전거 도난 방지에 가장 좋은 방법은 뭘까?

중국에서 자전거의 가격은 그야 말로 천차 만별이어서 중고 자전거라고 딱히 더 싸다고 할 수는 없다. 물론 같은 제품이라면 새 자전거보다 중고가 싸겠지 만 말이다. 중국에서는 새 자전거라도 200위엔 정도면 살 수 있다. 그래도 중고 자전거가 좋은 점은 자전거 도둑으로부터 조금 더 안전하다는 것! 중국에 서 몇 번씩 자전거를 도둑 맞았다는 일은 정말 너무 흔히 있는 일이니까 '도둑 맞지 않을' 자전거라는 점은 상당히 중요하다.

그러나 중고는 중고! 중고자전거를 살 때는 자전거의 상태를 꼼꼼히 체크해야 한다. 직원 앞에서 브레이크, 타이어, 체인 등을 두루 점검해보고, 이상이 있으 면 새 부품으로 바꿔달라고 요구할 수도 있다. 그리고, 무상수리 기간을 반드 시 요구하시는 것이 좋다. 이렇게 꼼꼼하게 체크하기가 영 자신이 없다면 그 냥 좀 저렴한 새 자전거를 구입하는 것이 낫다.

자전거를 사자마자 반드시 구입처나 중국인 친구들의 도움을 받아서 자전거 를 등록하자. 등록된 자전거에는 자동차처럼 번호판을 달아주기 때문에 도둑들이 조금은 꺼려한다. 조금이 라도 도둑으로부터 자유롭고 싶다면 아주 눈에 띄게 화려한 색상이 나을 것이다. 너무 눈에 띄면 더 도둑맞 기 쉬운 게 아닐까싶겠지만, 도둑 눈에 띄는 만큼 사람들 눈에도 두루 잘 띄기 때문에 장물 시장에서 인기가 없다고 한다. 또한 새 자전거를 구입한 후 마구 흠집을 내서 장물시장에서 값을 제대로 못 받게 하는 것도 조금은 도둑의 레이더에서 내 자전거를 보호하는 방법 중 하나다. 또 자전거를 가능하면 너무 후미진 곳이 나 길가에 세우지 않는 게 좋다. 도둑들이 자전거를 노리는 주요 장소기 때문이다. 요즘 도둑들은 워 낙 대담해서 튼튼한 자물쇠라도 소용 없다. 공구로 끊어버리거나 통째로 트럭에 실어버리기 때문에 사실 자물통은 별 소용이 없지만, 그래도 하나 튼튼한 것을 장만해서 늘 내 눈에 잘 띄는 곳에 보관 하면 도둑맞을 위험은 많이 줄어들 것이다.

주로 도난방지를 목적으로 하는 자전거 번호판부착 의무는 지역별로 다른데, 최근 대도시에 서는 달고 다니는 사람들이 줄었다. 그렇지만 모터가 달린 전동자전거나 스쿠터, 오토바이 등은 번호판을 달고 등록을 해서 절도를 방지하도록 하고 있다.

어휘 **Plus⁺**  **자전거 부위별 명칭**

바퀴 轮子 lúnzi
타이어 轮胎 lúntāi
벨 铃铛 língdāng
브레이크 刹车 shāchē
자전거 안장 车垫子 chēdiànzi
자전거를 타다 骑车 qíchē

자전거 수리점 修车铺 xiūchēpù
자전거 자물쇠 车锁 chēsuǒ
열쇠를 채우다 上锁 shàngsuǒ
자전거 핸들 手把 shǒubǎ
체인 链条 liàntiáo / 链子 liànzi
페달 车蹬子 chēdēngzi

## 베이징 지하철 13호선은 13번째 노선이 아니다?!!

상하이를 포함하여 새로 개통된 여타 도시의 지하철은 우리나라나 다른 어느 나라와 마찬가지로 비슷하여 이용하는데 크게 문제되지 않는다. 그렇지만 베이징 지하철은 조금 주의해야 할 점이 있다. 자, 아래 노선도를 한 번 보자.

**베이징 지하철 노선도 〉〉**

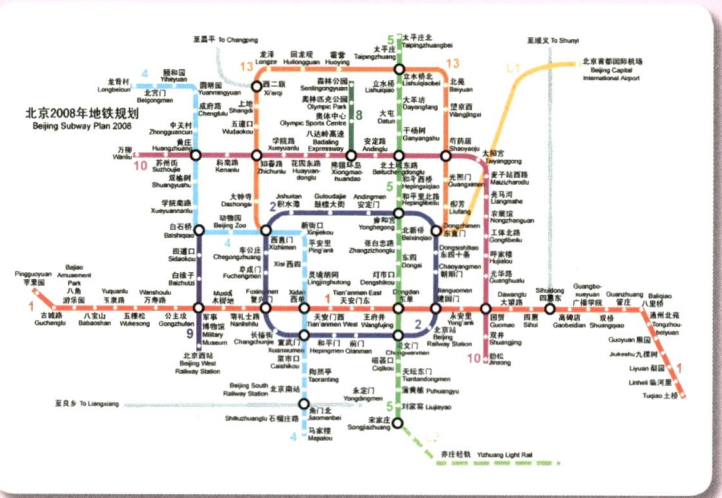

베이징 지하철의 노선은 현재 1호선, 2호선, 5호선, 13호선은 기존에 개통되어 있는 것이며, 나머지 노선들은 2008년 올림픽을 전후로 모두 개통될 예정이라고 한다. 지하철 노선이 현재 4개인데, 1~4호선이라 하지 않고 5호선, 13호선이라고 되어 있다. 3, 6, 7, 11, 12호선은 아예 2008년 개통 예정노선에도 포함되어 있지 않다. 왜 그럴까?

베이징시는 쾌적하고 편리한 지하철 시설을 제공하여 도로 교통을 원활하게 하고자 지하철을 15호선까지 계획했지만, 여러 가지 사정상 순서대로 개통되지 않았기 때문이라고 한다. 베이징에 얼마나 많은 지하철 노선이 생길지는 아직 미지수이지만, 올림픽을 맞아 베이징 셔우뚜 공항에서 시내로 바로 연결되는 기차도 지하철 노선에 연결이 되는 등 앞으로 베이징 시내의 교통은 한결 더 편리해질 것임은 확실하다.

베이징 지하철의 역사는 40년이 넘는다. 지하철 1호선과 2호선은 만들어진지 40년이 넘어 역사뿐만 아니라 시설과 지하철 차량 또한 매우 낡았다. 그래서 여전히 사람이 개찰구 앞에 서서 검표를 한다. 지하철 표도 갱지에 대충 인쇄한 듯한 낡은 표다. 들어갈 땐 엄격하게 검표하는 편인데, 나올 때는 검표원이 없을 때도 있다. 이 두 노선을 뺀 나머지 노선은 우리가 일반적으로 알고 있는 지하철의 모습과 다를 바가 없다. 개찰구가 있고, 표를 개찰구에 넣고 나오면 된다. 그런데 1호선과 2호선에서 다른 노선으로 환승할 때는 조금 귀찮은 점이 있다. 1호선과 2호선에 탈 때 검표원이 찢어 준 표를 잘 간직하고 있다가 환승하려는 노선의 개찰구 앞에 있는 검표원에게 표를 제시하고 그 노선의 표를 받아서 개찰구로 들어가야 한다. 조금은 귀찮기도 하지만 오히려 이런 것이 재미있게 느껴지기도 한다. 이렇게 초창기 지하철의 모습을 간직한 1, 2선의 차량들이 조만간 신형으로 교체될 것이라고 한다. 낡은 전동차를 타보는 소소한 재미와 스릴이 사라져 아쉬움이 많이 남는다.

# '북경반점'의
# 비밀을 파헤쳐라

## 03
## ㅡ
## 숙소

# 03 하나

## '북경반점'은 자장면집이 아니었던 것이다

### >> 호텔 투숙

'북경반점' 하면 무엇이 떠오르는가? 중국 음식점? 중국에서 '반점 饭店 fàndiàn'은 호텔을 가리 킨다. 호텔을 뜻하는 말로 '酒店 jiǔdiàn'도 있다. 중국 체류 기간 동안 이용할 수 있는 다양한 형 태의 숙박업소에 대해 알아보자.

### 호텔 이용하기

호텔을 이용하려면 미리 예약을 하자. 예약을 하면 대부분의 호텔이 본래 가격에서 30~50%를 할인해주기 때문이다. 중국에서 호텔을 이용할 때 가장 낯선 부분은 바로 보증금 제도이다. 중국 호텔에서는 입실할 때 방값과 보증금을 먼저 지불해야 한다. 입 실할 때 받은 보증금과 숙박비 영수증은 잘 챙겨두어야 한다. 보증금은 보통 방값의 2~3배 정도 되는데, 퇴실할 때 객실 사용료와 각종 부대비용 및 기물 손실비용 등을 공 제한 후 나머지를 돌려준다.

중국 호텔의 일반적인 퇴실 시간은 다음날 오전 11시~12시이다. 퇴실 시간을 프런트에 서 미리 확인하고, 시간이 지나면 추가 요금이 얼마가 붙는지 미리 확인해두는 것이 좋

01 중국에는 세계적인 대형 호텔들이 이미 진출해 있을 뿐만 아니라 중국 전통 브랜드 호텔도 많다. 그랜드 호텔 난징 南京 점과 베이징의 명물, 베이징 호텔 北京饭店. 02 소규모 호텔 또는 모텔급으로 볼 수 있는 삔관 宾馆 03 2성급 호텔은 겉으로 보기에 삔관과 별 차이가 없어 보이지만 온수 사용이 자유롭다. 04~06 4~5성급 호텔의 객실 및 로비와 프런트 정경 07 삔관은 도심에서 쉽게 찾아볼 수 있다. 08 호텔 숙박비 영수증. 보증금 영수증과 함께 잘 보관해두었다가 퇴실할 때 제시해야 한다.

다. 또 객실 내에 비치된 음료와 간식 거리 등도 모두 요금이 있으니 반드시 확인하고 이용해야 한다. 일부 호텔에서는 손님이 객실에서 유무선 인터넷을 사용할 경우 그 사용 시간을 확인해 요금을 따로 받는다.

## 호텔 이외의 숙박업소

호텔 다음의 숙박업소로는 도심에서 쉽게 찾아볼 수 있는 삔관 宾馆이 있다. 모텔급에 해당하는 삔관은 호텔에 비해 가격이 저렴한데, 온수를 24시간 제공하지 않기 때문에 입실할 때 온수 사용이 가능한 시간을 반드시 확인해야 한다.

짜오따이쒀 招待所라는 숙박업소는 여관급의 숙소로, 외국인에게는 허용되지 않는다. 주로 공무원에 해당하는 '딴웨이 单位' 사람들이 출장 시에 이용하며, 물론 일반인들도 사용 가능하다. 외국인 배낭족들이 숙박비를 아끼기 위해 종종 도전하는데, 단속에 걸릴 경우 주인도 처벌을 받기 때문에 대부분은 외국인 손님을 받지 않는다.

그 외에도 대학 내의 기숙사를 일반 손님용으로 개방해놓은 시설과 저렴한 가격으로 이용 가능한 유스호스텔도 있다. 한국인이 운영하는 민박집도 중국 곳곳에 있다. 이 민박집들은 대부분 인터넷에 카페를 만들어놓았기 때문에 검색하면 방 사진뿐만 아니라 제공되는 각종 서비스도 미리 확인할 수 있다.

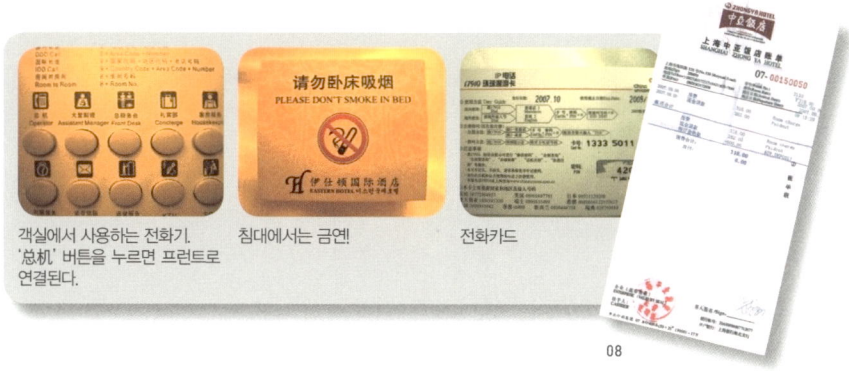

객실에서 사용하는 전화기. '总机' 버튼을 누르면 프런트로 연결된다.　침대에서는 금연!　전화카드

08

반점은 반점인데, 한국에서 보는 그 반점이 아닌 호텔, 떵지 登记 체크인하고 투이팡 退房 체크아웃하고 한국하고
별반 다른 점 없지만, 글자들은 중국어다. 헉~ 체크아웃 시간이 지났다고요?! 내 야진 押金 보증금 돌려줘~

**Step1**

说 **有房间吗?**
Yǒu fángjiān ma?

听 **您要什么样的房间?**
Nín yào shénmeyàng de fángjiān?

说 **我想住个单人间。**
Wǒ xiǎng zhù ge dānrénjiān.

听 **一天两百八。**
Yìtiān liǎngbǎi bā.

说 **我要住三天①。**
Wǒ yào zhù sān tiān.

听 **您要先交八百块押金。**
Nín yào xiān jiāo bābǎi kuài yājīn.

**단어** 住 zhù 거주하다, 숙박하다, 묵다 | 单人间 dānrénjiān 1인실 | 一天 yìtiān 하루, 1일 | 交 jiāo 내다, 교부하다, 제출하다 |
押金 yājīn 보증금

**참고** ① 이틀은 两天 liǎngtiān, 삼일은 三天 sāntiān 이라고 한다.

**해석** 说 방 있나요?
听 어떤 방을 원하세요?

说 1인실로 주세요.
听 하루에 280위엔입니다.

说 3일 묵겠습니다.
听 먼저 보증금으로 800위엔 내십시오.

听 您预订了吗?
Nín yùdìng le ma?

说 是的，预订好了。
Shì de, yùdìng hǎo le.

听 以谁的名义订的?
Yǐ shéi de míngyì dìng de?

说 文馨基。
Wén Xīnjī.

听 请您出示一下证件。 要住几天?
Qǐng nín chūshì yíxià zhèngjiàn. Yào zhù jǐ tiān?

说 我要住一天，多少钱?
Wǒ yào zhù yìtiān, duōshao qián?

听 一天三百六。请填个表。 十一楼，一一二零房间①。
Yì tiān sānbǎi liù. Qǐng tián ge biǎo. Shíyī lóu, yāo yāo èr líng fángjiān.

您要先交四百块钱押金。 把单子拿好，明天凭单子退押金。
Nín yào xiān jiāo sìbǎi kuài qián yājīn. Bǎ dānzi ná hǎo, míngtiān píng dānzi tuì yājīn.

---

단어 预订 yùdìng 예약하다 | 以 yǐ ~을 가지고, ~(으)로(써), ~을 근거로 | 名义 míngyì 명의 | 出示 chūshì 제시하다, 내보이다 | 证件 zhèngjiàn (신분이나 경력 등의) 증거 서류, 증명서 | 填表 tián biǎo 표에 기입하다 | 明天 míngtiān 내일 | 凭 píng ~을 근거로 하다, ~에 근거하여 | 单子 dānzi 영수증, 명세서 | 退 tuì 물리다, 반환하다

참고 ① 一一二零房间은 호텔의 방 호수이므로 숫자를 나열하듯이 읽으며, 一 yī는 yāo로 읽는다.

해석 听 예약하셨습니까?
说 네, 예약했는데요.
听 어느 분 명의로 예약하셨나요?
说 문형기요.
听 신분증 좀 보여주세요. 며칠 동안 묵으시겠습니까?
说 하루요. 얼마죠?
听 하루에 360위엔입니다. 이 표를 작성해주세요. 11층, 1120호입니다. 일단 보증금으로 400위엔을 지불하십시오. 영수증 잘 보관하셨다가 내일 영수증을 제시하고 보증금을 돌려받으세요.

## 我想住个…
~방으로 주세요.

### 1인실로 주세요.
### 我想住个 单人间。

| | | |
|---|---|---|
| 标准间 | biāozhǔn jiān | 스탠다드 룸으로 주세요. |
| 商务间 | shāngwù jiān | 비즈니스 룸으로 주세요. |
| 双人间 | shuāngrén jiān | 2인실로 주세요. |
| 套房 | tàofáng | 스위트 룸으로 주세요. |
| 景观好的房间 | jǐngguān hǎo de fángjiān | 전망 좋은 방으로 주세요. |

## 표현 Plus +

아침식사가 포함된 가격인가요?

这个价格包括早餐吗?
Zhè ge jiàgé bāokuò zǎocān ma?

뜨거운 물은 24시간 공급하나요?

二十四小时供应热水吗?
Èrshí sì xiǎoshí gōngyīng rèshuǐ ma?

체크아웃은 몇 시까지입니까?

几点之前要退房?
Jǐ diǎn zhīqián yào tuìfáng?

제 짐 좀 방으로 옮겨주세요.

请把我的行李送到房间。
Qǐng bǎ wǒ de xíngli sòng dào fángjiān.

귀중품을 맡길 수 있을까요?

可以保管贵重物品吗?
Kěyǐ bǎoguǎn guìzhòng wùpǐn ma?

현지 엿보기

**하늘 꼭대기에 문을 연 상하이 그랜드 하얏트 호텔**

전 세계의 관광객을 무섭게 흡입하고 있는 상하이에 국제적인 호텔들이 안 들어올 리 만무하다. 전 세계적으로 브랜드 체인을 갖고 있는 하얏트 호텔은 한 술 더 떠서 전 세계에서 가장 높은 호텔을 만들었다. 바로 상하이 그랜드 하얏트 호텔. 이 최고 품질의 5성급 호텔은 상하이의 명물인 88층짜리 진마오빌딩 金茂大厦의 53층~87층을 사용하고 있으며, 총 555개의 객실을 보유하고 있다. 진마오빌딩은 중국의 전통적인 층탑 모양으로 디자인되어 그 특이한 모양 덕분에 상하이의 관광명소가 된 최첨단 고층 빌딩이다.

푸우 服务 서비스 받기 힘든 동네, 중국! 호텔 서비스도 그다지 친절하지 않다더니, 괜찮은 것 같은데? 근데, 샤오페이 小费 팁은 어떻게 해야 하지? 중국에는 아직 팁 문화가 보편화되어 있지 않아서, 굳이 안 줘도 괜찮지만, 푸우웬 服务员 종업원들의 기분 좋은 서비스에 감사 표시 좀 하지 뭐!

**Step 1**

说 **我要打国际长途电话。**
Wǒ yào dǎ guójì chángtú diànhuà.

听 我们马上帮您开通。
Wǒmen mǎshàng bāng nín kāitōng.

说 **请送一瓶啤酒到二零四房间。**
Qǐng sòng yì píng píjiǔ dào èr líng sì fángjiān.

听 好的，还需要别的吗？
Hǎo de, hái xūyào bié de ma?

说 **明天早上六点，请把我叫醒①。**
Míngtiān zǎoshang liù diǎn, qǐng bǎ wǒ jiàoxǐng.

听 好的，我们明天早上六点会打电话叫醒您，
Hǎo de, wǒmen míngtiān zǎoshang liù diǎn huì dǎ diànhuà jiàoxǐng nín,

如果不接还会上门叫的。
rúguǒ bù jiē hái huì shàngmén jiào de.

단어 打电话 dǎ diànhuà 전화 걸다 | 马上 mǎshàng 곧, 바로, 즉시 | 开通 kāitōng 개통하다 | 啤酒 píjiǔ 맥주 | 叫醒 jiàoxǐng (불러서) 깨(우)다 | 上门 shàngmén 방문하다

참고 ① '모닝콜 부탁합니다'는 请提供叫醒服务。Qǐng tígōng jiàoxǐng fúwù. 라고도 한다. 좀 더 정중하게 표현하고 싶다면 '请帮我…'나 '麻烦你… 번거로우시겠지만~' 등의 표현을 쓰기도 하고, 문장 끝에 '好吗? 괜찮을까요?'를 붙여 부드럽게 상대방에게 나의 요구를 수락하도록 요청할 수도 있다.

해석
说 국제전화를 걸려고 하는데요.
听 바로 개통해드리겠습니다.

说 204호로 맥주 한 병만 보내주세요.
听 네 알겠습니다. 더 필요한 것은 없으십니까?

说 내일 아침 6시에 모닝콜 부탁합니다.
听 네, 아침 6시에 모닝콜을 해드리겠습니다. 만약 안 받으시면 직접 올라가서 문을 두드리겠습니다.

说 国际长途电话怎么打?
Guójì chángtú diànhuà zěnme dǎ?

听 请告诉我房号，我们马上帮您开通。
Qǐng gàosu wǒ fánghào, wǒmen mǎshàng bāng nín kāitōng.

说 还有如果我想上网的话，怎么办?
Háiyǒu rúguǒ wǒ xiǎng shàngwǎng de huà, zěnme bàn?

听 您自己有电脑吗?
Nín zìjǐ yǒu diànnǎo ma?

说 是的，我有笔记本电脑。
Shì de, wǒ yǒu bǐjìběn diànnǎo.

听 在您的房间里就能上网，把网线插上就可以了。
Zài nín de fángjiānli jiù néng shàngwǎng, bǎ wǎngxiàn chāshang jiù kěyǐ le.

说 我找不到插网线的地方。请帮我一下，可以吗?
Wǒ zhǎo bu dào chā wǎngxiàn de dìfang. Qǐng bāng wǒ yíxià, kěyǐ ma?

听 好的，我们马上派人去帮你做。
Hǎo de, wǒmen mǎshàng pài rén qù bāng nǐ zuò.

단어 上网 shàngwǎng 인터넷에 접속하다 | 电脑 diànnǎo 컴퓨터 = 计算机 jìsuànjī | 笔记本电脑 bǐjìběn diànnǎo 노트북 컴퓨터 = 手提电脑 shǒutí diànnǎo | 网线 wǎngxiàn 인터넷 선 | 插 chā 꽂다, 끼우다, 삽입하다 | 找不到 zhǎo bu dào 찾지 못하다 | 派人 pài rén 사람을 파견하다, 심부름꾼을 보내다

해석 说 국제전화를 어떻게 거나요?
听 방 번호를 말씀해주세요. 바로 개통해드리겠습니다.
说 그리고 인터넷을 하려면 어떻게 해야 하죠?
听 개인 컴퓨터가 있나요?
说 네, 노트북이 있어요
听 그럼 방에서도 가능합니다. 인터넷 선을 꽂으면 돼요.
说 선 꽂는 데를 찾을 수가 없어요. 좀 도와주세요.
听 네, 곧 사람을 보내겠습니다.

**请帮我…?**

~좀 부탁할게요(해주세요).

제게 모닝콜 좀 해주세요.

**请帮我 叫醒。**

拿我的行李箱 ná wǒ de xínglixiāng · 가방 좀 들어주세요.
找我的房卡 zhǎo wǒ de fángkǎ · 제 방 카드키 좀 찾아주세요.
开通国际电话 kāitōng guójìdiànhuà · 국제전화 좀 연결해주세요.

## 표현 Plus+

(국제) 장거리 전화 좀 개통해주세요.

请帮我开通一下(国际)长途电话。
Qǐng bāng wǒ kāitōng yíxià (guójì) chángtú diànhuà.

내일 아침 6시에 모닝콜 부탁해요.

明天早上六点叫醒我。
Míngtiān zǎoshang liù diǎn jiàoxǐng wǒ.

에어컨이 안 켜지는데요, 좀 와보세요.

空调打不开，请过来看一下。
Kōngtiáo dǎ bu kāi, qǐng guòlai kàn yíxià.

인터넷을 좀 사용하고 싶습니다.

我要上网。
Wǒ yào shàngwǎng.

사람을 보내 방을 청소해주세요.

请派人到我的房间打扫卫生。
Qǐng pàirén dào wǒ de fángjiān dǎsǎo wèishēng.

**중국 호텔로 전화하려면?**

한국에서 중국 호텔에 묵고 있는 친구에게 전화할 경우에는 중국 호텔의 전화
교환은 자동 연결 안내 서비스가 되는 경우도 있지만, 사람이 직접 받는 경우
가 더 많다. 중국어가 어렵다면 웬만한 3성급 이상 되는 호텔직원들은 대부분
기본적인 영어가 되므로 당황하지 말고 영어로 방 번호만 이야기해도 될 것이다.

여기저기 구경도 다니고 맛있는 것에도 도전해봐야지. 호텔 프런트에 물어보면 그 지역의 웬만한 정보는 다 수집 가능하니 놓치지 말고 물어보자. 근데 이미 체크아웃을 했는데 짐은 어쩐다지? 알고 보니 호텔에서 여행객들을 위해 짐 정도는 다 보관해준단다. 귀중품은 따로 챙겨놓고, 워 샹 춘 빠오 我想存包~ 저 가방을 부탁하고 싶은데요~

**Step1**

说 **请帮我推荐一个有名的烤鸭店。**
Qǐng bāng wǒ tuījiàn yí ge yǒumíng de kǎoyā diàn.

听 全聚德很有名。
Quánjùdé hěn yǒumíng.

说 **请问一下，你们这儿有没有北京一日游?**
Qǐng wèn yíxià, nǐmen zhèr yǒu méiyǒu Běijīng yíriyóu?

听 我们饭店旁边有一家旅行社，
Wǒmen fàndiàn pángbian yǒu yì jiā lǚxíngshè,

他们专门做这些一日游之类的。
tāmen zhuānmén zuò zhè xiē yíriyóu zhī lèi de.

说 **你们可以帮我找一名韩文翻译吗?**
Nǐmen kěyǐ bāng wǒ zhǎo yì míng Hánwén fānyì ma?

听 可以，您需要哪些方面的翻译?
Kěyǐ, nín xūyào nǎ xiē fāngmiàn de fānyì?

단어 推荐 tuījiàn 추천하다 | 有名 yǒumíng 유명하다 | 一日游 yíriyóu 1일 관광 | 旁边 pángbian 곁, 옆 | 专门 zhuānmén 전문적으로 | 翻译 fānyì 통역하다, 번역하다

해석 说 유명한 오리구이 전문점을 추천해주세요.
听 취엔쥐더(全聚德)가 아주 유명해요.

说 여기 베이징 1일 관광 같은 것 있나요?
听 저희 호텔 바로 옆에 1일 관광상품 등을 전문으로 하는 여행사가 있습니다.

说 통역 한 사람 구해주실 수 있나요?
听 네, 어떤 분야의 통역을 원하십니까?

**Step2**

说 请帮我推荐一个有名的烤鸭店。
Qǐng bāng wǒ tuījiàn yí ge yǒumíng de kǎoyā diàn.

听 全聚德很有名。
Quánjùdé hěn yǒumíng.

说 远吗？
Yuǎn ma?

听 不是很远，在王府井小吃街附近。坐出租车的话，
Búshì hěn yuǎn, zài Wángfǔjǐng xiǎochījiē fùjìn. Zuò chūzūchē de huà,

大概十五分钟就能到。
dàgài shíwǔ fēnzhōng jiù néng dào.

说 要包间的话，应该需要预订吧？
Yào bāojiān de huà, yīnggāi xūyào yùdìng ba?

听 那家餐馆不光是包间，就是一般的桌子都需要预订。
Nà jiā cānguǎn bùguāng shì bāojiān, jiùshì yìbān de zhuōzi dōu xūyào yùdìng.

要不然很可能没有位子。
Yàoburán hěn kěnéng méiyǒu wèizi.

说 那家生意那么好吗？
Nà jiā shēngyi nàme hǎo ma?

听 是的，很多人都在那家餐馆招待从国外来的贵宾。
Shì de, hěn duō rén dōu zài nà jiā cānguǎn zhāodài cóng guówài lái de guìbīn.

**단어** 小吃 xiǎochī 스낵, 간식, 분식 | 附近 fùjìn 부근의, 근처의 | 包间 bāojiān (호텔, 오락, 음식점 등) 전용 객실, 룸 | 餐馆 cānguǎn 음식점 | 一般 yìbān 일반적인 | 不光是A, B都(也) … bùguāngshì A, B dōu(yě) A뿐만 아니라, B 역시 ~하다 | 要不然 yàoburán 그렇지 않으면 | 很可能 hěn kěnéng ~하기 십상이다, ~할 가능성이 많다 | 位子 wèizi 자리, 좌석 | 生意 shēngyi 영업, 장사 | 招待 zhāodài 접대하다, 봉사하다, 환대하다 | 贵宾 guìbīn 귀빈

**해석** 说 유명한 오리구이 전문점을 추천해주세요.
听 취엔쥐더(全聚德)가 아주 유명해요.
说 멀어요?
听 그리 멀지 않아요. 왕푸징 샤오츠지에 부근이거든요. 택시 타면 15분 정도 걸립니다.
说 룸에서 먹으려면 예약을 해야겠지요?
听 그 식당은 룸뿐만 아니라 일반석도 예약을 해야 해요. 그렇지 않으면 자리가 없을 거예요.
说 그 집이 그렇게 장사가 잘 돼요?
听 네, 많은 사람들이 외국에서 온 손님을 그곳으로 모시거든요.

## 可以帮我 …吗?

~해주실 수 있나요?

한국어 통역 한 사람 구해주실 수 있나요?

**可以帮我**找一名韩文翻译**吗**?

| | | |
|---|---|---|
| 叫出租车 jiào chūzūchē | | 택시를 불러주실 수 있나요? |
| 订火车票 dìng huǒchēpiào | | 기차표를 예매해주실 수 있나요? |
| 保管行李 bǎoguǎn xíngli | | 짐을 보관해주실 수 있나요? |
| 预订餐馆 yùdìng cānguǎn | | 식당을 예약해주실 수 있나요? |

### 표현 Plus +

---

이 근처에 재미있는 곳이 있나요?

这附近有没有好玩儿的地方?
Zhè fùjìn yǒu méiyǒu hǎo wánr de dìfang?

---

티켓 예매 서비스 하나요?

你们有没有订票服务?
Nǐmen yǒu méiyǒu dìngpiào fúwù?

---

이 카드 어떻게 사용하는지 알려주세요.

请告诉我这张卡怎么用。
Qǐng gàosu wǒ zhè zhāng kǎ zěnme yòng.

---

이 호텔에 공항 셔틀버스 있나요?

这个饭店有机场班车吗?
Zhè ge fàndiàn yǒu jīchǎng bānchē ma?

---

메모를 남길 테니, 204호 손님께 좀 전해주세요.

我留个条,请帮我转给二零四号客人。
Wǒ liú ge tiáo, qǐng bāng wǒ zhuǎn gěi èr líng sì hào kèrén.

---

**외국인은 싼 숙박시설을 사용하지 못 한다?!**

외국인은 중국 법적으로 3성급 이상 되는 호텔에서만 투숙이 가능하다. 배낭여행객들이 한 번쯤 시도해보는 짜오따이쒀 招待所는 시설이 열악하기 때문에 외국인이 이용할 수 없게 되어 있다. 만약 자금 사정이 여의치 않다면 게스트 하우스나 도미토리 또는 한국인이 운영하는 민박집도 많이 비싸지는 않으니 이용해보는 것도 괜찮다. 만약 방학이라면 각 지역 대학의 기숙사도 저렴하게 이용할 수 있으니 여행지 근처의 대학을 미리 알아보는 것도 좋다.

## 잘 도착했다고 집에 안부 전화를 해볼까?

### IP 카드 이용하기

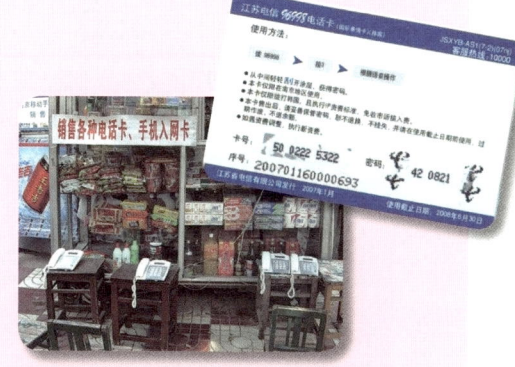

중국에서 한국으로 국제전화를 거는 방법은 여러 가지다.
먼저 국제전화 카드 이용하기. 국제전화 카드를 구입해서 사용하는
것이 가장 저렴하고 편리하다. 여러 통신사 가운데 차이나텔레콤
中国电信, 중국이동 中国移动, 중국렌통 中国联通, 중국왕통 中
国网通 등 큰 회사의 상품을 이용하는 게 품질도 안전도 보장된다.
보통 통화가능 금액은 100위엔인데, 호텔 프런트에서 구입하면 액
면 가격 그대로 모두 지불해야 하지만, 신문 가판대 같은 곳에서 저
렴하고 팔고 있으므로 이용해보자. 그런데 같은 상품인데도 최소 28위엔에서 30위엔, 50위엔 등 판매소마
다 다르니 먼저 몇 군데 돌아다니며 가격을 비교해보고 구입하는 게 좋다.
집 전화 등의 유선전화를 이용하려면 먼저 전화국에 국제전화를 신청해서 개통해야 하기 때문에 사람들이
귀찮아 한다. 그래서 선불카드, IP카드 등을 사서 이용한다. 카드를 샀다면 사용법은 간단하다. 카드에 쓰여
진 대로 카드연결번호 → 언어 선택(보통 중국어 1번, 영어 2번) → 카드번호 → 비밀번호 → 0082 + 지역
번호+ 전화번호(휴대전화번호) 를 누르면 된다. 지역번호를 누를 때 맨 앞의 '0'은 누르지 않는다는 점에 주
의하자. 예를 들어, 서울이라면 '02'가 아니라 '2'를, '010'으로 시작하는 휴대전화라면 '10'만 누른다.
만약 중국 휴대전화로 한국에 전화를 걸고자 한다면 '17951'을 먼저 눌러야 하고 비용은 통신사마다 조금
씩 다르지만 보통 1분에 중국 돈 2위엔 정도이다. 통신사에 따라 휴대폰을 구입할 때 국제 전화 개통을 신청
해야 국제전화를 사용할 수 있는 경우가 있으므로, 핸드폰 구입시 문의하는 것이 좋다. 호텔 내에서의 국제
전화는 서비스 요금 30% 추가되며 매일 21:00~07:00, 토요일, 일요일 및 공휴일은 24시간 동안 할인요금
이 적용된다.

中国电信 Zhōngguódiànxìn 차이나텔레콤 　　中国移动 Zhōngguóyídòng 중국이동 통신
中国联通 Zhōngguóliántōng 중국렌통 　　　　中国网通 Zhōngguówǎngtōng 중국왕통
销售各种电话卡，手机入网卡 xiāoshòu gèzhǒng diànhuàkǎ, shǒujī rùwǎngkǎ
각종 전화 카드, 휴대전화 데이터 통신 카드 판매

| | |
|---|---|
| 호텔 酒店 jiǔdiàn / 饭店 fàndiàn | 나이트 클럽 夜总会 yèzǒnghuì |
| 모텔 宾馆 bīnguǎn | 로비 大厅 dàtīng |
| 여관 招待所 zhāodàisuǒ | 바(bar) 酒吧 jiǔbā |
| 체크인 登记 dēngjì | 샤워실 洗澡间 xǐzǎojiān |
| 체크아웃 退房 tuìfáng | 세탁서비스 洗衣服务 xǐyīfúwù |
| 안내 데스크 咨询台 zīxúntái | 객실요금 房费 fángfèi |
| 호텔 프론트 总台 zǒngtái | 현금 잔금 现金退款 xiànjīn tuìkuǎn |
| 보증금 押金 yājīn | 받은 예약금 预定金收费 yùdìngjīnshōufèi |
| 계산하다 结帐 jiézhàng | 카드 번호 卡号 kǎhào |

# 03 둘 '전세' 없는 중국에서 나만의 둥지를 만들어라

## >> 방 구하기

중국에서 1년 이상 머무르게 될 경우에는 집을 구하는 게 좋을까, 기숙사에 있는 게 좋을까? 중국어를 공부하려고 온 각국의 외국인 친구들과 함께 지내면 즐겁기는 하겠지만 사실 기숙사 비용도 만만치 않다. 집을 구할 때는 어떻게 해야 하는지 한번 알아보자.

### '방' 구하기

중국에서 집을 거래하는 방법은 월세와 매매 두 가지 방법이 있다. 유학생들이 기숙사가 아닌 외부에서 거주할 경우에는 대부분 월세를 구하는데, 임시로 거주하던 민박집이나 기숙사에서 아는 사람을 통하거나 학교 게시판, 동네 어귀에 붙은 광고지 등을 보고 알아보는 경우가 많다. 그러나 중국에서 집을 구할 때는 팡띠찬 房地产 또는 쭝지에꿍쓰 中介公司라고 불리는 부동산 중개업소를 이용하는 것이 가장 안전하다.

### 월세 내기

'월세니까 처음에 들어가는 비용이 많지 않겠지'라고 생각한다면 큰 오산이다. 집을 계약할 때 1~2개월치 방세를 보증금으로 내고, 6개월치 방세를 한꺼번에 낸다. 보증금과

01, 02 중국도 학군과 지역이 집세에 많은 영향을 미친다. 최근에는 외국인 거주자들이 많이 늘어남에 따라 외국인 밀집지역과 학교 주변의 집값이 많이 상승했다. 이은 고급 아파트 단지, 02는 서민층의 주상복합 주거지 03 부동산을 이용할 때는 작은 곳보다는 큰 체인점을 이용하는 것이 안전하다. 사진은 중국 최대의 부동산 체인업체 중 하나인 '워아이 워 지아 我爱我家'. 04 학교 기숙사 내부 05 아파트촌 06 주상복합 건물 07 관리비 영수증들. 영수증을 잘 챙겨놓는 것이 알뜰 살림의 기본!

'방 있어요~' 다국어 광고판

한국어도 많이 보인다.

거리에 붙은 집 임대 광고지들

방세를 합치면 거의 1년치 방세를 미리 지불하는 셈이다. 여기에 중개비까지 합하면, 계약할 때 지불해야 할 금액이 상당히 크다. 중개비는 보통 한 달 방세의 50%를 주는데, 간혹 계약 기간 전체 금액의 10%를 요구하는 경우도 있다. 중개비를 아끼기 위해 동네 주변에 붙은 벽보나 인터넷을 통해 직접 구하기도 하지만, 나중에 불미스런 일이 발생했을 경우 법적 보호를 받는 데 다소 어려움이 따를 수 있다.

### 집 관리하기

집의 내부 시설에 문제가 있을 때는 집주인이나 건물을 관리하는 우예관리 物業管理라고 부르는 관리사무실을 찾아가야 한다. 급하다고 주인이나 관리사무실에 알리지 않고 개인적으로 시설물을 고쳤을 경우에 문제가 생길 수 있다. 또 계약이 만료되었을 때는 집 안 각종 시설을 점검하는데, 하자가 발견되면 보증금 전체 혹은 일부를 수리비 명목으로 돌려주지 않으므로 사는 동안 시설물 관리에 신경을 많이 써야 한다. 만일을 대비해 우예관리나 집주인과의 관계를 잘 유지해야 할 필요가 있다.

### 관리비 납부하기

수도세, 전기세, 가스비, 전화비 등의 관리비는 지역 및 건물 형태에 따라서 납부 방법이 다르다. 대부분 본인이 직접 납부하는데, 전기세는 충전카드에 미리 금액을 충전해서 전기를 사용하는 경우도 있고, 우리나라처럼 한 달 사용료를 은행에 납부하기도 한다. 어떤 아파트에서는 관리사무소에서 집집마다 방문해 받아가기도 하므로, 집을 계약할 때 이런 사항들을 미리 꼼꼼하게 확인해두어야 한다.

### 인터넷 설치하기

인터넷은 집에 유선전화가 개통되어 있어야 신청이 가능한데, 전화가 없다면 집주인에게 요청해야 한다. 대개는 신청을 해주지만, 안 됐을 경우에는 중국인 친구의 도움을 받는 것이 좋다. 외국인이 인터넷을 등록하려고 하면 보증금을 비싸게 받기 때문이다. 인터넷 등록 시 신청인의 신분증 사본이나 신분증 번호 및 이름이 필요하므로 미리 챙겨놓는 것이 좋다.

중국에서 둥지 틀기 1단계인 집 구하기. 아는 사람도 없고 좀 멀쩡하게 생긴 부동산부터 찾아 방을 구해보자구! 근데, 왜 전세가 없다는 거야? 생각보다 집세 지출이 만만치 않겠는걸…. 내가 외국인이라서 그런가? 3개월 월세를 미리 내는 게 기본이라니 6개월치를 한꺼번에 내면 좀 깎아주려나~ 피엔이디엔 便宜点~ 무조건 깎아 깎아!

**Step1**

说 **我要租房。**
Wǒ yào zū fáng.

听 **你要什么样的？在什么地段、多大①的？**
Nǐ yào shénmeyàng de? Zài shénme dìduàn, duōdà de?

说 **要在北大附近的。**
Yào zài Běidà fùjìn de.

听 **这边有符合你的要求的，你要不要看一下房子？**
Zhèbian yǒu fúhé nǐ de yāoqiú de, nǐ yào bu yào kàn yíxià fángzi?

说 **装修了吗？房租大概多少？**
Zhuāngxiū le ma? Fángzū dàgài duōshao?

听 **装修过了，一个月一千二。**
Zhuāngxiūguo le, Yí ge yuè yìqiān èr.

**단어** 租房 zūfáng 집을 세 얻다(놓다) | 地段 dìduàn 구역, 지역 | 多 duō 얼마나 | 北大 Běidà 베이징 대학(약칭) | 符合 fúhé 부합하다, 일치하다 | 要求 yāoqiú 요구(하다), 요망(하다) | 房子 fángzi 집, 건물 = 房屋 fángwū | 装修 zhuāngxiū 집 따위의 내장 공사를 하다 | 房租 fángzū 방세

**참고** ① 多는 의문문에서 정도나 수량을 물을 때 사용한다. 예 多高 duō gāo 얼마나 높은가?

**해석** 说 방을 얻으려고요.
听 어떤 방을 원하세요? 지역과 크기는요?

说 베이징 대학교 근처에 있는 방이요.
听 마침 그런 방이 있네요. 방을 한번 보시겠어요?

说 인테리어는 되어 있나요? 방세는 얼마죠?
听 인테리어는 되어 있고, 월세가 한 달에 1200위엔입니다.

说 我要租学院路附近两居室的房子。
Wǒ yào zū Xuéyuàn lù fùjìn liǎng jū shì de fángzi.

听 这边有符合你的要求的，你要不要看一下房子？
Zhèbian yǒu fúhé nǐ de yāoqiú de, nǐ yào bu yào kàn yíxià fángzi?

说 房租大概是多少？
Fángzū dàgài shì duōshao?

听 一个月一千二。
Yí ge yuè yīqiān èr.

说 装修了吗？有什么家具？
Zhuāngxiū le ma? Yǒu shénme jiājù?

听 装修过了，有简单家具、彩电、热水器、冰箱等等。
Zhuāngxiū guò le, yǒu jiǎndān jiājù、 cǎidiàn、 rèshuǐqì、 bīngxiāng děng děng.

说 我想先看一下房子。什么时候可以看呢？
Wǒ xiǎng xiān kàn yíxià fángzi. Shénme shíhou kěyǐ kàn ne?

听 你先等一下，我这就跟房东①联系。
Nǐ xiān děng yíxià, wǒ zhè jiù gēn fángdōng liánxì.

---

**단어** 家具 jiājù 가구, 가재도구 | 彩电 cǎidiàn 컬러 TV | 热水器 rèshuǐqì 온수기 | 房东 fángdōng 집주인 | 联系 liánxì 연락(하다)

**참고** ① 房东은 집주인을, 세입자는 租房者 zūfángzhě, 承租人 chéngzūrén 혹은 房客 fángkè 라고 한다.

**해석** 说 쉬에위엔로 부근의 방 두 개짜리 집을 얻으려구요.
听 마침 그런 방이 있네요. 방을 한번 보시겠어요?
说 세는 얼마 정도예요?
听 한 달에 1200위엔이요.
说 인테리어는 되어 있나요? 가구는 어떤 것들이 있나요?
听 인테리어는 되어 있고, 간단한 가구들이 있네요. TV, 온수기, 냉장고 뭐 이런 거요.
说 방을 한번 먼저 봤으면 해요. 언제 볼 수 있을까요?
听 잠깐만 기다리세요. 집주인하고 연락해볼게요.

일 년치를 한 번에 내면 좀 싸게 안 될까요?

预付一年的话，能不能便宜点?
Yùfù yì nián de huà, néng bu néng piányì diǎn?

언제 이사 올 수 있어요?

什么时候可以搬进来?
Shénme shíhou kěyǐ bānjìnlai?

현관 열쇠 바꿔줄 수 있나요?

可以给我换个门锁吗?
Kěyǐ gěi wǒ huàn ge ménsuǒ ma?

(부동산) 중개 수수료가 얼마예요?

中介费是多少?
Zhōngjiè fèi shì duōshao?

선금으로 얼마를 내야 하나요?

订金要付多少钱?
Dìngjīn yào fù duōshao qián?

방에 무슨 문제 생기면,
누구에게 전화하면 되나요?

房子有问题的话，
Fángzi yǒu wèntí de huà,

我打电话给谁好呢?
wǒ dǎ diànhuà gěi shéi hǎo ne?

등기부 등본 좀 봤으면 합니다.

我想看一下房产证。
Wǒ xiǎng kàn yíxià fángchǎnzhèng.

신분증 번호 좀 적어놓을게요.

我抄一下你的身份证号码。
Wǒ chāo yíxià nǐ de shēnfènzhèng hàomǎ.

이사 나갈 때 보증금은 바로 돌려주나요?

到搬家的时候，
Dào bān jiā de shíhou,

这个押金可以马上还给我吗?
zhè ge yājīn kěyǐ mǎshàng huán gěi wǒ ma?

제가 이사 가려면 얼마 전에 알려야 돼요?

如果我想搬家的话，
Rúguǒ wǒ xiǎng bān jiā de huà,

提前多长时间告诉你好呢?
tíqián duōcháng shíjiān gàosu nǐ hǎo ne?

에어컨을 설치해주실 수 있나요?

能不能给我装个空调?
Néng bu néng gěi wǒ zhuāng ge kōngtiáo?

탁자 하나 추가해주실 수 있나요?

能不能给我添张桌子?
Néng bu néng gěi wǒ tiān zhāng zhuōzi?

요즘 같은 정보 시대에 하루라도 인터넷을 사용 안 할 수 있을까? 왕빠 网吧 PC방으로 출근하는 것도 하루 이틀이지,
그래~ 한국처럼 초고속은 못 되겠지만 인터넷 망(网)을 쳐볼까~나~
제일 간단한 방법은 전화국에 신청하는 것. 집 전화랑 컴퓨터만 있으면 오케이~

**Step 1**

说 **我要申请宽带。**
Wǒ yào shēnqǐng kuāndài.

听 请告诉我电话号码和户名。
Qǐng gàosu wǒ diànhuà hàomǎ hé hùmíng.

听 你家有来电显示吗?
Nǐ jiā yǒu láidiàn xiǎnshì ma?

说 **没有。**
Méiyǒu.

说 **什么时候可以安装?**
Shénme shíhou kěyǐ ānzhuāng?

听 过两天会跟您联系定时间。
Guò liǎng tiān huì gēn nín liánxì dìng shíjiān.

**단어** 申请 shēnqǐng 청구하다, 신청하다 | 宽带 kuāndài 인터넷 전용선(브로드밴드) | 户名 hùmíng 가입자 이름, 명의 | 来电显示
láidiàn xiǎnshì 발신자 확인 서비스 | 安装 ānzhuāng 설치하다 | 定 dìng 정하다, 결정하다, 확정하다

**해석** 说 인터넷 전용선(브로드밴드)을 신청하려구요.
听 가입자 전화번호와 성함을 말씀해주세요.

听 발신자 확인 서비스는 가입되어 있나요?
说 아니오.

说 언제 설치 가능한가요?
听 2, 3일 내에 담당자가 전화 드리고, 시간을 정할 겁니다.

说 我要申请宽带。
Wǒ yào shēnqǐng kuāndài.

听 请告诉我电话号码、户名和身份证号码。
Qǐng gàosu wǒ diànhuà hàomǎ、 hùmíng hé shēnfènzhèng hàomǎ.

说 010-XXXX-XXXX，户名是胡明昌①，身份证号码是XXXXXX。
Líng yāo líng-XXXX-XXXX, hùmíng shì Húmíngchāng, shēnfènzhèng hàomǎ shì XXXXXX.

听 你要怎么付费？
Nǐ yào zěnme fùfèi?

说 有哪些付款方式呢？
Yǒu nǎ xiē fùkuǎn fāngshì ne?

听 月付每个月一百五、包六个月六百六、
Yuèfù měi ge yuè yìbǎi wǔ、 bāo liù ge yuè liùbǎi liù,

包一年一千二。安装费另算，一百零八。
bāo yì nián yìqiān èr. Ānzhuāng fèi lìngsuàn, yìbǎi líng bā.

说 我要包一年的。什么时候可以安装呢？
Wǒ yào bāo yì nián de. Shénme shíhou kěyǐ ānzhuāng ne?

听 过两天②我们会跟你联系。
Guò liǎng tiān wǒmen huì gēn nǐ liánxì.

---

단어 付费 fùfèi 비용을 지불하다 = 付款 fùkuǎn ┃ 包 bāo 전세 내다, 대절하다 ┃ 另算 lìngsuàn 따로 계산하다 ┃ 过 guò (시간이) 경과하다

참고 ① 인터넷 전용선을 신청할 때는 본인 이름이 아니라 집주인 이름을 말해야 한다.
② 여기에서 两天은 반드시 '이틀'을 가리키는 것이 아니라 '빠른 시일 내에'라는 뜻이다.

해석 说 전용선 신청하려고 하는데요.
听 전화번호와 가입자 성함, 신분증 번호를 말씀해주세요.
说 010-XXXX-XXXX, 가입자 이름은 후밍창, 신분증 번호는 XXXXXX입니다.
听 대금 지불은 어떻게 하실 건가요?
说 어떤 종류의 지불 방법들이 있는데요?
听 매달 지불하는 건 한 달에 150위엔이고요, 6개월 약정은 660위엔,
1년 약정은 1200위엔이에요. 설치비는 별도이고, 108위엔입니다.
说 1년 약정으로 할게요. 언제 설치가 가능한가요?
听 며칠 안에 저희가 연락 드리겠습니다.

인터넷 전용선을 신청<u>하려고요</u>.

**我要申请宽带。**

## 我要···
~을 하려고요.

| | |
|---|---|
| 装电话 zhuāng diànhuà | 전화를 설치하려고요. |
| 办来电显示 bàn láidiàn xiǎnshì | 발신자 확인 서비스를 신청하려고요. |
| 办国际长途 bàn guójì chángtú | 국제전화를 신청하려고요. |
| 取消有线电视 qǔxiāo yǒuxiàn diànshì | 유선방송을 취소하려고요. |

## 표현 Plus +

최대한 빨리 해주세요.

请尽量快一点装。
Qǐng jìnliàng kuài yìdiǎn zhuāng.

비용은 어떻게 내나요?

费用怎么付?
Fèiyòng zěnme fù?

비용 납부 방식을 변경할 수 있나요?

可以更换费用缴纳方式吗?
Kěyǐ gēnghuàn fèiyòng jiǎonà fāngshì ma?

사용 중 문제가 생기면 어디로 연락해야 하나요?

使用时有问题跟哪里联系呢?
Shǐyòng shí yǒu wèntí gēn nǎli liánxì ne?

A/S는 무료인가요?

售后服务是免费的吗?
Shòuhòu fúwù shì miǎnfèi de ma?

**중국의 집 크기는 '평방미터 平方米'로!**

중국에서는 집 크기를 표시할 때 '평방미터 ㎡'를 사용하며, 중국어로는 平方米 píngfāngmǐ라고 한다. 이 평방미터를 보통 우리가 말하는 '평수'로 환산할 수 있는데, 3.3으로 나누면 대략의 평수가 나온다. 예를 들어 150 平方米는 대략 50평 정도가 되는 셈이다. 우리나라에서도 최근 도량형 표기를 바꾸어서 '평수' 사용을 금지하고 있으므로, 기본 생활 정보로 꼭 알아두는 것이 좋다.

앗! 한밤중에 전기가 나가는 이런 황당한 일이! 그래도 당황하지 말고, 정전이 뭐였더라… 맞다! 팅띠엔 停电! 근데
그 다음엔 쩐머빤 怎么办~ 어떡해!

**Step1**

说 **我家漏水，怎么办?**
Wǒ jiā lòu shuǐ, zěnme bàn?

听 你去找物业管理说①。
Nǐ qù zhǎo wùyè guǎnlǐ shuō.

说 **我家下水道堵了，**
Wǒ jiā xiàshuǐdào dǔ le,

**麻烦快点来处理一下。**
máfan kuàidiǎn lái chǔlǐ yíxià.

听 是哪个单元，几号?
Shì nǎ ge dānyuán, jǐ hào?

说 **我家突然停电了。**
Wǒ jiā tūrán tíngdiàn le.

听 你检查了保险盒吗?
Nǐ jiǎnchá le bǎoxiǎnhé ma?

---

단어 漏水 lòu shuǐ 물이 새다 | 物业管理 wùyè guǎnlǐ 주택 단지 시설을 관리(하다), 관리사무소, 관리실 | 下水道 xiàshuǐdào 하수도 |
麻烦 máfan 귀찮다, 번거롭다 | 快点 kuàidiǎn 빨리, 어서 | 处理 chǔlǐ 처리하다 | 单元 dānyuán (공동주택·빌딩 등의) 현관, 입구 |
突然 tūrán 갑자기 | 停电 tíngdiàn 정전 | 检查 jiǎnchá 검사하다, 조사하다 | 保险盒 bǎoxiǎnhé 안전기, 두꺼비집

참고 ① (去)找…说 = 跟 / …说 = 跟 / …商量 모두 '~에게 / ~와 의논하다, 말하다'라는 뜻이다.

해석 说 집에 물이 새는데, 어쩌죠?　　　　　　　　　说 갑자기 전기가 나갔어요.
　　　 听 관리사무실에 가서 말하세요.　　　　　　　 听 두꺼비집은 보셨나요?

　　　 说 하수도가 막혔어요. 빨리 와서 해결해주세요.
　　　 听 몇 동 몇 호죠?

说 是物业管理吗？
Shì wùyè guǎnlǐ ma?

听 是的，有什么事吗？
Shì de, yǒu shénme shì ma?

说 我家漏水，请你们赶紧处理一下。
Wǒ jiā lòu shuǐ, qǐng nǐmen gǎnjǐn chǔlǐ yíxià.

听 什么地方漏水，是水龙头还是水管？
Shénme dìfang lòu shuǐ, shì shuǐlóngtóu háishi shuǐguǎn?

说 水龙头关不上了。
Shuǐlóngtóu guān bu shàng le.

听 你先把阀门关上。告诉我是哪个单元，几号？
Nǐ xiān bǎ fámén guānshang. Gàosu wǒ shì nǎ ge dānyuán, jǐ hào?

说 二单元，6012。麻烦你们快点过来①可以吗？
Èr dānyuán, liù líng yāo èr. Máfan nǐmen kuàidiǎn guòlai kěyǐ ma?

听 好的，我们马上过来。
Hǎo de, wǒmen mǎshàng guòlai.

**Step2**

단어 赶紧 gǎnjǐn 서둘러 | 水龙头 shuǐlóngtóu 수도꼭지 | 水管 shuǐguǎn 수도관, 호스 | 阀门 fámén 밸브 | 过来 guòlai 오다

참고 ① 过来는 다른 한 지점에서 말하는 사람 또는 서술의 대상 쪽으로 오거나 간다는 뜻이다.

해석 说 관리사무소죠?
听 무슨 일이시죠?
说 집에 물이 새요. 빨리 손 좀 봐주세요.
听 어디에 물이 새죠? 수도꼭지요, 수도관이요?
说 수도꼭지가 잠기질 않아요.
听 그럼 일단 수도 밸브를 잠그세요. 몇 동 몇 호죠?
说 2동 6012호요. 빨리 좀 와주실 수 있죠?
听 네, 곧 가겠습니다.

你去找…说。

~에게 말해보세요.

관리사무실에 찾아가서 말해보세요.

**你去找物业管理说。**

| | |
|---|---|
| 保安 bǎo'ān | 경비원에게 말해보세요. |
| 房东 fángdōng | 집주인에게 말해보세요. |
| 中介公司 zhōngjiègōngsī | 부동산에 말해보세요. |
| 邻居 línjū | 이웃에게 말해보세요. |
| 律师 lùshī | 변호사에게 말해보세요. |

## 표현 Plus⁺

| | |
|---|---|
| 정전이 되었어요. | 停电了。<br>Tíng diàn le . |
| 막혔어요. | 塞住了。 = 堵塞了。<br>Sāizhù le.　　Dǔsāi le. |
| 배수가 잘 안 돼요. | 排水不灵。<br>Páishuǐ bù líng. |
| 콘센트가 망가졌어요. | 我家插座坏了。<br>Wǒ jiā chāzuò huài le. |

 현지 엿보기

**야진 押金을 확실하게 돌려받자!**

야진은 본래 세입자들이 집안의 시설에 손상을 입혔을 경우 집주인이 보상받을 수 있도록 해놓은 장치로, 계약서를 작성할 때는 보증금을 내도록 되어있다. 그런데, 1년 이상 거주할 경우에는 집안의 물품들이 손상되지 않을 수 없는데, 딱히 손상되지 않았어도 돌려주지 않으려는 일이 종종 있다. 통상 변호사들이 권하는 합리적인 보증금 한도는 '방세의 2개월 분 이하'이다. 그러므로 계약시에 이보다 많은 보증금을 요구하면 계약을 피하는 게 좋으며, 계약 전에 또는 입주할 때 문제가 좀 있거나 약간의 손상이 있는 부분들은 미리 확인하고 주인에게 얘기해야 한다. 더욱 꼼꼼히 하고자 한다면 계약 당시 손상이나 고장 등 마찰 소지가 있는 모든 것에 관해 어떤 방식으로 어떻게, 얼마를 공제하는지까지 확실히 계약서에 추가하면 된다. 또 가전, 전기제품을 제외한 집안의 물품이 고장날 경우에는 집주인이 수리해주도록 분명하게 명시하는 것이 좋다.

## 이사를 했으면 떡을, 아니 신고를 해야지!

중국에서는 이삿짐센터를 '빤쟈꿍쓰 搬家公司'라고 하는데, 신문 한 부만 사도 수 많은 이삿짐센터들의 조각광고를 볼 수 있다. 가격은 거의 비슷해서 큰 차이는 없고, 짐이 얼만큼인지, 큰 짐으로는 어떤 게 있는지, 옮겨야 할 곳이 몇 층이며, 엘리베이터가 있는지 이동거리가 얼마나 되는지 등에 따라 가격이 조금씩 달라진다. 가까운 곳으로의 별다른 특이사항이 없는 이사라면 100~200위엔 정도면 가능하다. 한국인이 밀집되어 있는 곳에는 한국인이 경영하는 포장이사가 있기는 하지만, 보통 집에 가구나 가전이 갖추어져 있어서 유학생 입장에서는 특별히 큰 가구가 필요하지 않기 때문에 포장이사까지는 필요없다. 이삿짐은 직접 꼼꼼하게 미리 싸두고, 짐의 목록이나 박스의 수, 어느 박스에 무엇이 들었는지 등을 표시해놓고, 이삿짐 센터의 직원들이 짐을 옮길 때 잘 보고 있어야 한다. 중국인 직원들은 던지거나 하는 일도 흔하고 짐을 옮기다 중간에 내려놓고 그 위에 앉아 휴식을 취하기도 하니 옆에서 끊임없는 '잔소리'도 해야 할 필요도 있다.

자신이 머무는 곳이 호텔이나 학교 기숙사 등의 숙박시설이 아닌 일반 가정집이라면 파출소에 전입신고, 즉 外国人在中国境内临时住宿申请手续 Wàiguórén zài zhōngguójìngnèi línshí zhùsù shǒuxù 를 해야 한다. 전입신고는 원칙적으로 반드시 입주 후 24시간 내에 신청해야 하며, 24시간이 지나면 벌금이 부과되는데, 도시마다 조금씩 달라서 엄격히 규제하는 곳도 있고, 아닌 곳도 있다. 하지만 가끔 한 번씩 불시에 조사하여 벌금을 물리는 경우가 있으니 이 또한 주의 해야 한다.

거주지 신고를 하려면 먼저 임대계약서와 여권을 지참하고서 그 지역의 관리사무소를 찾아가서 월세의 10%세금을 납부한다. 이때 세금은 집주인이 부담하는 세금인데, 먼저 세금을 내고 세금을 납부하였다는 증명서를 받은 다음, 계약서와 여권 등을 지참하고 파출소로 가서 빨간색 종이를 주면 입국 날짜 및 여권번호, 이름, 주소 등을 기재한 후 세금납부영수증 및 계약서, 여권 등과 같이 제시하죠. 그럼, 여권을 스캔하고 제시한 빨간색 종이에 작은 숫자가 적혀있는 도장을 찍어주는데 이게 바로 임시거주증, 즉 临时住宿证 linshi zhusuzheng이다. 여권을 돌려받고 집으로 귀가하면 끝! 하지만, 지역 및 파출소마다 처리방식이 다르다는 것을 항상 염두에 두어야 한다.

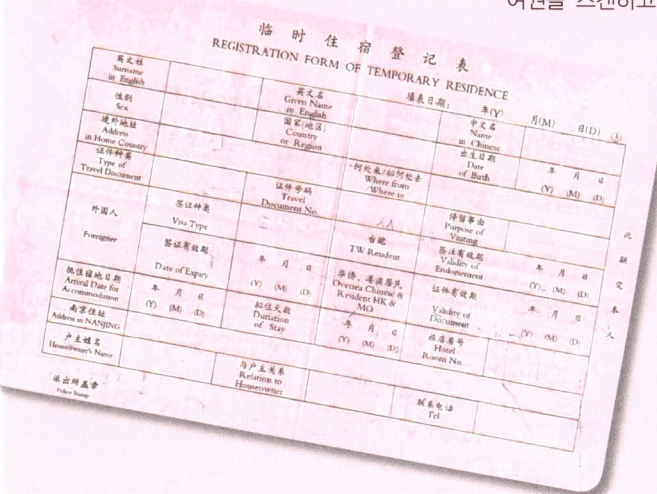

## 중국에서 집구할 때 이 정도는 알고 가자!

중국에서 방을 구할 때 우리나라 사람들이 가장 당황하는 것은 바로 전세가 없고, 월세만 있다는 점이다. 그리고, 보증금인 야진 押金이 상당히 세다는 것, 그리고 방 크기 표시가 ㎡로 되어 있다는 것 등에 당황하는 사람들이 많다. 게다가 방을 분류하는 기준이 다르다는 것을 모르고, 집과 관련된 표현들을 몰라서 집구하는데 어려움을 겪는 경우가 종종 있는데, 월세 광고 몇 번만 보면 전혀 어려울 게 없다.

중국에서는 주방, 거실, 화장실을 갖춘 방을 가리켜 套 tào 또는 套房 tàofáng 이라고 하는데, 집을 구성하는 '셋트'가 모두 갖춰졌다는 의미다. 방 하나에 주방, 거실, 화장실이 있는 원룸 시스템을 单套 dāntào라고 한다. 중국에서는 방 개수로 집을 구분하는데, 만일 방 두 개에 거실, 주방, 화장실이 있다면 二居室 èr jūshì, 방이 세 개면 三居室 sān jūshì이 된다. 그런데 방과 거실 개수를 함께 표시하는 경우가 있다. 거실을 客厅 kètīng 이라고 하는데, 예를 들어 방 세 개에 거실이 두 개라면 三房二厅 sān fáng èr tīng으로 표시한다. 하지만, 유학생처럼 큰 돈이 없는 경우, 하숙처럼 방 하나만 빌리고 주방과 화장실 등을 공용으로 사용할 수도 있다. 이런 경우 '방이 큰가 작은가'를 얘기할 때 大间 dàjiān, 小间 xiǎojiān 이라고 한다.

한 가지만 더. 집을 면적으로 나누어 얘기하기도 한다. 5~60㎡ (20평 남짓)은 小套 xiǎotào, 90~120㎡(3~40평 정도)는 中套 zhōngtào, 150㎡(50평 이상)은 大套 dàtào 라고 부른다.

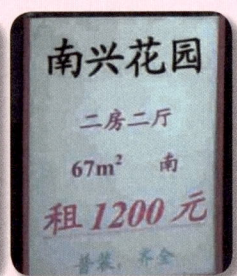

| | |
|---|---|
| 부동산 房产 fángchǎn | 아파트/빌라 楼房 lóufáng |
| 월세 房屋出租 fángwū chūzū | 20평 정도의 집 小套 xiǎotào |
| 월세매매 房屋租售 fángwū zūshou | 3~40평 정도의 집 中套 zhōngtào |
| 집 매물 房屋出售 fángwū chūshòu | 50평 이상 정도의 집 大套 dàtào |
| 원룸 单间 dānjiān / 单套 dāntào | 내부 수리했음 精装修 jīngzhuāngxiù |
| 방 居室 jūshì / 住房 zhùfáng / 居 jū / 房 fáng | 기본설비 완비 普装齐全 pǔzhuāng qíquán |
| 큰방 大间 dàjiān | 37평방미터 37平方米 sānshí qī píngfāngmǐ |
| 작은방 小间 xiǎo jiān | 주택 매매 房屋买卖 fángwū mǎimài |
| 방 2개짜리 집 二居室 èrjūshì | 주택 임대차(전세) 租赁 zūlìn |
| 방 2개 거실 2개 二房二厅 èrfáng èrtīng | 남향 朝南 cháonán |
| 방세 1200위엔 租1200元 zū yìqiān liǎngbǎi yuán | 오피스텔 写字楼 xiězìlóu |

# 대륙에 널린
# 산해진미를 섭렵하라

## 04
## ―
## 음식

# '만한전석'의 풍미를 느껴라

## >> 식당 이용

'음식 천국'이라 불리는 중국의 식당은 형태도 매우 다양하다. 파는 음식도 다양하고, 식당에 따라 주문 요령도 조금씩 다르다. 또 식당 서비스의 내용도 우리와 사뭇 다른 것 같다. 중국의 식당 문화를 살짝 들여다보자.

### 중국인들의 식생활

중국에 가면 '家常菜'라는 글씨의 간판을 단 식당을 흔하게 볼 수 있다. 쟈창차이 家常菜는 '집에서 늘 먹는 음식'이란 뜻으로, 누구나 집에서 해먹는 야채볶음이나 국수·볶음밥·탕수육 등의 간단한 요리를 판다. 여기서 파는 음식들은 가짓수도 많고, 가격도 저렴하다. 뿐만 아니라 메뉴판에 없는 요리도 주방장이 만들 줄만 알면 흔쾌히 주문을 받아서 만들어준다.

중국 사람들은 평소 점심 식사를 간단하게 하는 편이다. 쟈창차이 가게나 만두집, 국수집에서 간단하게 만두·국수·볶음밥 등을 주문해서 간단하게 해결하거나, 점심 노점이나 도시락 가게에서 8~10위엔 정도 하는 도시락을 사먹기도 한다.

01 베이징에는 중국 전역의 요리들이 집합해 있다. 베이징 시내 한복판인 왕푸징 王府井 거리에 있는 텐진 天津의 명물 '거우뿌리 狗不理' 만두 체인점. 만두 전문 식당이라고 하기엔 정말 화려하고 고풍스럽다. 02, 03 가장 흔하게 볼 수 있는 쟈창차이 식당들. 우리나라로 치면 백반, 밥집, 분식집 정도라고 할까? 04, 05 베이징을 대표하는 베이징 오리구이 전문점 취엔쥐더 全聚德 내부. 다 구운 오리를 손님들 앞에서 요리사가 직접 썰어주는데, 써는 데도 고도의 기술이 필요하다. 06, 07 여럿이서 함께 식사할 때는 코스로 주문하며, 요리들이 큰 그릇에 담겨 나온다. 08 '샹차이 香菜'라고 불리는 고수는 대다수의 중국 음식에 들어간다. 입에 맞지 않는 사람은 음식을 주문할 때 빼달라고 하면 된다.

밀전병에 오리구이와 파를
올려 장을 찍어서 먹는다.

쟈창차이에서 파는
베이징 스타일의 만두

이가 나간 컵은 장사가
잘된다는 표시!

## 중국 요리 주문하는 요령

때로 친구들이나 동료들과 함께 식사할 때는 코스 요리를 시켜 먹는다. 요리를 짝수로 맞춰서 주문하는데, 따뜻한 음식, 찬 음식, 쇠고기, 돼지고기, 닭고기, 생선, 채소 등을 식재료의 맛과 비율 및 조화를 고려한다. 사람 수에 맞춰서 三菜一汤(요리 3가지, 탕 1가지), 八菜三汤(요리 8가지, 탕 3가지) 등으로 주문한다. 식사를 주문하면 전채요리 - 주 요리 - 탕 - 후식의 순서로 커다란 접시에 한가득 담겨서 하나씩 나오므로 앞쪽에 나오는 요리를 너무 많이 먹으면 그 다음 요리는 그야말로 그림의 떡이 된다.

## 식사 예절

우리는 탕이나 국을 밥과 함께 먹는 주 요리로 생각하지만, 중국 사람들은 식사를 거의 마쳐갈 때쯤 후식과 함께 탕을 입가심으로 마신다. 또 식사할 때 옆에서 담배를 피우거나, 면이나 탕을 먹을 때 입으로 소리를 내거나, 큰소리로 이야기하며 웃는 것이 식사 예절에 많이 어긋나는 행동은 아니다. 또 우리와는 다르게 술이나 차 등의 음료를 마실 때 잔을 비우지 않은 상태에서 수시로 첨잔을 한다.

## 식당 문화

중국 식당에서 물과 냅킨이 무조건 무료는 아니다. 주문할 때 돈을 내야 하는지 미리 확인하지 않으면, 이 사소한 것 때문에 계산할 때 기분이 상할 수도 있다. 그리고, 그릇이 깨졌다고 화내지 말자. 예부터 중국 사람들은 식당에서 깨진 그릇이나 컵을 내오면 그 식당이 인기가 좋은 맛있는 집이라고 생각하기 때문에, 식당에서 이가 나간 컵을 새것으로 교체하지 않는다고 한다. 그래도 별로 기분이 좋지 않다면 종업원을 불러서 바꿔달라고 하면 얼른 바꿔준다.

날아다니는 것 중에 비행기, 네 발 달린 것 중엔 책상 빼고 다 먹는다고 그랬나? 요리 천국, 중국에 왔는데 그냥 있을 순 없지! 그럴싸한 식당에 들어오긴 했는데, 에고~ 이 종업원이 자꾸 뭐라는 거야? 위띵 预订? 아~ 예약했냐고? 유명한 식당은 예약이 필수라네~

**Step 1**

听 欢迎光临，你们几位?
Huānyíng guānglín, nǐmen jǐ wèi?

说 我们六个人，有包间吗?
Wǒmen liù ge rén, yǒu bāojiān ma?

听 请这边坐。
Qǐng zhèbian zuò.

说 这个地方太吵了①，
Zhè ge dìfang tài chǎo le,
给我们一个安静一点的位子吧。
gěi wǒmen yí ge ānjìng yìdiǎn de wèizi ba.

听 欢迎光临，你们预订了吗?
Huānyíng guānglín, nǐmen yùdìng le ma?

说 没有，不过其他人可能已经到了吧。
Méiyǒu, búguò qítā rén kěnéng yǐjīng dào le ba.

**단어** 光临 guānglín (경어) 왕림(하다) | 吵 chǎo 시끄럽다, 떠들썩하다 | 安静 ānjìng 조용하다, 평온하다 | 预订 yùdìng 예약(주문)하다 | 可能 kěnéng 아마도, 아마 (~일지도 모른다) | 已经 yǐjīng 이미, 벌써 (주로 문장 끝에 了를 동반)

**참고** ① 太…了는 '매우 ~하다', '너무 ~하다' 등의 뜻으로 정도가 아주 심함을 의미한다. 이렇게 정도를 나타내는 부사로는 아래와 같은 것들이 있다. 很 hěn, 非常 fēicháng, 挺 tǐng, 十分 shífēn, 极 jí 극히, 相当 xiāngdāng 꽤 | 稍 shāo 약간 | 的确 díquè 확실히

**해석** 听 어서 오세요, 몇 분이세요?
说 6명이요, 방 있나요?

听 이쪽으로 앉으세요.
说 이 자리는 너무 시끄러워요, 좀 조용한 자리로 주세요.

听 어서 오십시오, 예약하셨습니까?
说 아니오, 하지만 일행이 이미 와 있을 겁니다.

听 欢迎光临，你们预订了吗？
Huānyíng guānglín, nǐmen yùdìng le ma?

说 没有。
Méiyǒu.

听 你们几位？
Nǐmen jǐ wèi?

说 我们六个人，包括一个小孩，有包间吗？
Wǒmen liù ge rén, bāokuò yí ge xiǎohái, yǒu bāojiān ma?

听 不好意思，现在只有4位的包间，你们坐大厅，好不好？
Bùhǎoyìsi, xiànzài zhǐyǒu sì wèi de bāojiān, nǐmen zuò dàtīng, hǎo bu hǎo?

说 大厅太吵了。 我看还是加两个凳子挤着坐好了。
Dàtīng tài chǎo le. Wǒ kàn háishi jiā liǎng ge dèngzi jǐ zhe zuò hǎo le.

听 好的，请这边来。 我马上给你们准备凳子。
Hǎo de, qǐng zhèbiān lái. Wǒ mǎshàng gěi nǐmen zhǔnbèi dèngzi.

说 啊! 对了，其中一个要小孩儿的。
Ā! Duìle, qízhōng yí ge yào xiǎoháir de.

**Step2**

**단어** 包括 bāokuò 포함하다 | 大厅 dàtīng 홀 | 加 jiā 더하다. 보태다 | 凳子 dèngzi (등받이가 없는) 의자 | 挤 jǐ 죄다. 꽉 차다. 붐비다 |
着 zhe ～한 채로 (동사 뒤에 쓰여 그 상태가 지속됨을 뜻함) | 准备 zhǔnbèi 준비하다 | 其中 qízhōng 그중

**해석** 听 어서 오십시오, 예약하셨습니까?
说 아니오.
听 몇 분이십니까?
说 아이 1명 포함해서 6명이요. 방 있나요?
听 죄송합니다. 지금은 4인실뿐인데, 홀은 어떠십니까?
说 홀은 너무 시끄러워서요. 그냥 의자 두 개 더해서 끼어 앉을게요.
听 네, 그럼 이쪽으로 오십시오. 의자는 바로 가져다 드리겠습니다.
说 아! 참, 하나는 어린이용 의자로 주세요.

### 这个地方 太…了。

이 자리는 너무 ~해요.

이 자리는 너무 **시끄러워요**.

## 这个地方太 **吵** 了。

| | | |
|---|---|---|
| 热 rè | | 이 자리는 너무 더워요. |
| 冷 lěng | | 이 자리는 너무 추워요. |
| 挤 jǐ | | 이 자리는 너무 좁아요. |
| 脏 zāng | | 이 자리는 너무 더러워요. |
| 不方便 bù fāngbiàn | | 이 자리는 너무 불편해요. |

---

**표현 Plus+**

---

자리 좀 옮겨도 될까요?

可以换个座位吗?
Kěyǐ huàn ge zuòwèi ma?

---

두 명이 더 올 거예요.

还有两个人要来。
Háiyǒu liǎng ge rén yào lái.

---

우리 이쪽에 앉을 건데 빨리
테이블 좀 치워주세요.

我们要坐这张桌子，请帮我们收拾一下。
Wǒmen yào zuò zhè zhāng zhuōzi, qǐng bāng wǒmen shōushi yíxià.

---

창가 쪽 자리는 없나요?

有没有靠窗户的座位?
Yǒu méiyǒu kào chuānghu de zuòwèi?

---

자리 좀 예약하려고 하는데요.

我要订座位。
Wǒ yào dìng zuòwèi.

---

 현지 엿보기

**메뉴판 요리 맞히기**

배는 고픈데, 메뉴판을 펼치면 무슨 뜻인지 모를 한자만 늘어져 있어 한숨만 나오기 일쑤다.
종류는 많고, 전부 중국어로만 되어 있어서 메뉴판이 아니라 사전으로 보인다!! 이를 어찌
하랴? 그러나 어려워보이는 중국 음식 메뉴도 몇 가지 글자만 알면 끝!

片 piàn 납작하게 썰은 것　　　丝 sī 가늘게 채로 썰은 것
肉 ròu 돼지고기　　　　　　　海鲜 hǎixiān 해산물
三鲜 sānxiān 3가지 신선한 재료, 고정된 재료가 아님
红烧 hóngshāo 붉은 색 튀김옷을 입힌 요리

겨우 자리를 찾아 앉았건만, 종업원이 갖다 주는 차이딴 菜单 메뉴판이 문제다. 까만 건 글자고 하얀 건 종이라더니, 까막눈이 따로 없네. 도대체 뭘 먹어야 하는 거야? 그냥 아무거나 찍었다가 뱀이라도 나오면 어째? 아~ 맞다! 한국에서 먹던 중국 음식 시키면 되겠구나. 자장미엔 炸酱面 자장면! 어랏, 이게 자장면이라고?

**Step 1**

听 您要点菜吗?
Nín yào diǎncài ma?

说 等一会儿点。
Děng yíhuìr diǎn.

说 所有的菜都别放香菜。
Suǒyǒu de cài dōu bié fàng xiāngcài.

听 好的，不过您点的菜当中没有要放香菜的。
Hǎo de, búguò nín diǎn de cài dāngzhōng méiyǒu yào fàng xiāngcài de.

说 你们家可以做菜单上没有的菜吗?
Nǐmen jiā kěyǐ zuò càidānshang méiyǒu de cài ma?

听 您要什么菜，我去厨房问问。
Nín yào shénme cài, wǒ qù chúfáng wènwen.

**단어** 点菜 diǎncài 요리를 주문하다 | 一会儿 yíhuìr 잠시, 잠깐 동안, 짧은 시간 | 所有的 suǒyǒu de 모든 | 别 bié ～하지 마세요 | 厨房 chúfáng 부엌, 주방

**해석** 听 주문하시겠어요?
说 조금 있다가 시킬게요.

说 모든 음식에 샹차이 넣지 마세요.
听 네, 그런데 주문하신 음식 중에는 샹차이가 들어가는 음식이 없습니다.

说 여기는 메뉴판에 없는 음식도 가능한가요?
听 원하시는 요리를 말씀하시면 주방에 물어보겠습니다.

说 你家有什么特色菜?
　　Nǐ jiā yǒu shénme tèsè cài?

听 我家铁板牛肉最有名。
　　Wǒ jiā tiěbǎn niúròu zuì yǒumíng.

说 那就先点个铁板牛肉，还有锅巴、西红柿炒鸡蛋，
　　Nà jiù xiān diǎn ge tiěbǎn niúròu, háiyǒu guōbā, xīhóngshì chǎo jīdàn,

　　你们这儿没有糖醋里脊吗? 好像没有?
　　nǐmen zhèr méiyǒu tángcù lǐji ma? Hǎoxiàng méiyǒu?

听 菜谱上没有，但可以做。
　　Càipǔshang méiyǒu, dàn kěyǐ zuò.

说 还有，来三瓶啤酒，要冰镇的。
　　Háiyǒu, lái sān píng píjiǔ, yào bīngzhèn de.

听 还需要别的吗?
　　Hái xūyào biéde ma?

说 总共多少菜呢? 你看我们六个吃够不够?
　　Zǒnggòng duōshao cài ne? Nǐ kàn wǒmen liù ge chī gòu bu gòu?

听 差不多够了。
　　Chà bu duō gòu le.

说 啊，对了! 米饭要跟第一道菜一起上。
　　A, duìle! Mǐfàn yào gēn dì yī dào cài yìqǐ shàng.

　　还有，上菜的速度快一点。
　　Háiyǒu, shàng cài de sùdù kuài yìdiǎn.

---

단어 冰镇 bīngzhèn 얼려서 차게 하다 | 总共 zǒnggòng 모두, 전부, 합쳐서 | 够 gòu 충분하다. 넉넉하다, 족하다 | 上菜 shàng cài 요리를 내오다

해석
说 이 집에 특별 메뉴 있나요?
听 저희 집은 철판소고기볶음이 유명합니다.
说 그럼 일단 철판소고기볶음이랑, 누룽지탕, 토마토 계란볶음이랑 주시고요, 여기 탕수육은 없나요? 없는 것 같은데요?
听 메뉴판에는 없지만 해드릴 수 있어요.
说 그리고 맥주 세 병이요. 차가운 걸로요.

听 더 필요하신 건 없으십니까?
说 총 몇 개 시켰죠? 우리 여섯 명 먹기에 충분할까요?
听 이 정도면 될 것 같습니다.
说 아, 참! 밥은 첫번째 음식 나올 때 같이 주시고요, 음식 좀 빨리빨리 주세요.

패턴 drill 15

## 所有的 …都…。
모든 ~ / ~ 모두

모든 음식에 샹차이 넣지 마세요
### 所有的 菜 都 别放香菜。

| | | |
|---|---|---|
| 人 rén | 不能吃香菜。 bùnéng chī xiāngcài. | 모두 샹차이를 먹지 못합니다. |
| 空碟 kōngdié | 拿走。 ná zǒu. | 빈 접시는 모두 가져가주세요. |
| 菜 cài | 上好了吗? shàng hǎo le ma? | 음식이 모두 다 나왔나요? |
| 杯子 bēizi | 满了吗? mǎn le ma? | 잔은 모두 채웠나요? |

## 표현 Plus+

여기 주문할게요!

服务员，我们点菜!
Fúwùyuán, wǒmen diǎn cài!

너무 맵게 하지 마세요.

别弄得太辣了。
Bié nòng de tài là le.

우리가 주문한 음식은 왜 아직 안 나오죠?

我们点的菜怎么还没上来?
Wǒmen diǎn de cài zěnme hái méi shànglai?

이거 덜 익었는데요, 좀더 익혀주세요.

这个菜没炒熟，麻烦再炒一下。
Zhè ge cài méi chǎo shú, máfan zài chǎo yíxià.

이 음식 뭘로 만들었어요?

这个菜(是)用什么做的?
Zhè ge cài (shì) yòng shénme zuò de?

 현지 엿보기

### 중국판 패스트푸드 도시락 盒饭 VS 덮밥 盖饭

중국식 패스트푸드 허판 盒饭 héfàn은 맨밥에 반찬을 담아주는 도시락을, 까이쟈오판 盖浇饭 gàijiāofàn (또는 盖饭)은 덮밥을 가리킨다. 특히 점심시간이면 학교 근처나 직장인들이 많은 빌딩 근처에는 도시락을 사기 위해 길게 늘어선 줄을 쉽게 볼 수 있는데, 줄이 길수록 그 집 음식이 맛있다는 건 당연지사! 盒饭은 가격에 따라 반찬의 선택 범위가 다르다. 盖饭은 위샹로우스나 토마토계란볶음 같은 요리를 한 가지 올려 먹는 덮밥이다. 가격은 10위엔 정도.

이렇게 큰 식당에 빈 자리가 없다니~ 분주하게 움직이는 종업원들은 눈 한번 마주치기도 힘든데, 그렇다고 바보같이 그냥 있을 순 없지. 손님은 왕이잖아! 그런데 왜 멀쩡해 보이는 식당의 그릇들은 이가 나가 있고, 또 숟가락은 왜 없는 거지? 워 야오 사오즈~ 我要勺子! 숟가락 좀 달라구요~

**Step 1**

说 **服务员，给我们倒杯茶。**
Fúwùyuán, gěi wǒmen dào bēi chá.

听 好的，马上来。
Hǎo de, mǎshàng lái.

说 **拿一点餐巾纸，好吗?**
Ná yìdiǎn cānjīnzhǐ, hǎo ma?

听 纸巾是收费的，1块钱。
Zhǐjīn shì shōufèi de, yí kuài qián.

说 **服务员，买单。**
Fúwùyuán, mǎidān.

听 好的，请稍等一下。
Hǎo de, qǐng shāo děng yíxià.

단어 倒(茶) dào chá (차를) 따르다 | 餐巾纸 cānjīnzhǐ 냅킨 | 纸巾 zhǐjīn 티슈 | 收费 shōufèi 비용을 받다 | 买单 mǎidān 계산하다, 지불하다

해석 说 여기요, 차 좀 따라주세요.
听 네, 곧 갑니다.

说 냅킨 좀 주세요.
听 티슈는 유료입니다. 1위엔입니다.

说 여기요, 계산해주세요.
听 네, 잠시만 기다려주세요.

听 啤酒都要打开吗?
Píjiǔ dōu yào dǎkāi ma?

说 先打开一瓶。等一下，这瓶啤酒不够冰，要换一下。
Xiān dǎkāi yì píng. Děng yíxià, zhè píng píjiǔ búgòu bīng, yào huàn yíxià.

听 不好意思，现在啤酒都只有这么凉，没有更冰的。
Bùhǎoyìsi, xiànzài píjiǔ dōu zhǐyǒu zhème liáng, méiyǒu gèng bīng de.

说 那就没办法了，打开吧。再拿点餐巾纸吧。
Nà jiù méi bànfǎ le, dǎkāi ba. Zài ná diǎn cānjīnzhǐ ba.

听 好的。
Hǎo de.

说 唉，把这几个玻璃杯换一下。都裂开了。
Ēi, bǎ zhè jǐ ge bōlibēi huàn yíxià. Dōu lièkāi le.

听 这个玻璃杯还行吧。
zhè ge bōlibēi hái xíng ba.

说 不行的，我们一般觉得用裂开的餐具不吉利。
Bùxíng de, wǒmen yìbān juéde yòng lièkāi de cānjù bù jílì.

听 是吗? 好的。马上给你换。
Shì ma? Hǎo de. Mǎshàng gěi ni huàn.

---

**단어** 打开 dǎkāi 열다 | 不够 búgòu 충분하지 않다 | 换 huàn 바꾸다 | 玻璃杯 bōlibēi 유리컵, 유리잔 | 裂开 lièkāi 찢어지다, 갈라지다
| 觉得… juéde ~라고 느끼다, ~라고 여기다 | 餐具 cānjù 식기 | 吉利 jílì 길하다

**해석** 听 여기 맥주 모두 딸까요?
说 먼저 한 병만 따주세요. 잠시만요, 이건 좀 미지근한데요, 바꿔주세요.
听 죄송합니다만, 지금 맥주가 다 이 정도밖에 안 차갑습니다.
说 그럼 할 수 없죠. 따주세요. 그리고 냅킨 좀 갖다주세요.
听 네 알겠습니다.
说 어? 여기 이 유리컵들 좀 바꿔주세요. 금이 갔네요.
听 이 유리컵은 아직 쓸 만한데요.
说 안 돼요. 우리는 보통 깨진 그릇은 불길하다고 생각해서 쓰지 않는다구요.
听 그래요? 네, 바로 바꿔드리겠습니다.

拿…, 好吗?
~ 좀 갖다 주세요.

냅킨 좀 갖다 주세요.
拿一点餐巾纸, 好吗?

| | |
|---|---|
| 几双筷子 jǐ shuāng kuàizi | 젓가락 몇 개 갖다 주세요. |
| 几个碗 jǐ ge wǎn | 그릇 몇 개 갖다 주세요. |
| 一点酱 yìdiǎn jiàng | 소스 조금 갖다 주세요. |
| 点牙签 diǎn yáqiān | 이쑤시개 조금 갖다 주세요. |
| 几个盘子 jǐ ge pánzi | 접시 몇 개 갖다 주세요. |

표현 Plus⁺

저기요, 찌개 육수 좀 더 주세요.
再加一点汤(高汤)。
Zài jiā yìdiǎn tāng (gāo tāng).

이것들 좀 싸주세요.
这些菜给我打包吧。
Zhè xiē cài gěi wǒ dǎ bāo ba.

지배인(책임자) 좀 오라고 하세요.
请把你们经理(负责人)叫过来。
Qǐng bǎ nǐmen jīnglǐ (fùzérén) jiàoguòlái.

우리 오늘은 각자 내죠.
我们今天各付各的吧。
Wǒmen jīntiān gè fù gè de ba.

오늘은 제가 대접할게요.
今天我来请(客)。
Jīntiān wǒ lái qǐng (kè).

느끼해요.
油腻。
Yóunì.

맛있어요.
好吃。
Hǎochī.

## 한국인의 입맛에 짝짝 맞는 중국 음식 BEST 10

중국에 살다보면 당연히 중국 음식에 길이 들어 뭐든지 잘 먹게 되겠지만, 자장면과 짬뽕이 아닌 리얼 중국 음식을 처음 접했을 때는 좀 난감한 게 사실이다. 한자가 난무하는 메뉴판 속에서 뭐가 어떤 요리인지도 모르겠고, 그래서 모아봤다. 이 음식 시키면 절대 후회 안 하는 실패 확률이 0%에 가까운 한국인들이 좋아하는 중국 음식 베스트 10!!!

1. 꿍바오지딩 宫保鸡丁 Gōngbǎo jīdīng 닭고기를 땅콩·고추·오이·당근·양파·생강 및 조미료·술·간장·설탕·식초 등의 소스에 볶은 요리

2. 난꽈빙 南瓜饼 Nánguā bǐng 호박을 으깨서 찹쌀 가루에 풀어 부친 빈대떡. 찹쌀 도너츠와 약간 비슷하다.

3. 징쟝러우쓰 京酱肉丝 Jīngjiàng ròusī 돼지고기를 채로 썰어 두반장 소스를 넣고 볶은 것. 채썬 오이, 파, 말린 두부와 함께 얇은 밀전병에 싸서 먹는다. 보통 샹차이 香菜 xiāngcài 고수도 함께 나오는데 입에 맞지 않으면 넣지 말라고 얘기하면 된다.

4. 훠궈 火锅 Huǒguō 샤브샤브. 일반적으로 냄비 가운데가 나뉘어 있는데 한쪽은 매운 국물, 한쪽은 맑은 국물이 담겨 있다.

5. 탕추리지 糖醋里肌 Tángcù lǐji 원조 탕수육. 돼지고기를 밀가루 반죽에 묻혀 튀긴 후 설탕과 식초로 만든 소스를 끼얹는다.

6. 위샹러우쓰 鱼香肉丝 Yúxiāng ròusī 생선을 뜻하는 '어'자 때문에 종종 생선요리로 오해한다. 돼지고기를 채썰어 새콤달콤하게 볶은 요리. 대체로 위샹(새콤달콤한 맛)이라는 단어가 들어간 음식은 우리 입맛에 맞는 편이다.

7. 쏸차이위 酸菜鱼 Suāncàiyú 매운탕과 비슷해 한국 사람들이 많이 찾는다.

8. 꿔빠 锅巴 Guōbā 누룽지를 살짝 튀겨 소스를 얹은 요리. 누룽지의 고소한 맛과 소스가 잘 어우러져 맛있다. 일명 누룽지탕.

9. 베이징 카오야 北京烤鸭 Běijīng kǎoyā 중국 궁중 요리로 세계 3대 명 요리 중의 하나이다. 얇고 둥근 모양의 밀가루 전병에 얇게 썬 구운 오리 고기와 파, 양념 등을 넣고 싸 먹는다.

10. 이도저도 모르겠을 때는 무조건 양쩌우 챠오판 扬州炒饭 Yángzhōu chǎofàn! 챠오판도 종류가 많은데, 그중에 갖은 재료가 들어간 볶음밥이다. 양도 많고 저렴해서 좋다. 혹시 너무 느끼하다면 고추기름을 넣어보라. 매운 맛에 느끼함은 저 멀리 도망갈 것이다. ^^

위에서 부터
꿍바오지딩, 징쟝러우쓰, 훠궈,
위샹러우쓰, 베이징카오야

# 04 둘

# 비행기, 의자 빼고 다 있는
# 시장 음식을 즐겨라

## >> 간편한 먹거리

우리가 생각하는 중국음식은 자장면과 짬뽕을 제외하고는 매우 화려하고, 고기가 주 재료인 기름진 요리일 것이다. 그럼 중국인들은 평소에도 그런 음식을 먹을까? 의외로 소탈한 중국인들의 먹거리를 구경해보자!

### 싸고 재미있는 먹거리 시장

자오찬 早餐(아침식사)부터 예샤오 夜宵(밤참)까지 중국의 거리에는 정말 먹을 것이 넘쳐난다. 중국 도시 가정의 대부분이 맞벌이를 하기 때문에 아침·점심은 간단하게 사먹고, 저녁은 집에서 가족들과 함께 먹는다. 중국의 아침은 일찌감치 시작된다. 오전 6시면 아침 시장이 열리는데, 이른 아침부터 장을 보거나 아침식사 거리를 사러 나온 사람들을 많이 볼 수 있다. 출근 길에, 등굣길에 중국인들과 함께 줄 서서 여우탸오 油条(꽈배기)와 떠우장 豆浆(중국식 콩국), 딴빙 蛋饼(계란 부침) 등을 사먹으면 왠지 자신도

01, 02, 03 왕푸징 야시장 골목의 풍경. 중국 전역을 대표하는 각종 샤오츠 小吃가 모두 있다. 04 길거리 간식들 05 아침 시장에는 장보러 나왔다가 간단하게 먹을 수 있는 아침 거리를 사는 사람들이 많다. 06 길거리 음식의 대명사 양러우촨. 숯불에 구운 양고기에다 즈란편과 고춧가루를 뿌려 먹으면…!!! 07 해물요리를 파는 노점. 다양한 종류의 해물이 탁자를 가득 메우고 있다.

중국인이 된 듯한 기분이 든다. 가격은 2~5엔(원화 300~700원) 정도.

베이징 시의 한복판인 왕푸징 따지에 王府井大街는 노을이 깔릴 무렵이 되면 갑자기 부산해진다. 큰길을 중심으로 샤오츠 小吃(길거리 음식)를 파는 탄즈 摊子(노점)들이 5시부터 일제히 개장하기 때문이다.
호객하는 노점상들의 목소리가 소란스럽게 울려 퍼지면, 색색으로 장식된 달고 따끈한 뽀뤄판 菠萝饭(파인애플밥), 딴딴미엔 担担面을 위시한 각종 국수 등 간단하게 배를 채울 수 있는 요깃 거리에서부터 보기에도 징그러운 지네·전갈·메뚜기·개구리 등 꼬치들, 과일에 설탕을 입힌 탕후루 糖葫芦, 야자열매, 매운 국물에 다양한 어묵류를 담가 먹는 마라탕 麻辣汤 등 여러 종류의 다양한 샤오츠들이 지나가는 사람들의 발걸음을 잡는다. 뭐니뭐니해도 야시장의 패권은 양러우촨 羊肉串(양고기 꼬치구이)이다. 즈란편 孜然粉과 고춧가루를 팍팍 뿌린 양러우촨을 꼭 맛보시길!

### 다양한 패스트푸드

음식의 천국 중국도 패스트푸드의 물결은 막을 수 없었나 보다. 패스트푸드의 대표격인 맥도널드와 KFC 등의 패스트푸드 점은 어린 학생과 젊은이들로 늘 북적거리는데, 할머니부터 손자까지 온 가족이 와서 '외식'을 하는 패밀리 레스토랑의 역할도 하고 있다. 얼마 전에 나온 '맥도널드 지수'를 보면 맥도널드가 진출해 있는 47개국 가운데 빅맥 가격이 가장 싼 국가가 중국이라고 한다. 하지만, 그렇다고 해도 다른 먹거리에 비교하면 그다지 만만한 가격은 아닌 듯.

중국에 진출한 대표적인 패스트푸드 프랜차이즈들. (왼쪽부터 KFC, 맥도널드, 요시노야, 스타벅스)

식당 메뉴판에 있는 음식도 다 먹어보기 힘든데, 아침이면 아침, 야식이면 야식, 종류도 다양하고 가격도 싼 길거리
음식들이 넘쳐나는 중국! 거리마다 넘치는 이 수십 가지의 시장 음식들은 또 언제 다 먹어보냐고~ 그래, 다이어트는
한국 가서 하자~ 여우티야오 油条 꽈배기, 양러우촹 羊肉串 양꼬치, 지츠 鸡翅 닭 날개 다 먹어줄 테야~!!

**Step1**

说 **这些怎么卖?**
　　Zhè xiē zěnme mài?

听 **菜包六毛, 烧麦、肉包八毛。**
　　Càibāo liù máo, shāomài、 ròubāo bā máo.

说 **我要一个煎饼。不要香菜，辣酱少放一点。**
　　Wǒ yào yí ge jiānbǐng. Búyào xiāngcài, làjiàng shǎo fàng yìdiǎn.

听 **好的，你要加鸡蛋吗?**
　　Hǎo de, nǐ yào jiā jīdàn ma?

说 **我要十串羊肉串。**
　　Wǒ yào shí chuàn yángròu chuàn.

听 **好的，要不要辣椒粉、孜然粉?**
　　Hǎode, yào bu yào làjiāofěn、 zīránfěn?

**단어** 怎么卖 zěnme mài 어떻게 팝니까? (얼마예요?) | 香菜 xiāngcài 향채, 고수 (독특하고 특유한 향이 있어 못 먹는 한국 사람들이 많
다.) | 少放 shǎo fàng 조금만 넣다( ↔ 多放 duō fàng ) | 鸡蛋 jīdàn 계란, 달걀 | 串 chuàn [양] 꿰미, (한 줄로 쭉 꿴 듯한) 줄 | 辣
椒粉 làjiāofěn 고춧가루

**해석** 说 이런 건 어떻게 해요?
听 야채만두는 6마오이고, 사오마이랑 고기만두는 8마오입니다.

说 지엔빙 하나만 주세요. 샹차이는 빼고요. 매운 장은 조금만 넣어주세요.
听 네, 계란 추가할까요?

说 양꼬치 10개만 주세요.
听 알겠습니다, 고춧가루나 쯔란펀을 넣을까요?

088

听 吃什么?
Chī shénme?

说 要两碗红烧牛肉面。
Yào liǎng wǎn hóngshāo niúròumiàn.

听 还要不要别的?
Hái yào bu yào biéde?

说 还要二两① 饺子。
Hái yào èr liǎng jiǎozi.

听 要什么饺子呢?
Yào shěnme jiǎozi ne?

说 你们有什么饺子?
Nǐmen yǒu shénme jiǎozi?

听 有水饺,煎饺,还有蒸饺。
Yǒu shuǐjiǎo, jiānjiǎo, háiyǒu zhēngjiǎo.

说 我们要一两水饺, 一两煎饺。
Wǒmen yào yì liǎng shuǐjiǎo, yì liǎng jiānjiǎo.

단어 碗 wǎn [명] 음식을 담는 기구, [양] 그릇, 사발, 공기 등을 세는 단위 | 红烧 hóngshāo 고기, 물고기 등에 기름과 설탕을 넣어 검붉은 색이될 때까지 볶는 것 | 饺子 jiǎozi (교자) 만두 | 水饺 shuǐjiǎo 물만두 | 煎饺 jiānjiǎo 부침만두 | 蒸饺 zhēngjiǎo 찐만두 | 两 liǎng [양] 량. 무게를 표시하는 양사

참고 ① 两은 무게를 나타내는 중국의 전통 도량형 단위로, '1량'은 50g에 해당한다. 각종 야채, 과일, 만두 등을 살 때 많이 들을 수 있다. 만일 숫자 2가 도량 단위들과 결합이 되면 주로 两으로 읽지만, 2两의 경우에는 반드시 二两으로 읽는다. 만두나 국수 등 길거리 음식을 사 먹을 때는 사실 무게를 뜻하기 보다는 '1인분'을 가리킨다.

해석 听 무얼 드시겠어요?
说 홍사오 소고기면 두 그릇 주세요.
听 다른 건요?
说 만두도 2 인분(2 량)만 주세요.
听 어떤 만두로 드릴까요?
说 어떤 것들이 있는데요?
听 물만두, 부침만두, 그리고 찐만두가 있습니다.
说 물만두 1인분, 부침만두 1인분 주세요.

要不要···?

~을 원하세요?

고춧가루와 쯔란펀을 넣을까요?

要不要辣椒粉、孜然粉?

| 香菜 xiāngcài | 샹차이 넣을까요? |
| 这个椅子 zhège yǐzi | 이 의자 필요해요? |
| 喝点儿什么 hē diǎnr shénme | 뭐 마실래요? |
| 尝尝 chángchang | 맛보실래요? |

## 표현 Plus+

| 굽다 | 烤 kǎo | 무치다, 비비다 | 拌 bàn |
| 볶다 | 炒 chǎo | 부치다 | 煎 jiān |
| 삶다 | 煮 zhǔ | 끓이다 | 烧 shāo |
| 찌다 | 蒸 zhēng | 튀기다 | 炸 zhá |
| 달다 | 甜 tián | 맵다 | 辣 là |
| 시다 | 酸 suān | 싱겁다 | 淡 dàn |
| 짜다 | 咸 xián | 비리다 | 腥 xīng |

**구린 두부? 초우떠우푸!!!**

한국에 청국장이 있다면 중국에는 초우떠우푸 臭豆腐가 있다!! 냄새 나는 두부라는 뜻의 이 두부는 독특한 냄새 때문에 그 냄새만으로도 지나가는 사람들의 눈살을 찌푸리게 하는 음식이다. 그런데, 이는 썩은 것이 아니고 볏집 속에 두부를 넣고 발효를 시킨 것이라고 한다. 냄새 때문에 입까지 가기는 힘들지만 먹어보면 냄새에 비해 먹을 만하다. 명(明) 태조(太祖) 주원장(朱元璋)이 즐겨 먹었다는 이 초우떠우푸는 거리에서 맛보게 되는 음식 중 유일하게 임금님 수라상에까지 올랐다고 한다.

## 낯은 익지만 이름 모를 먹거리의 정체를 밝혀라

마이땅라오 麦当劳 맥도날드, 컨더지 肯德鸡 KFC, 삐셩커 必胜客 피자헛. 이름은 다르지만 웬만한 패스트푸드 점은 다 있다. 일단 메뉴판에 사진이 있으니 중국어가 안 된다면 그냥 찍어주면 되잖아! 그런데, 자세히 보면 메뉴가 한국하고 완전히 같지는 않은 듯. 어쨌든 메뉴 이름을 잘 모르면 무조건 세트 메뉴 타오찬 套餐! 이건 번호만 말하면 된다고 했던가? 이하오 타오찬 一号套餐 1번 세트요~

说 **我要一个巨无霸。**
Wǒ yào yí ge Jùwúbà.

听 要不要饮料?
Yào bu yào yǐnliào?

说 **给我两杯咖啡和两个苹果派。**
Gěi wǒ liǎng bēi kāfēi hé liǎng ge píngguǒpài.

听 在这里吃还是带走?
Zài zhèli chī háishi dàizǒu?

说 **我要一号套餐。**
Wǒ yào yī hào tàocān.

听 再加两块钱可以换大薯条和大杯可乐，要吗?
Zài jiā liǎng kuàiqián kěyǐ huàn dà shǔtiáo hé dà bēi kělè, yào ma?

Step 1

단어 饮料 yǐnliào 음료 | 苹果派 píngguǒpài 애플파이 | 还是 háishi 또는, 아니면 | 带走 dàizǒu 테이크아웃, 가지고 가다 | 套餐 tàocān 세트 메뉴

참고 还是는 선택의문문을 만드는 형식으로 특별한 A와 B의 두 가지 상황 중 하나를 선택하며, 의문사나 의문조사 없이 의문문으로 쓰인다.

해석 说 빅맥 한 개 주세요.
听 음료는 필요하지 않으세요?

说 커피 두 잔이랑 애플파이 두 개 주세요.
听 여기서 드시겠어요? 포장하시겠어요?

说 1번 세트요.
听 2위엔을 더 내시면 감자튀김과 콜라를 큰 것으로 바꿀 수 있는데, 해드릴까요?

Step2

说 一号套餐，还有两个鸡翅、两个鸡腿汉堡和两杯咖啡。
Yī hào tàocān, háiyǒu liǎng ge jīchì, liǎng ge jītuǐ hànbǎo hé liǎng bēi kāfēi.

听 在这儿吃还是带走？
Zài zhèr chī háishi dàizǒu?

说 在这儿吃。
Zài zhèr chī.

听 不好意思，两个鸡腿汉堡要等10分钟。
Bùhǎoyìsi, liǎng ge jītuǐ hànbǎo yào děng shí fēnzhōng.

咖啡也要等15分钟。
Kāfēi yě yào děng shíwǔ fēnzhōng.

说 那么咖啡就不要了，换成可乐吧。
Nàme kāfēi jiù búyào le, huàn chéng kělè ba.

听 鸡腿汉堡还要不要？
Jītuǐ hànbǎo hái yào bu yào?

说 这个要等。
Zhè ge yào děng.

听 你先坐一下，做好了我就送过去。
Nǐ xiān zuò yíxià, zuòhǎo le wǒ jiù sòngguòqu.

---

单어 鸡翅 jīchì 닭 날개 | 鸡腿 jītuǐ 닭다리 | 汉堡(包) hànbǎo(bāo) 햄버거

해석 说 1번 세트와 닭 날개 두 조각, 그리고 치킨버거 두 개, 커피 두 잔이요.
听 여기서 드실 건가요? 포장하실 건가요?
说 여기서 먹을 거예요.
听 죄송합니다만, 치킨버거 두 개는 10분쯤 기다려야 하고,
커피도 15분 정도 기다리셔야 하는데요.
说 그럼 커피 말고 콜라로 주세요.
听 치킨버거는 어떻게 할까요?
说 그건 기다릴게요.
听 그럼 일단 앉아 계세요, 다 되면 갖다 드리겠습니다.

...
还是
～?

... 아니면
～?

여기서 드시겠어요, 아니면 포장하시겠어요?

**在这里吃 还是 带走?**

| | | |
|---|---|---|
| (你要)可乐 kělè | (要)雪碧 xuěbì | 콜라 드실래요, 아니면 스프라이트 드실래요? |
| (你要)酸甜酱 suāntiánjiàng | (要)辣酱 làjiàng | 스위트 칠리 소스요, 아니면 핫소스요? |
| (你要)鸡块 jīkuài | (要)鸡腿 jītuǐ | 닭을 몸통으로 드릴까요 아니면 다리로 드릴까요? |
| (你要)等 děng | (要)换别的 huàn biéde | 기다리실래요, 아니면 다른 걸로 바꾸실래요? |

## 표현 Plus⁺

소스를 많이 넣어 주세요.

这个汉堡里面多放一点酱。
Zhè ge hànbǎo lǐmiàn duō fàng yìdiǎn jiàng.

햄버거는 잘라주세요.

汉堡切一下。
Hànbǎo qiē yíxià.

케찹 두 개만 더 주세요.

再要两个番茄酱。
Zài yào liǎng ge fānqiéjiàng.

얼음 넣지 말아주세요.

别放冰块儿。
Bié fàng bīngkuàir.

얼마나 더 기다려야 하나요?

还要等多久?
Háiyào děng duōjiǔ?

현지 엿보기

**패스트푸드 한국 VS 중국**

중국의 패스트푸드점은 우리와 거의 똑같긴 하지만 다른 점이 몇 가지 있다.

1. 음료수, 샐러드 바가 리필이 안 된다! 음료수 리필해달라고 컵을 내밀면 점원이 컵을 받아서 바로 쓰레기통에 던질 것이다.

2. 아침 메뉴에 죽이 있다! 중국인들이 아침에 죽을 많이 먹는데 착안한 현지 메뉴이다.

3. 서비스가 좋다?! 한국에서는 음식 서빙부터 치우는 것까지 모두 셀프지만, 중국에서는 먹고 난 쟁반이랑 쓰레기를 그대로 두고 나오면 점원이 치운다. 과감하게 그냥 나와도 전혀 눈치 볼 것 없다.
   *^^*

중국의 찻집은 우리나라에서처럼 연인들의 데이트 장소 같은 분위기라기보다는 담소를 나누면서 카드 놀이나 마작을 하는 분위기다. 이에 맞서 요즘 뜨고 있는 별 다방! 싱바커 星巴克 스타벅스, 커피 한 잔 가격이 한 끼 식사보다 비싼데도 늘 북적거리네. 그래도 아직까지 중국인들에게는 카페이 咖啡 커피보단 차 茶 차가 우세한 것 같군.

**Step1**

听 你们喝点儿什么?
　 Nǐmen hē diǎnr shénme?

说 **要一壶龙井茶，加一个杯子吧。**
　 Yào yì hú Lóngjǐngchá, jiā yí ge bēizi ba.

听 你们喝点儿什么?
　 Nǐmen hē diǎnr shénme?

说 **不好意思，等一会儿吧。**
　 Bùhǎoyìsi, děng yíhuìr ba.

听 还需要蛋糕或饼干吗?
　 Hái xūyào dàngāo huò bǐnggān ma?

说 **要一个小块草莓慕斯蛋糕。**
　 Yào yí ge xiǎokuài cǎoméi mùsī dàngāo.

단어 壶 hú [명] 주전자 [양] 단지 | 蛋糕 dàngāo 카스텔라, 케이크 | A 或 B A huò B A나 B, A 혹은 B | 饼干 bǐnggān 과자, 비스킷 | 草莓 cǎoméi 딸기

해석 听 무얼 드시겠습니까?
　 说 롱징차 하나 주시고요, 잔 하나만 더 주세요.

　 听 무얼 드시겠습니까?
　 说 죄송합니다, 좀 이따 주문할게요.

　 听 케이크나 비스킷 하시겠어요?
　 说 딸기 무스 케이크 작은 조각 하나 주세요.

094

说 你想喝什么？
Nǐ xiǎng hē shénme?

听 嗯，我要喝菊花茶。
Ěng, wǒ yào hē júhuāchá.

说 听说菊花茶对眼睛好，是不是？
Tīngshuō júhuāchá duì yǎnjing hǎo, shì bu shì?

听 对，菊花茶不仅对眼睛好，还可以美容养颜呢！
Duì, júhuāchá bùjǐn duì yǎnjing hǎo, hái kěyǐ měiróngyǎngyán ne!

说 我还是喜欢喝咖啡，我要浓缩咖啡。
Wǒ háishi xǐhuan hē kāfēi, wǒ yào nóngsuō kāfēi.

听 浓缩咖啡？那不是太苦了吗？
Nóngsuō kāfēi? Nà búshì tài kǔ le ma?

说 就是爱喝那种苦味儿。
Jiùshì ài hē nà zhǒng kǔ wèir.

听 但咖啡对身体不好，以后你也要多喝(一)点茶。
Dàn kāfēi duì shēntǐ bù hǎo, yǐhòu nǐ yě yào duō hē (yi)diǎn chá.

**Step 2**

단어 听说 tīngshuō 듣자하니 ┃ 对 duì ～에 대하여 ┃ 眼睛 yǎnjing 눈의 통칭 ┃ 不仅…, 还可以~ bùjǐn…, hái kěyǐ~ …뿐만 아니라, ～도 괜찮다 ┃ 美容养颜 měiróngyǎngyán 용모를 아름답게 하고 피부에 영양을 주다 ┃ 苦 kǔ (맛이) 쓰다 ┃ 味儿 wèir 맛

해석 说 뭐 마실래?
听 음! 나는 국화차 마실래.
说 국화차가 눈에 좋다며?
听 응, 국화차는 눈에만 좋은 게 아니라 피부 미용에도 아주 좋아!
说 난 그래도 커피가 좋더라. 난 에스프레소.
听 에스프레소? 그건 너무 쓰지 않아?
说 쓴맛에 마시는 거야.
听 그래도 커피는 몸에 안 좋으니까 너도 차를 마시도록 해봐.

패턴 drill 19

## 有没有 A 或 B?

A나 B 있나요?

케이크**나** 비스킷 있나요?

有没有 蛋糕 或 饼干?

| | | |
|---|---|---|
| 冰水 bīngshuǐ | 冰块儿 bīngkuàir | 찬 물이나 얼음 있나요? |
| 点心 diǎnxīn | 饮料 yǐnliào | 간식이나 음료수 있나요? |
| 打折卡 dǎzhékǎ | 优惠卷 yōuhuìjuàn | 할인카드이나 우대쿠폰 있나요? |
| 冰糖 bīngtáng | 糖浆 tángjiāng | 얼음사탕(빙당)이나 시럽 있나요? |

### 표현 Plus+

---

뜨거우니까 조심하세요.

这个很烫，你要小心。
Zhè ge hěn tàng, nǐ yào xiǎoxīn.

---

향이 좋은걸!

好香!
Hǎo xiāng!

---

뜨거운 물 좀 채워주세요(더 부어주세요).

加点开水。
Jiā diǎn kāishuǐ.

---

펜이랑 메모지 좀 빌릴 수 있을까요?

可以借一下笔和纸吗?
Kěyǐ jiè yíxià bǐ hé zhǐ ma?

---

일행 오면 시킬게요.

等人来了就点。
Děng rén lái le jiù diǎn.

---

현지 엿보기

**설마 이 알갱이들이 개구리알?**

중국에서 사랑 받는 음료 중에 하나가 쩐주나이차 珍珠奶茶 zhēnzhūnǎichá이다. 한국에서는 '버블티'라고 부르는데, 밀크티에다 찹쌀떡 같은 맛의 커피색의 동글동글한 알갱이들을 넣어준다. 뿌리에서 채취한 식용 녹말로 만든 새알이 진주 같아서 붙여진 이름이다. 짓궂은 남학생들은 처음 먹어보는 여학생들에게 이걸 '개구리알'이라고 속이며 놀리기도 한다.

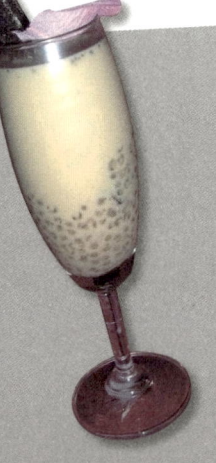

## 중국 4대 요리

중국 요리는 지역에 따라 기후도 다르고 식 재료도 다르기 때문에 지역차가 매우 크다. 대표적으로 베이징, 상하이, 광뚱, 쓰촨 요리를 꼽는다.

### 베이징 北京 요리
베이징을 중심으로, 남쪽으로 산둥성까지 포함한다. 강한 화력을 이용한 튀김과 볶음 위주의 기름진 고칼로리 요리가 발달했는데, 날씨가 춥기 때문이라고 한다. 면과 만두를 주식으로 하며, 육류요리가 많다. 궁중요리 만한전석 滿汉全席은 최소 30가지에서 최대 160가지 요리가 나오는 중국 요리의 정수이며, 그 외에 베이징카오야 北京烤鸭도 베이징의 대표 음식이다.

### 상하이 上海 요리
중국 중부의 상하이 上海, 난징 南京, 양저우 扬州, 쑤저우 苏州 등지의 요리를 총칭한다. 맛이 비교적 담백하면서도 기름지며, 소스를 사용한 요리는 맛이 진하다. 새우, 게 등의 해산물 요리와 쌀밥, 사오싱주 绍兴酒가 유명하다.

### 광뚱 广东 요리
세계인들이 흔히 알고 있는 중국 요리로, 광저우 广州 등 광둥성 일대의 요리를 가리킨다. 외국 선교사와 상인들의 빈번한 왕래로 중국 전통요리에 서양 요리법이 결합, 독특한 특성을 갖게 되었다. 조미료를 중시하며, 달짝지근하고, 향기롭고, 개운하고, 부드럽고, 미끈거리는 것이 특징이다. 해산물 요리가 많고, 탕수육, 팔보채 등 친숙한 요리가 많다. 거의 모든 생물을 재료로 사용할 정도로 식재료가 다양한데, 혐오요리(고양이, 파충류 등)도 많다. 상어지느러미, 비둘기, 광둥 집오리 요리 등이 유명하며, 차, 죽, 디엔신(얌차) 등의 스낵도 추천할 만하다.

### 쓰촨 四川 요리
중국 서부지역의 요리를 대표하는 양자강 长江 상류 산악지대인 쓰촨, 윈난 云南, 꾸이저우 贵州 지방의 요리를 말한다. 산악지대이기 때문에 향신료, 소금절이, 건조시킨 저장식품 발달했다. 고춧가루, 후춧가루, 생강 등을 애용하기에 맛이 맵고 얼얼하며, 강한 향기가 있는 것이 특징이다. 고추 등 향신료를 사용해 고온에 익히고 맵고 강한 맛을 내 한국사람이 가장 선호한다. 마파두부 등 두부요리와 위샹로우쓰 등의 돼지고기요리가 유명하다.

**어휘 Plus⁺** 먹고 싶은 음식 마음껏 주문하기~!

## 식당 관련 어휘들

양식 西餐 xīcān
중국 음식 中餐 zhōngcān
패스트푸드 快餐 kuàicān
뷔페식 음식점 自助餐 zìzhùcān
야식 夜宵 yèxiāo
간단한 먹거리 小吃 xiǎochī
숟가락 勺子 sháozi

이쑤시개 牙签 yáqiān
접시 盘子 pánzi
컵 杯子 bēizi
젓가락 筷子 kuàizi
그릇 碗 wǎn
냅킨 餐巾纸 cānjīnzhǐ
24시간 영업 24小时营业 èrshí sì xiǎoshí yíngyè

## 한국과 똑 같은 메뉴 골라 먹기~!

롯데리아 乐天利 lètiānlì
맥도널드 麦当劳 màidāngláo
버거킹 汉堡王 hànbǎowáng
파파이스 派派思 pàipàisī
피자헛 必胜客 bìshèngkè
KFC 肯德基 kěndéjī
메인메뉴 主餐 zhǔcān
사이드메뉴 配餐 pèicān
디저트 甜点 tiándiǎn
햄버거 汉堡包 hànbǎobāo
빅맥 巨无霸 jùwúbà
치즈버거 吉士汉堡 jíshì hànbǎo
맥치킨버거 麦香鸡 màixiāngjī
휘시버거 麦香鱼 màixiāngyú

오리지날 치킨 吮指原味鸡 shǔnzhǐyuánwèijī
핫크리스피 치킨 香辣鸡翅 xiānglàjīchì
징거버거 香辣鸡腿堡 xiānglàjītuǐbǎo
트위스터 墨西哥鸡肉卷 mòxīgējīròujuàn
프렌치프라이 薯条 shǔtiáo
맥너겟 麦乐鸡 màilèjī
너겟 上校鸡块 shàngxiàojīkuài
콘버터 香甜玉米棒 xiāngtiányùmǐbàng
콘샐러드 玉米沙拉 yùmǐshālā / 玉米色拉 yùmǐsèlā /
　　　　 甜香玉米 tiánxiāngyùmǐ
선데이 아이스크림(초콜릿) 巧克力新地 qiǎokèlì xīndì
아이스크림 콘 圆筒冰淇淋 yuántǒngbīngqílín
세트메뉴 套餐 tàocān
(세트메뉴는 보통 번호로 부른다. 一号，二号，三号…)

## 별다방, 콩다방 커피 메뉴 모여라~!

레모네이드 柠檬水 níngméngshuǐ
밀크쉐이크 奶昔 nǎixī
요거트 酸奶 suānnái
코코아 可可 kěkě
콜라 可乐 kělè
맥주 啤酒 píjiǔ
칵테일 鸡尾酒 jīwěijiǔ
포도주 红酒 hóngjiǔ
핫초코 热巧克力 rèqiǎokèlì / 热朱古力 rèzhūgǔlì
커피 咖啡 kāfēi
블루 마운틴 원두커피 藍山(咖啡) lánshān(kāfēi)
까페라떼 拿铁咖啡 nátiěkāfēi / 那堤 nàtí
모카커피 摩卡咖啡 mókǎkāfēi
카푸치노 卡布奇诺 kǎbùqínuò

아메리칸 美式咖啡 měishìkāfēi
에스프레소 浓缩咖啡 nóngsuōkāfēi
카라멜마끼아또 焦糖玛奇朵 jiāotáng máqíduǒ
프라푸치노 星冰乐 xīngbīnglè

# 세계 최고의
# 상술을 습득하라

05

—
쇼핑

# 05 다양한 쇼핑 스타일을 적절히 활용하라

## >> 다양한 쇼핑 장소

베이징 같은 대도시에서의 쇼핑은 사실 한국과 크게 차이가 없다. 글로벌 유통업체인 까르푸, 월마트, 이케아뿐만 아니라 이마트까지 있어서 전혀 낯설지 않다. 쇼핑 장소별 쇼핑의 매력을 살짝 들여다보자.

중국 물가가 한국보다 낮다는 얘기는 많이 들었을 것이다. 직접 살아보면 그중에서도 식비가 매우 저렴하다는 것을 느낄 수 있다. 농수산품은 정말 싸지만, 공산품 가운데는 오히려 한국보다 비싼 것들도 있다. 그러므로 사고 싶은 물건이 있다면 가격을 꼼꼼히 따져보는 것이 좋다.

### 새벽을 여는 재래시장

재래시장은 새벽 6시에 열린다. 차이창 菜場 혹은 농마오스창 农贸市场 이라고 부르는 재래시장은 서민층의 생활을 가장 가까이서 볼 수 있는 곳이다. 재래시장의 가장 큰 매력은 그날 들어온 신선한 물건들을 저렴한 가격으로 만날 수 있다는 것이다. 갖은 야채, 채소, 과일 및 육류가 아침 일찍 시장에 나오고 신선한 물건을 사기 위해 사

01 깨끗하게 단장한 마트 내의 야채 코너. 중국어가 걸려 있다는 것만 빼고는 우리나라와 다를 바가 없다. 02 재래시장의 야채 코너. 나름 정돈이 잘되어 있는 모습이다. 상인과 흥정하다 보면 중국어 실력도 쑥쑥! 03 냉장고 없이 진열해놓은 고기들. 보기엔 좀 별로지만 당일 들어온 물품들이라 신선하다고 한다. 04 중국에 진출한 이마트 05 왕푸징 베이징 호텔 맞은편에 자리한 뚱팡신톈띠 东方新天地 쇼핑몰. 내부에는 외국 유명 브랜드의 매장이 즐비하게 들어서 있어 부유한 젊은이들과 외국인들에게 각광받고 있다. 06 왕푸징 쇼핑 거리의 야경

람들이 장을 보러 나온다. '재래시장' 하면 시장 사람들과 대화하고 흥정하는 재미를 빼놓을 수 없다. 게다가 우리나라에선 거의 볼 수 없는 오래된 저울로 물건을 달아주는 모습을 보고 있노라면 내가 도대체 어느 시대에 살고 있는지 궁금해지기도 한다. 이렇게 재래시장에서는 여전히 옛날식 저울과 도량형을 사용하니, 자주 사용하는 도량형을 몇 가지 알아두면 도움이 될 것이다.

처음 재래시장에 간 사람들이 아주 기겁하는 곳이 있는데, 그곳은 바로 정육 코너. 재래시장의 절반을 정육점들이 차지하는데 냉장고도 없이 밖에 널려 있는 고기들이 비위생적인 것 같지만 대부분 그날 새벽에 들어온 고기이기 때문에 신선함은 걱정하지 않아도 된다. 야채도 마찬가지다.

### 마트 이용하기

재래시장이 아무래도 불편하다면 까르푸, 월마트, 이마트 등 대형 마트를 이용하면 된다. 각종 식품뿐만 아니라 공산품, 전기제품, 심지어는 의류까지 모두 유통하고 있는데다가 가격도 비싸지 않고, 한국에서 마트 이용하던 것과 크게 다를 바가 없어 장보기가 쉽다. 아침 8시에 개점하고 밤 10시쯤 폐점한다는 정도가 다르다면 다를까.

### 쇼핑 요령

최근 베이징 시내에는 대형 마트나 백화점, 쇼핑센터들이 속속 들어서고 있다. 세련되고, 현대적인 최첨단 시설로 무장한 쇼핑몰들은 젊은이들의 각광을 받고 있다. 쇼핑몰이나 백화점에서는 거의 정찰제이기 때문에 가격 흥정이 잘 이루어지지 않지만, 쇼핑 거리의 상점들이나 우리나라의 동대문, 남대문 시장 같은 시우슈이지에 秀水街, 홍챠오 紅桥 같은 시장에서는 가격 흥정을 절반 가격부터 시작하는 것이 쇼핑을 잘하는 요령이다. 외국인이다 싶으면 마구 값을 올리니 부르는 대로 돈을 지불하는 실수를 범하지 말 것!

'매장입구'라는 한글 안내판

'특가 100위엔'

매장 내 안내 표지판
洗手间 화장실
收银台 계산대

-40℃에서 40℃까지 한대와 사막기후, 아열대를 아우르는 거대한 중국 땅. 우리나라에서는 백화점 과일 코너에서나 보던 수입 과일들이 시장에 즐비하다. 대표적인 여름 과일 시과 西瓜 수박은 한겨울에도 열대기후를 띠는 하이난 섬에서 재배되고 망궈 芒果 망고나 뽀뤄 菠萝 파인애플도 아주 흔한 과일들이지. 가격도 한국과는 비교할 수 없을 정도로 정말 싸. 오… 이건 양귀비가 즐겨 먹었다는 리즈 荔枝 여지! 이걸 먹으면 양귀비처럼 예뻐지는 거야?

**Step1**

说 **这些橙子怎么卖**①？
Zhè xiē chéngzi zěnme mài?

听 两块五一斤。
Liǎng kuài wǔ yì jīn.

说 **这个西瓜甜吗**？
Zhè ge xīguā tián ma?

听 包你甜的。
Bāo nǐ tián de.

说 **最近哪一种水果好吃呢**？
Zuìjìn nǎ yì zhǒng shuǐguǒ hǎochī ne?

听 荔枝正上市。
Lìzhī zhèng shàngshì.

**단어** 橙子 chéngzi 오렌지 | 甜 tián (맛이) 달다 | 包 bāo 보장하다, 보증하다 | 最近 zuìjìn 최근, 요즈음 | 好吃 hǎochī 맛있다, 맛나다 | 正 zhèng 마침, 한창, 바야흐로 | 上市 shàngshì 출시되다, (계절 상품이) 시장에 나오다

**참고** ① '어떻게 팔아요?'라는 뜻인데, 가격이 얼마냐고 묻는 말인 多少钱? Duōshao qián?과 같은 말이다.

**해석** 说 여기 오렌지 얼마씩 하죠?
听 한 근에 2.5위엔입니다.

说 이 수박 단가요?
听 꿀이에요.

说 요즘 어떤 과일이 맛있어요?
听 리즈가 제철이죠.

说 西瓜怎么卖?
Xīguā   zěnme mài?

听 这种大西瓜卖九毛一斤，这个红小玉一块三，
Zhè zhǒng dà xīguā mài jiǔ máo yì jīn,   zhè ge hóngxiǎoyù yí kuài sān,

黄小凤卖一块二。
huángxiǎofèng mài yí kuài èr.

说 这个大西瓜一个大概多少钱呢?
Zhè ge dà xīguā yí ge dàgài duōshao qián ne?

听 这么大的话①大概十几块吧。
Zhème dà de huà   dàgài shí jǐ kuài ba.

说 我想买这种西瓜，不过觉得太大。帮我挑一个最小的吧。
Wǒ xiǎng mǎi zhè zhǒng xīguā, búguò juéde tài dà.   Bāng wǒ tiāo yí ge zuì xiǎo de ba.

听 要不你买这种切好的，怎么样?
Yàobù   nǐ mǎi zhè zhǒng qiēhǎo de,   zěnmeyàng?

说 还有切好的吗?②
Háiyǒu qiēhǎo de ma?

听 有啊，这儿有切一半的，还有四分之一的。
Yǒu a,   zhèr   yǒu qiē yíbàn de,   háiyǒu sì fēn zhī yī de.

---

**단어** 红小玉 hóngxiǎoyù 붉은 복수박 | 黄小凤 huángxiǎofèng 노란 복수박 | 这么 zhème 이러한, 이와 같은, 이렇게 ↔ 那么 | …的话 de huà ~하다면 | 挑 tiāo 선택하다, 고르다 | 要不… yàobù …(아니면) ~하든지 | 切 qiē 자르다, 썰다

**참고** ① …的话는 가정을 나타내는 如果, 要是 등과 같은 접속사가 있을 경우 생략이 가능하다.
② 중국의 시장에서는 잘라진 과일을 사도 신선도가 많이 떨어지진 않는다. 또한 껍질을 벗기기 힘든 것들(사탕수수, 파인애플 등)은 벗겨달라고 요구할 수도 있다. '껍질 벗겨주세요.' 给我剥皮。Gěi wǒ bōpí.

**해석** 说 수박 어떻게 팔아요?
听 여기 큰 수박은 한 근에 9마오고, 속이 붉은 복수박은 1.3
위엔, 속이 노란 복수박은 1.2위엔입니다.
说 이 큰 수박 한 통이면 얼마 정도 할까요?
听 이 정도 크기면 십몇 위엔 정도 할 겁니다.
说 이 수박을 사고 싶은데 너무 큰 것 같아요.
제일 작은 걸로 골라주세요.

听 그렇다면 여기 잘라놓은 것으로 사는 것은 어떠세요?
说 잘라놓은 것도 있어요?
听 그럼요. 여기 절반짜리도 있고,
4분의 1짜리도 있습니다.

패턴 drill 20

# 怎么…?
어떻게 ~하죠?

어떻게 **팔아요**?
# 怎么**卖**?

| | |
|---|---|
| 计算 jìsuàn | 어떻게 계산하죠? |
| 处理 chǔlǐ | 어떻게 처리하죠? |
| 用 yòng | 어떻게 사용하죠? |
| 写 xiě | 어떻게 쓰죠? |

표현 Plus⁺

---

맛봐도 되나요?

可以尝一下吗?
Kěyǐ cháng yíxià ma?

---

좀 시들었는데 싱싱한 것 없어요?

有点儿烂了, 有没有新鲜的?
Yǒu diǎnr làn le, yǒu méiyǒu xīnxiān de?

---

잘 익었는지 잘라서 속을 좀 보여주세요.

切给我看看里面够不够熟。
Qiē gěi wǒ kànkan lǐmiàn gòu bu gòu shú.

---

봉지 한 개 더 씌워주세요.

再套一个袋子。
Zài tào yí ge dàizi.

---

덤으로 몇 개 더 주세요.

再送几个吧。
Zài sòng jǐ ge ba.

---

현지 엿보기

**양귀비의 리즈, 너무 먹으면 위험하다?!!**

한국인들이 좋아하는 중국산 과일로는 '과일의 왕'이라고 불리는 리즈 荔枝 lìzhī 여지가 있다. 리즈는 껍질을 벗기면 흰 과육이 달고 신 맛을 내며 독특한 향을 갖고 있는데, 양귀비가 좋아해서 '양귀비의 미의 원천'이라고 불렸던 과일이다. 비타민 C가 많이 포함되어 있어 피부에 좋지만, 한 번에 너무 많이 먹거나 연일, 연속적으로 먹는 것은 피해야 한다. 하루 5알 정도가 적당. 과다섭취하면 '리즈병' 증세가 나타나는데, 입이 마르고, 발열, 발한, 어지럼증, 설사 등이 일어난다. 심한 경우에는 정신을 잃거나 순환기 장애, 저혈당 증세가 나타난다. 이 때문에 중의학에서는 리즈를 과다섭취하지 말 것을 권고하고 있다.

요즘 뭘 먹어도 힘이 안 나고, 은근히 집이 그리운걸. 집 나와 객지에서 생활하다 보니까 건강도 점점 안 좋아지는 것 같아. 이럴수록 때 되면 보신도 해주고 관리도 해야 되는 거 아니겠어? 오늘은 삼겹살에 소주 한 잔이 딱 생각나는구만….
중국에도 삼겹살이 있던가? 우화로우 五花肉? 삼겹살이 아니고 오겹살이네?

说 **有牛尾巴吗?**
Yǒu niú wěiba ma?

听 没有，牛尾巴卖完了。
Méiyǒu, niú wěiba màiwán le.

说 **买一斤五花肉，给我切成片儿。**
Mǎi yì jīn wǔhuāròu, gěi wǒ qiēchéng piànr.

听 这么厚，行吗?
Zhème hòu, xíng ma?

说 **给我一斤前腿肉。**
Gěi wǒ yì jīn qiántuǐròu.

听 带皮的还是不带皮的?
Dài pí de háishi bú dài pí de?

**Step 1**

**단어** 尾巴 wěiba 꼬리 | 厚 hòu 두껍다 | 行 xíng 좋다, 괜찮다

**해석** 说 소꼬리 있어요?
听 아니요, 소꼬리는 다 팔렸습니다.

说 삼겹살 한 근만 얇게 썰어주세요.
听 이 정도 두께면 괜찮겠어요?

说 앞다리살 한 근만 주세요.
听 껍질 있는 걸로 드릴까요, 없는 걸로 드릴까요?

说 有前腿肉吗?
Yǒu qiántuǐròu ma?

听 有，要带皮的还是不带皮的?
Yǒu, yào dài pí de háishi bú dài pí de?

说 不带皮的。
Bú dài pí de.

听 这块儿怎么样?
Zhè kuàir zěnmeyàng?

说 太肥了，换一块儿吧。
Tài féi le, huàn yíkuàir ba.

听 肥的才好吃呢! 那这块儿还行吧。
Féi de cái hǎochī ne! Nà zhè kuàir hái xíng ba.

说 行! 给我称两斤。一斤切成片儿，还有一斤要绞一下。
Xíng! Gěi wǒ chēng liǎng jīn. Yì jīn qiēchéng piànr, háiyǒu yì jīn yào jiǎo yíxià.

听 我们这儿不能绞，你去对面绞肉的地方做，
Wǒmen zhèr bù néng jiǎo, nǐ qù duìmiàn jiǎo ròu de dìfang zuò,

他们收你两毛钱。
tāmen shōu nǐ liǎng máo qián.

---

단어 肥 féi 지방이 많다 | 绞 jiǎo 비틀어 짜다, 쥐어짜다, (고기를) 갈다 | 对面 duìmiàn 반대편, 맞은편, 바로 앞 | 收 shōu (비용을) 받다

해석 说 앞다리살 있죠?
听 네, 껍질 붙은 걸로 드릴까요, 안 붙은 걸로 드릴까요?
说 없는 걸로요.
听 이거 어때요?
说 비계가 너무 많아요. 다른 걸로요.
听 비계가 좀 있어야 맛있죠. 그럼 이 정도면 괜찮죠?
说 괜찮네요. 두 근만 주세요. 한 근은 얇게 썰어주시고, 한 근은 갈아주세요.
听 고기 가는 건 여기선 안 되고, 저기 맞은편 고기 가는 집에 가셔야 해요.
2마오 내면 갈아줄 거예요.

패턴 drill 21

给我切成…
~하게 썰어주세요.

얇게 썰어주세요.
**给我切成片儿。**

| 块儿 kuàir | 덩어리로 썰어주세요. |
| 丝儿 sīr | 채 썰어주세요. |
| 两半儿 liǎngbànr | 반으로 썰어주세요. |
| 几块儿 jǐ kuàir | 몇 토막으로 썰어주세요. |

## 표현 Plus⁺

비계 부분 좀 걷어내주세요.
把这块肥肉去掉。
Bǎ zhè kuài féiròu qù diào.

앞다리살 한 근만 갈아주세요.
给我绞一斤前腿肉。
Gěi wǒ jiǎo yì jīn qiántuǐròu.

썰지 말고 그냥 주세요.
不要切，直接给我一大块儿。
Búyào qiē, zhíjiē gěi wǒ yí dà kuàir.

이 생선 손질 좀 해주세요.
这条鱼要弄一下。
Zhè tiáo yú yào nòng yíxià.

내장 좀 다 발라주세요.
请给我把这个肠子拿掉。
Qǐng gěi wǒ bǎ zhè ge chángzi nádiào.

**저울을 갖고 다녀?**
중국에서 과일이나 야채 육류 등은 모두 저울에 달아 근으로 판다. 기본 단위는 좀 알아두어서 최소한 저울 볼 줄 몰라서 빤히 보고도 바가지를 쓰진 말자. 단위로는 량 两 liǎng, 진 斤 jīn, 꿍진 公斤 gōngjīn이 있는데, 1량은 50g, 1진은 500g 1꿍진은 1kg이다. 맨 왼쪽 칸은 물건의 전체 중량, 가운데는 1kg당 가격, 오른쪽이 최종 가격이다. 이때 흥정한 가격과 가운데 입력한 숫자가 맞는지 확인하는데 만약 1진에 2.3 위엔이라고 했다면 이곳에 4.6이라고 입력해야 한다. 그런데 간혹 저울을 조작하여 물건을 파는 장사꾼들도 있다고 해서 어떤 사람은 소형 저울을 사서 아예 들고 다닌단다.

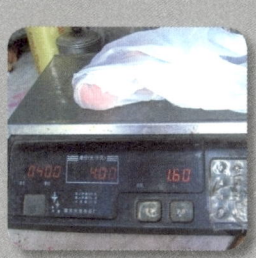

# 저렴한 비용으로 스타일을 살려라

오랜만에 백화점 나들이. 눈에 띄는 한국 파이즈 牌子 브랜드들이 은근히 많구나. 앗! 이것은 중국 영화에서 보았던 치파오 旗袍가 아닌가! 〈화양연화〉에서 본 우아한 장만옥의 자태를 상기하며 나도 한번 장만해볼까? "야오 스이샤 要试一下 입어볼게요." 헉! 내가 살이 쪘나? 아냐, 아냐~ 중국 옷 치수가 이상한 거겠지? 이래서 사람들이 꼭 입어 보고 사라는구나.

**Step1**

说 **给我便宜点儿。**
Gěi wǒ piányi diǎnr.

听 **已经够便宜了，不能再便宜了。**
Yǐjīng gòu piányi le, bùnéng zài piányi le.

说 **我能试一下吗?** ①
Wǒ néng shì yíxià ma?

听 **可以，那边是试衣间。**
Kěyǐ, nàbian shì shìyījiān.

说 **可以水洗吗?**
Kěyǐ shuǐxǐ ma?

听 **不可以，这是百分之八十** ② **的羊毛，需要干洗的。**
Bù kěyǐ, zhè shì bǎifēn zhī bāshí de yángmáo, xūyào gānxǐ de.

**단어** 试衣间 shìyījiān 탈의실 ｜ 水洗 shuǐxǐ 물 세탁 ｜ 羊毛 yángmáo 양모, 울 ｜ 干洗 gānxǐ 드라이크리닝(하다)

**참고** ① 사고 싶은 제품을 사용해보고자 할 때 쓰는 표현으로 옷이나 신발은 물론 전기,가전제품 등의 성능을 확인할 때도 사용한다. 한국어의 '입어봐도 돼요?', '신어봐도 돼요?', '한번 써봐도 돼요?', '성능 좀 볼까요?' 등의 뜻을 모두 포함한 말이다.
② 백분율을 나타내는 퍼센트(%)는 '백분의 X'라고 읽는다. 예 73% → 百分之七十三
또, 10%를 이르는 '할'의 경우에는 成이라고 한다. 예 70% → 百分之七十 = 七成

**해석** 说 깎아주세요.
听 이미 충분히 싸게 드리는 거예요. 더는 안 돼요.

说 입어봐도 되나요?
听 네, 피팅룸은 저쪽입니다.

说 물 세탁 가능한가요?
听 아니오, 이건 울 80%여서 드라이크리닝을 하셔야 합니다.

说 打折活动什么时候结束？
Dǎzhé huódòng shénme shíhou jiéshù ?

听 今天是最后一天，全场打八折。
Jīntiān shì zuìhòu yì tiān, quánchǎng dǎ bā zhé.

说 这件衣服我能试一下吗？
Zhè jiàn yīfu wǒ néng shì yíxià ma?

听 可以，你穿几号？
Kěyǐ, nǐ chuān jǐ hào?

说 我想先试试穿中号。
Wǒ xiǎng xiān shìshi chuān zhōnghào.

听 好的，这是中号。
Hǎode, zhè shì zhōnghào.

说 这件衣服有点儿①大，有小号的吗？
Zhè jiàn yīfu yǒudiǎr dà, yǒu xiǎohào de ma?

听 有，你等一会儿，我给你拿。
Yǒu, nǐ děng yíhuìr, wǒ gěi nǐ ná.

단어 打折 dǎzhé 할인하다 | (搞)活动 (gǎo) huódòng 활동(하다), 운동(하다), 행사(하다) | 结束 jiéshù 끝나다, 마치다, 종료하다 | 全场 quánchǎng 매장 전체 | 有点(儿) yǒudiǎn(r) 조금, 약간 | 拿 ná (손에) 쥐다, 가지다

참고 ① 대개 여의치 않은 일에 쓰이며 有一点(儿) yǒu yìdiǎn(er)과 같은 말이다.

해석 说 세일 언제까지예요?
听 오늘이 마지막이에요. 전 매장이 20% 할인입니다.
说 입어봐도 돼요?
听 그럼요. 사이즈는 몇 입으세요?
说 먼저 중간 사이즈로 입어볼게요.
听 네, 이게 중간 사이즈네요.
说 이건 좀 큰데 작은 거 있나요?
听 있어요. 잠시만요, 가져다 드릴게요.

이 옷은 드라이크리닝해야 됩니다.

这件衣服需要…的。

이 옷은 ~해야 합니다.

**这件衣服需要干洗的。**

| | | |
|---|---|---|
| 手洗 shǒuxǐ | 이 옷은 손세탁해야 됩니다. |
| 熨平 yùnpíng | 이 옷은 다림질해야 됩니다. |
| 单独洗 dāndúxǐ | 이 옷은 단독 세탁해야 됩니다. |
| 晾干 liànggān | 이 옷은 그늘에서 말려야 됩니다. |

### 표현 Plus+

거울 좀 보여주세요.
让我照一下镜子。
Ràng wo zhào yíxià jìngzi.

포장 안 뜯은 것으로 주세요.
给我拿一件没拆过的。
Gěi wo ná yí jiàn méi chāiguo de.

무료로 수선해주나요?
你们可以给免费修剪吗?
Nǐmen kěyǐ gěi miǎnfèi xiūjiǎn ma?

그냥 좀 볼게요.
我自己转转(看看)吧。
Wǒ zìjǐ zhuànzhuan (kànkan) ba.

너무 비싸요.
太贵了。
Tài guì le.

얼마까지 싸게 줄 수 있어요?
最低价格是多少?
Zuìdī jiàgé shì duōshao?

조금만 더 깎아주세요.
再便宜一点点。
Zài piányi yìdiǎndiǎn.

현지 엿보기

**70% 할인이라고? 아니, 정가의 70%에 판다고!!**

'30~70% 할인'이라는 글귀를 보면 우리는 '아, 정가의 30%부터 70%까지 깎아주는 구나'라고 생각할 것이다. 할인, 세일을 중국어로 打折 dǎzhé라고 하는데, 숫자 뒤에 折를 붙여 할인율을 표시한다. 예를 들어, 7折는 '정가의 70%가격에 판매한다'는 뜻이다. 다시 말해 '30% 할인'을 뜻하며, 8折는 '20% 할인'을 뜻한다. 중국에는 좀 특이한 할인율도 볼 수 있는데, 바로 8.8折다. 이는 8이라는 숫자가 发财(돈을 벌다)의 发fā와 발음이 비슷하여 좋은 숫자로 여겨 상인들이 선호하기 때문이다.

## 신발 칫수에 mm가 없다?!

중국에서 신발을 살 때 신발에 사이즈 표시가 없어서 당황하는 사람들이 많다. 중국에서도 한국처럼 240mm, 250mm 등의 치수 표기를 쓰기도 하지만, 아직까지는 호수로 표시하는 것이 훨씬 보편적이다. 호수는 보통 신발창이나 바닥에 원숫자로 표시되어 있다. 그렇다면 도대체 나에게 맞는 신발 사이즈를 어떻게 찾아야 할까? 무조건 다 신어볼 수도 없는 노릇이고.

호수는 0호부터 시작하며, 0호는 50mm이다. 0호부터 1호마다 5mm씩 더해지는데, 1호는 55mm, 2호는 60mm이다. 이렇게 계속 더해보면 38호는 240mm가 된다. 그렇지만 신발가게에 가서 무작정 더하고 있으면 내 사이즈, 친구들 사이즈를 계산만 종일 걸릴 것이다. 좀 더 간편하게 계산할 수 있는 방법이 없을까? mm를 호수를 바꾸려면 발치수의 두 배를 10으로 나누고 다시 10을 빼면 된다. 즉 '발치수×2÷10−10=호수'가 된다. 예를 들어 발치수가 245라면 245×2÷10−10=39이므로 39호가 된다.

그래도 가장 간편한 건 미리 자신의 사이즈를 외워두는 것이다. 쇼핑갈 때 친구에게도 미리미리 알아두라고 충고해주면 더 즐겁고 재미있는 쇼핑이 될 것이다.

### 어휘 Plus⁺  사고 싶은 물건 이름 마음껏 말해보기

**과일**

| | | |
|---|---|---|
| 귤 橘子 júzi | 배 梨子 lízi | 오렌지 橙子 chéngzi |
| 딸기 草莓 cǎoméi | 복숭아 桃子 táozi | 자두 李子 lǐzi |
| 레몬 柠檬 níngméng | 사과 苹果 píngguǒ | 참외 香瓜 xiāngguā |
| 망고 芒果 mángguǒ | 수박 西瓜 xīguā | 포도 葡萄 pútáo |
| 메론 哈密瓜 hāmíguā | 앵두 樱桃 yīngtáo | 파인애플 菠萝 bōluó / 凤梨 fènglí |
| 바나나 香蕉 xiāngjiāo | 여지 荔枝 lízhī | |

**육류**

| | | |
|---|---|---|
| 소고기 牛肉 niúròu | 닭 다리 鸡腿 jītuǐ | 소시지 香肠 xiāngcháng |
| 소꼬리 牛尾巴 niúwěiba | 돼지고기 猪肉 zhūròu | 햄 火腿 huǒtuǐ |
| 갈비 排骨 páigǔ | 삼겹살 五花肉 wǔhuāròu | 양고기 羊肉 yángròu |
| L.A갈비 LA牛排 L.A niúpái | 등심 里脊 lǐjǐ | 오리고기 鸭肉 yāròu |
| 닭고기 鸡肉 jīròu | 살코기 瘦肉 shòuròu | 식용개구리 田鸡肉 tiánjīròu |
| 닭 날개 鸡翅膀 jīchíbǎng | 비계 肥肉 féiròu | 비둘기 고기 鸽子肉 gēziròu |

**의류**

| | | |
|---|---|---|
| 숙녀복 女装 nǚzhuāng | 팬티 内裤 nèikù | 미니스커트 迷你裙 mínǐqún |
| 신사복 男装 nánzhuāng | 티셔츠 T-恤衫 T- xùshān | 원피스 连衣裙 liányīqún |
| 아동복 童装 tóngzhuāng | 목폴라 高领上衣 gāolǐngshàngyī | 양말 袜子 wàzi |
| 정장 西服 xīfú / 正装 zhèngzhuāng | 스웨터 毛衣 máoyī | 스타킹 丝袜 sīwà |
| 평상복 便服 biànfú | 와이셔츠 衬衫 chènshān | 코트 外套 wàitào |
| 잠옷 睡衣 shuìyī | 바지 裤子 kùzi | 여름옷 夏装 xiàzhuāng |
| 속옷 内衣 nèiyī | 청바지 牛仔裤 niúzǎikù | 가을 신상품 新款秋装 |
| 브래지어 胸罩 xiōngzhào | 치마 裙子 qúnzi | xīnkuǎn qiūzhuāng |

# 05 둘 한국에서처럼
편리한 생활을 누려라

## >> 전자제품 구입

01

02

휴대전화는 이제 어디서나 없어서는 안 될 현대인들의 생활필수품이다. 중국에서 장기간 체류할 때는 하나 구입해 사용하면 편리한데, 어디서 어떻게 구입하는 것이 좋을까? 전자제품을 구입하는 요령을 알아보자.

### 휴대전화 구입하기

휴대전화를 구입하는 것은 별로 어렵지 않다. 거리 어디에서나 휴대전화 상점을 쉽게 발견할 수 있고, 대형 마트에서도 구입할 수 있다. 그러나 중국에서는 무엇을 사든지 주의해야 할 것이 있는데, 그것은 바로 '짝퉁'! 조금 잘 팔리면 모조품이 바로 나오기 때문에, 휴대전화를 구입할 때 반드시 모조품 여부를 잘 확인해야 한다.
휴대전화를 살 때 중요한 카드가 두 개 있다. 전화에 번호를 인식하는 SIM 카드와 전화기에 사용 금액을 충전하는 충전카드이다. 중국의 휴대전화는 우리나라와는 달리 전화에 SIM 카드를 끼워 넣어야 개통할 수 있는데, 만일 SIM 카드를 두 장 가지고 있다면 전화기 한 대로 두 개의 번호를 이용할 수 있다. 전화 요금은 보통 선불제라 금액을 충전해서 사용한다. 중국에서는 일반적으로 전화를 거는 쪽과 받는 쪽이 모두 전화 요금을 내므로 주의해야 한다.

01, 02 베이징의 IT 거리, 중관춘 中关村의 모습. 이 일대에는 이렇게 커다란 전자상가 건물과 IT 연구 빌딩들이 가득 들어서 있다. 03 왕푸징 王府井에 위치한 대형 이동전화 상점 04 거리에서 쉽게 볼 수 있는 작은 이동전화 상점 05 중관춘 상가 내부의 풍경. 많은 사람들이 전자제품을 구입하러 이곳을 찾는다. 06 상가 안내 표지판. 각종 전자제품의 명칭을 공부할 때는 중관춘이 최고! 07 휴대전화 광고는 젊은이들에게 인기 많은 연예인을 모델로 기용하는 경우가 많다. 인기 가수 왕리홍 王力宏을 앞세운 모토로라 광고 08, 09 대형 마트에 자리한 전자제품 코너

김태희가 나오는
LG 휴대전화 중국 광고

휴대전화에 끼워진
노란색 SIM 카드

유명 전자기기 회사들의
이름이 적힌 간판

### 전자제품 구입하기

전자제품은 안전이나 A/S를 고려해볼 때 대형 매장이나 마트, 백화점 등에서 사는 것이 비교적 안전하다. 하지만 같은 제품이라도 매장마다 가격이 천차만별이므로 발품을 팔아 조사해보고 흥정을 잘해서 구입하는 것이 최선의 방법이다. 정품을 구입했다 하더라도 부속품을 꼼꼼히 확인하는 것은 필수다.

### A/S 받기

중국의 대도시에는 모든 전자제품에 대한 A/S가 잘되어 있다. 유명 브랜드는 거의 A/S 센터가 설치되어 있고, 전화로 방문 서비스 신청도 할 수 있다. 특히 국가 규정에 따라 소비자가 제품을 구입한 날부터 7일 이내에는 소비자의 요구에 따라 공급자는 환불·교환·수리를 하고, 수리는 반드시 30일 이내에 완료해야 한다. 이 규정은 소비자들의 정품 구입을 독려하고 소비자를 보호하려는 것이므로, A/S가 되는 곳에서 정품을 구입하고, 구입 영수증과 A/S 보증서를 반드시 챙겨두는 것이 좋다. A/S는 중국어로 '싼빠오 三包'라고 하는데, 빠오투이 包退(환불), 빠오환 包换(교환), 빠오시우 包修(수리)의 앞글자인 包가 3개라는 의미이다.

이제 아는 사람도 하나 둘씩 생기고 인간 관계에 서우지 手机 휴대전화가 없어서는 안 되겠어. 휴대전화 지르러 go go! 와, 여기도 삼성, LG 다 있네. 근데, 어떻게 가입하는 거지? 저기 가서 카드 한 장 사오라고?

**Step1**

说 **我想买个手机。**
Wǒ xiǎng mǎi ge shǒujī.

听 **你喜欢哪一种?**
Nǐ xǐhuan nǎ yì zhǒng?

听 **这是最受欢迎的款式。**
Zhè shì zuì shòu huānyíng de kuǎnshì.

说 **这儿有划痕，还有没有别的?**
Zhèr yǒu huáhén, hái yǒu méiyǒu biéde?

说 **你们怎么提供售后服务?**
Nǐmen zěnme tígōng shòuhòu fúwù?

听 **具体的内容都在这个售后服务手册上。**
Jùtǐ de nèiróng dōu zài zhè ge shòuhòu fúwù shǒucè shang.

---

**단어** 手机 shǒujī 휴대전화 | 受欢迎 shòu huānyíng 환영을 받다, 인기가 있다 | 款式 kuǎnshì 스타일, 디자인, 양식 | 划痕 huáhén 흠집 | 提供 tígōng 제공하다 | 售后服务 shòuhòu fúwù 애프터서비스, A/S | 具体 jùtǐ 구체적이다 | 手册 shǒucè 수첩, 가이드 북

**해석** 说 휴대전화 좀 사려고 합니다.
听 어떤 종류를 원하십니까?

听 이게 요즘 제일 잘 나가는 모델이에요.
说 여기에 흠집이 있는데, 다른 거 없어요?

说 A/S는 어떻게 되나요?
听 자세한 내용은 모두 여기 A/S 수첩에 적혀 있습니다.

说 我想买个手机。这个手机给我看一下。
Wǒ xiǎng mǎi ge shǒujī.　Zhè ge shǒujī gěi wǒ kàn yíxià.

听 好的。这款是带摄像头的手机，还有MP3的功能。
Hǎode.　Zhè kuǎn shì dài shèxiàngtóu de shǒujī,　háiyǒu MP sān de gōngnéng.

说 我不需要那么复杂的，只要质量好就行。
Wǒ bù xūyào nàme fùzá de,　zhǐyào zhìliàng hǎo jiù xíng.

听 那这款怎么样?
Nà zhè kuǎn zěnmeyàng?

说 我要翻盖的。
Wǒ yào fāngài de.

听 那这个手机挺好的。价格也便宜。你要买空机吗?
Nà zhè ge shǒujī tǐng hǎo de.　Jiàgé yě piányi.　Nǐ yào mǎi kōngjī ma?

说 是的，但是，我还没有SIM卡。在这儿可以办吗?
Shì de,　dànshì,　wǒ hái méiyǒu SIM kǎ.　Zài zhèr kěyǐ bàn ma?

听 可以。你先买手机，然后去那边办卡。
Kěyǐ.　Nǐ xiān mǎi shǒujī,　ránhòu qù nàbian bàn kǎ.

---

**단어** 摄像头 shèxiàngtóu 카메라 렌즈 | 功能 gōngnéng 기능, 성능 | 复杂 fùzá 복잡하다 | 翻 fān 뒤집다, 펼치다 | 盖 gài 덮개 | 质量 zhìliàng 품질 | 挺 tǐng 매우, 아주 | 空机 kōngjī 번호 없는 휴대전화 기기 | 先…, 然后~ xiān…, ránhòu~ 먼저 …하고, 그리고 나서 ~하다 | 办卡 bànkǎ 카드를 만들다

**해석** 说 휴대전화 좀 사려고 합니다. 이 휴대전화 좀 보여주세요.
听 네, 이 모델은 카메라 기능도 있고, MP3 기능도 있습니다.
说 저는 그렇게 복잡한 건 필요 없구요. 그냥 품질만 좋으면 돼요.
听 그럼 이 모델은 어때요?
说 저는 폴더형이었으면 합니다.
听 그럼 이게 좋겠네요. 가격도 저렴하니까요. 기계만 사실 건가요?
说 네, 그런데, 제가 아직 SIM 카드가 없거든요. 여기서 등록 가능하죠?
听 네, 먼저 기계를 사시고, 저쪽에 가서 카드를 만드시면 됩니다.

## 还有没有…?
또 ~없어요?

또 다른 거 없어요?
## 还有没有**别的**?

| | |
|---|---|
| 新的 xīnde | 새 것 없어요? |
| 滑盖手机 huágài shǒujī | 슬라이딩 없어요? |
| 便宜的 piányide | 싼 것 없어요? |
| 三星的 Sānxīngde | 삼성 거 없어요? |

---

## 표현 Plus+

그냥 문자 보내고, 전화를 걸고 받기만 하면 돼요.
我要能发短信、接听电话就可以了。
Wǒ yào néng fā duǎnxìn、 jiē tīng diànhuà jiù kěyǐ le.

어떤 기능이 있나요?
有什么功能?
Yǒu shénme gōngnéng?

인터넷이 가능한 것으로 보여주세요.
给我看看能上网的。
Gěi wǒ kànkan néng shàngwǎng de.

통화료는 어떻게 지불하나요?
话费怎么付?
Huàfèi zěnme fù?

통화료는 어떻게 계산하나요?
话费怎么算?
Huàfèi ·zěnme suàn?

배달도 해주나요?
能送货吗?
Néng sòng huò ma?

물건 언제 들어와요?
什么时候进货呢?
Shénme shíhou jìnhuò ne?

카드 되지요?
可以刷卡吗?
Kěyǐ shuā kǎ ma?

중고는 없나요?
有没有二手的?
Yǒu méiyǒu èrshǒu de?

영수증 좀 끊어주세요.
请开张发票。
Qǐng kāi zhāng fāpiào.

# 헌 것 주고 새 것을 가져와라

중국에서는 물건을 사고 받은 영수증들을 꼭 챙겨두는 것이 좋다. 그냥 아무 곳에나 던져두었다가 잊어버리면 나중에 교환이나 A/S도 힘들기 때문이다. 물건이 고장 났는데, "워먼 예 메이 빤파 我们也没办法～"방법이 없다고? 뭐야, 배째란 식이잖아! 교환해달라고요!

听 有什么问题吗?
Yǒu shénme wèntí ma?

说 这个，我买了没几天就坏了①。
Zhè ge. wǒ mǎi le méi jǐ tiān jiù huài le.

听 你要退还是换?
Nǐ yào tuì háishi huàn?

说 能退的话就退。
Néng tuì de huà jiù tuì.

听 发票② 带了吗?
Fāpiào dài le ma?

说 带了，就这个。
Dài le, jiù zhè ge.

**Step 1**

**단어** 坏 huài 상하다, 고장 나다, 망가지다 | 退 tuì 물리다, 반환하다 | 换 huàn 교환하다, 바꾸다 | 发票 fāpiào 영수증

**참고** ① 坏了 huài le = 有问题 yǒu wèntí = 出毛病 chū máobìng 모두 고장 났다는 뜻이다.
② 영수증에는 发票 말고도 발행자가 세무 신고를 안 해도 되는 간이 영수증인 收据 shōujù가 있다.

**해석** 听 무슨 일이신가요?
说 이거요, 산 지 얼마 안 됐는데 고장 났어요.

听 환불하시겠어요, 교환하시겠어요?
说 환불되면 환불해주세요.

听 영수증 가져오셨어요?
说 네, 여기요.

Step 2

听 欢迎光临，你要什么?
　　Huānyíng guānglín, nǐ yào shénme?

说 我的手机经常没有信号，噪音也很大。
　　Wǒ de shǒujī jīngcháng méiyǒu xìnhào, zàoyīn yě hěn dà.

听 什么时候买的? 发票带了吗?
　　Shénme shíhou mǎi de? Fāpiào dài le ma?

说 上个星期买的。不过发票没带。
　　Shàng ge xīngqī mǎi de. Búguò fāpiào méi dài.

听 那不行，没有发票的话不能换。
　　Nà bùxíng, méiyǒu fāpiào de huà bù néng huàn.

说 带发票来的话，可以退货吗?
　　Dài fāpiào lái de huà, kěyǐ tuìhuò ma?

听 退货的话，必须在七天之内来。
　　Tuìhuò de huà, bìxū zài qī tiān zhīnèi lái.

说 好的。我马上去拿发票来。
　　Hǎo de. Wǒ mǎshàng qù ná fāpiào lái.

단어 经常 jīngcháng 늘, 항상, 언제나 | 信号 xìnhào 신호, (통신)전파 | 噪音 zàoyīn 소음, 잡음 | 上个星期 shàng ge xīngqī 지난 주 | 必须 bìxū 반드시, 꼭, 기필코

해석 听 어서 오세요, 무엇을 원하십니까?
　　说 제 휴대전화가 수신이 잘 안 되고, 잡음도 심해요.
　　听 언제 구입하셨습니까? 영수증은 가져오셨나요?
　　说 지난 주에 샀어요. 영수증은 안 가져왔는데.
　　听 그럼 안 되는데요. 영수증이 없으면 교환이 안 됩니다.
　　说 영수증을 가져오면 환불도 되나요?
　　听 환불의 경우는 반드시 7일 내에 오셔야 합니다.
　　说 알겠습니다. 영수증 가지고 곧 다시 올게요.

## 我买了…就坏了。

산 지 ~ 안 됐는데, 고장 났어요.

산 지 얼마 안 됐는데, 고장 났어요.

**我买了没几天就坏了。**

| | |
|---|---|
| **没几个星期** méi jǐ ge xīngqī | 산지 몇 주 안 됐는데, 고장 났어요. |
| **没多久** méi duōjiǔ | 산지 얼마 안 됐는데, 고장 났어요. |
| **不到一个星期** bú dào yí ge xīngqī | 산지 일주일도 안 됐는데, 고장 났어요. |
| **只有两天** zhǐyǒu liǎngtiān | 산지 이틀밖에 안 됐는데, 고장 났어요. |

### 표현 Plus⁺

이 DVD는 반쯤 보면 꼭 멈춰버려요.

DVD放到一半时老卡住。
DVD fàng dào yí bàn shí lǎo kǎ zhù.

---

이 DVD 안 나오는데요?

这张DVD放不出来。
Zhè zhāng DVD fàng bu chūlai.

---

이 DVD는 자막이 안 맞아요.

这张DVD字幕不一致。
Zhè zhāng DVD zìmù bù yízhì.

---

이 기계는 A/S 기간이 어떻게 되죠?

这个机器的保修期是多久?
Zhè ge jīqì de bǎoxiūqī shì duōjiǔ?

---

배터리가 접촉 불량인 것 같아요.

这个电池好像接触不良。
Zhè ge diànchí hǎoxiàng jiēchù bùliáng.

---

기계가 고장난 건 아닌지 검사 좀 해주세요.

请你们检查一下这个机器是不是坏了。
Qǐng nǐmen jiǎnchá yíxià zhè ge jīqì shì bu shì huài le.

# mission 03 뒤끝 있는 물건들, 깔끔하게 A/S받아라

돈은 확실히 받으면서 A/S는 흐지부지하려고 하다니! 그래서 짝퉁을 함부로 못 사는 거야~ 고장 나면 바로 버려야 하잖아? 드디어 살 때 받아놓은 A/S카드가 진가를 발휘할 때로군. …여우 원티 有问题! 시우리 修理!~ 문제 있으니 고쳐주세요!

听 您好，中国电信，需要帮忙吗?
　　Nín hǎo,　Zhōngguó diànxìn,　xūyào　bāngmáng ma?

说 **喂，我家的宽带有问题，上不了①。**
　　Wéi,　wǒ jiā de kuāndài yǒu　wèntí,　shàngbuliǎo.

听 你好，步步高维修部。有什么问题吗?
　　Nǐ hǎo,　Bùbùgāo　wéixiūbù.　Yǒu shénme wèntí ma?

说 **我家的DVD机出毛病了。**
　　Wǒ　jiā　de　DVD　jī　chū　máobìng　le.

说 **上门服务的话，还需要付费吗?**
　　Shàngmén fúwù　de　huà,　hái　xūyào　fùfèi ma?

听 如果已经过一年的话，要付10块钱的上门费用。
　　Rúguǒ　yǐjīng　guò yì nián de huà,　yào　fù　shí kuài qián de shàngmén fèiyòng.

**단어** 帮忙 bāngmáng 돕다, 도와주다 | 问题 wèntí 고장, 탈, 결점, 문젯거리 | 上不了(网) shàngbuliǎo(wǎng) 접속이 안 되다 | 维修 wéixiū 수리(하다), 보수(하다), 손질(하다) | 出毛病 chū máobìng 고장이 나다, 사고가 나다, 문제가 생기다

**참고** ① '동사 + 不了'는 '~할 수가 없다, 그렇게 될 수 가 없다'는 뜻으로 불가능을 나타낸다.

**해석** 听 안녕하십니까, 차이나 텔레콤입니다. 무엇을 도와드릴까요?
　　说 여보세요! 우리 집 인터넷 전용선에 문제가 생겼어요, 접속이 안 돼요.

　　听 안녕하십니까! 뿌뿌까오 서비스센터입니다. 무슨 문제가 있으십니까?
　　说 우리 집 DVD가 고장 났어요.

　　说 방문 A/S의 경우는 별도로 비용을 내야 하나요?
　　听 1년이 넘었다면 출장비로 10위엔을 지불하셔야 합니다.

Step 2

说 喂，(是)步步高维修中心吗? 我家DVD出了毛病。
Wéi, (shì) Bùbùgāo wéixiū zhōngxīn ma? Wǒ jiā DVD chū le máobìng.

听 有什么问题?
Yǒu shénme wèntí?

说 所有的光盘都不能读，屏幕上显示"光盘出错"。
Suǒyǒu de guāngpán dōu bù néng dú, píngmù shang xiǎnshì "guāngpán chūcuò".

听 还有没有别的问题?
Hái yǒu méiyǒu biéde wèntí?

说 这个我现在说不清楚。
Zhè ge wǒ xiànzài shuō bu qīngchu.

听 是什么型号? 什么时候买的?
Shì shénme xínghào? Shénme shíhou mǎi de?

说 DV921K，去年12月份买的。
DV jiǔ èr yāo K, qùnián shí'èr yuè fèn mǎi de.

听 请留个姓名和联系电话，我和有关部门联系以后，
Qǐng liú ge xìngmíng hé liánxì diànhuà, wǒ hé yǒuguān bùmén liánxì yǐhòu,

给你回电话。
gěi nǐ huí diànhuà.

---

**단어** 光盘 guāngpán CD | 屏幕 píngmù 영사막, 스크린, (모니터의) 스크린 | 显示 xiǎnshì 뚜렷하게 나타내 보이다 | 说不清楚 shuō bu qīngchu 말이 부정확하다, 불명확하다 | 型号 xínghào 모델 번호 | 去年 qùnián 작년, 지난해 | 联系 liánxì 연락하다 | 回 huí 대답하다, 회답하다

**해석** 说 여보세요, 뿌뿌까오 서비스센터죠? 우리 집 DVD가 좀 이상해요.
听 무슨 문제인가요?
说 모든 CD를 다 못 읽고, 화면에 'CD 오류'라고 떠요.
听 또 다른 증상은 없나요?
说 뭐라고 설명을 잘 못하겠어요.
听 모델명이 어떻게 되죠? 언제 구입하셨나요?
说 DV 921K, 작년 12월에 구입했어요.
听 성함과 연락처를 남겨주세요. 해당 부서에 연락해보고 전화 드리도록 하겠습니다.

… 的话, ~。

만약 …하다면, ~

1년이 지났**으면** 출장비로 10위엔을 내야 합니다.

已经过一年**的话,**要付10块钱的上门费用。

要换配件
yào huàn pèijiàn

要付配件价格
yào fù pèijiàn jiàgé

부품을 교체하려면 부품비를 내야 합니다.

再出现问题
zài chū wèntí

打到这个号码联系
dǎ dào zhè ge hàomǎ liánxì

다시 문제가 발생하면 이 번호로 연락주세요.

可以
kěyǐ

明天来看一下
míngtiān lái kàn yíxià

괜찮으시면 내일 방문하겠습니다.

---

### 표현 Plus+

세탁기 돌아가는 게 좀 이상해요.

洗衣机转得不对劲。
Xǐyījī zhuàn de búduìjin.

---

화면이 계속 튀어요.

画面老跳动。
Huàmiàn lǎo tiàodòng.

---

자주 연결이 끊어져요.

接触不良。
Jiēchù bùliáng.

---

화면이 안 나와요.

没有图像。
Méiyǒu túxiàng.

---

글자가 깨져요.

老出现乱码。
Lǎo chūxiàn luànmǎ.

---

프로그램을 다시 깔아주세요.

重装一下软件。
Chóngzhuāng yíxià ruǎnjiàn.

---

컴퓨터가 갑자기 다운되는 바람에
문서를 모두 날렸어요.

电脑突然死机, 文件都丢了。
Diànnǎo tūrán sǐjī, wénjiàn dōu diū le.

## 한국에서 들고 간 제품, 사용할 수 있을까?

중국과 한국의 기본 전압은 220V로 같지만, 문제는 주파수이다. 중국은 220V/50HZ이고, 한국은 220V/60HZ로 서로 주파수가 다르다. 주파수의 영향을 많이 받지 않는 전자제품인 경우에는 별 문제가 없지만, 오디오라든지 세탁기, 전자레인지 등의 경우에는 주파수가 맞지 않을 경우에 기계의 오작동이 발생하기도 한다. 따라서 전압과 주파수를 잘 살펴본 후 사용하는 것이 안전하다.

또 중국의 전기 플러그와 콘센트는 모양과 구멍(꽂는 부분)의 개수가 다양하다. 모양이 우리나라에서 옛날에 쓰던 길쭉한 사각형태와 요즘 쓰는 둥그런 기둥 형태가 모두 있고, 꽂는 부분이 3개인 경우도 많다. 한국의 전자 제품은 플러그가 두 개짜리가 많아서 콘센트를 쓰는데는 문제가 없지만, 만일 거꾸로 중국에서 구입한 플러그가 3개짜리인 전자제품을 한국에서 사용하려면 멀티탭이 필요하다. 최근에는 해외 유학생이나 여행자가 많아서 해외 어느 나라에서나 쓸 수 있는 다용도 멀티탭을 국내에서도 어렵지 않게 구입할 수 있다.

### 어휘 Plus+ 디지털/전자제품 구입하기

|  |  |
|---|---|
| 멀티탭 | 多插座 duōchāzuò / 多抽头 duōchōutóu |
| 콘센트 | 插座 chāzuò |
| 플러그 | 插头 chātou |
| 리모트컨트롤 | 遥控器 yáokòngqì |
| 세탁기 | 洗衣机 xǐyījī |
| 에어컨디셔너 | 空调 kòngtiáo |
| 전자레인지 | 微波炉 wēibōlú |
| 난방기기 | 暖气 nuǎnqì |
| PDA | 个人数字助理 gèrénshùzìzhùlǐ |
| CD 플레이어 | CD(播放)机 / 随身听 suíshēntīng |
| MP3 | MP3机 / 携带播放机 xiédàibōfàngjī |
| DVD 플레이어 | DVD(播放)机 / 数字化视频光盘播放机 shùzìhuàshìpínguāngpánbōfàngjī |
| 디지털 카메라 | 数码相机 shùmǎ xiàngjī |
| 디지털 캠코더 | 数码摄像机 shùmǎ shèxiàngjī |
| 메모리카드 | 内存(记忆)卡 nèicún(jìyì)kǎ |
| USB | 便携存储 biànxiécúnchǔ |
| 무선인터넷 | 无线网 wúxiànwǎng |
| 브로드밴드 | 宽带 kuāndài |
| 데스크톱 컴퓨터 | 台式电脑 táishìdiànnǎo |
| 노트북 컴퓨터 | 笔记本电脑 bǐjìběn diànnǎo |
| 환불 | 包退 bāotuì |
| 교환 | 包换 bāohuàn |
| 수리 | 包修 bāoxiū |
| A/S | 三包 sānbāo |
| 제품정보 | 产品信息 chǎnpǐn xìnxī |
| 제품 모델명 | 主机型号 zhǔjī xínghào |
| 고객 정보 | 用户信息 yònghù xìnxī |
| 고객성명 | 用户姓名 yònghù xìngmíng |
| 주소 | 用户地址 yònghù dìzhǐ |
| 연락처 | 联系电话 liánxì diànhuà |

### 중국에서 휴대전화로 문자 쓰려면?

중국 휴대폰으로 문자 메시지를 보낼 때에는 병음을 눌러 해당 병음으로 읽히는 여러 가지 한자들이 나오면 그 중 원하는 한자를 선택하면 된다. 기능은 휴대폰 기기마다 조금씩 다른데, 어떤 기종은 성조까지 선택할 수 있어 서 더 빨리 정확한 글자를 찾을 수 있다. 또 한 글자를 입력하면 그 글자와 연관된 다음 글자들이 선택창에 떠서 일일이 입력하는 수고를 덜어준다. 예를 들어 你好를 입력하려면 일단 병음을 입력해서 你를 찾아 입력시키면 你 다음에 예상되는 글자들로 们/好/是/想/说… 등이 뜨므로, 그중에 선택하면 된다.

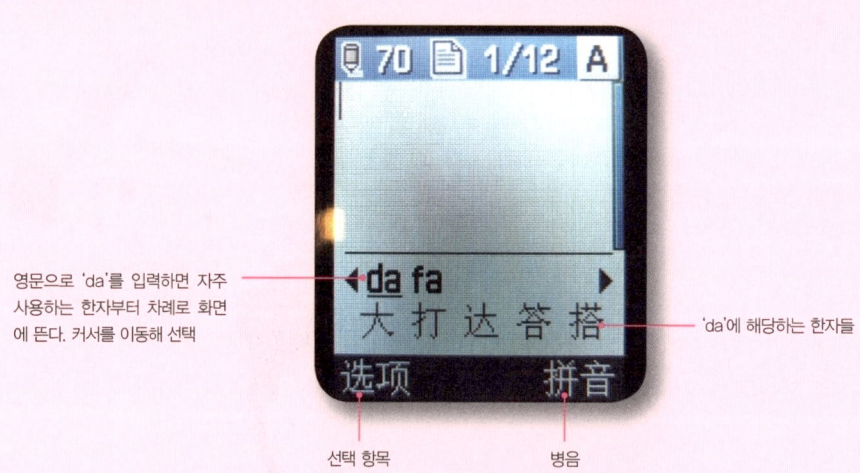

영문으로 'da'를 입력하면 자주 사용하는 한자부터 차례로 화면 에 뜬다. 커서를 이동해 선택

'da'에 해당하는 한자들

선택 항목

병음

## 어휘 Plus⁺  현대 생활의 필수품 휴대 전화 구입하기

| | |
|---|---|
| 휴대전화 手机 shǒujī / 移动电话 yídòngdiànhuà | 해상도 分辨率 fēnbiànlǜ |
| 스마트폰 智能手机 zhìnéngshǒujī | 화소 像素 xiàngsù |
| 폴더 휴대폰 翻盖手机 fāngàishǒujī | 화음 和音 héyīn |
| 플립휴대폰 直板手机 zhíbǎnshǒujī | 문자 메시지 短信 duǎnxìn |
| 슬라이딩 휴대폰 滑盖手机 huágàishǒujī | 벨소리 铃音 língyīn |
| 카메라폰 照相手机 zhàoxiàngshǒujī | 컬러링 彩铃 cǎilíng |
| SIM 카드 芯卡 sīnkǎ | 통화연결음 回铃音 huílíngyīn |
| 충전기 充电器 chōngdiànqì | 통화배경음 背景音 bèijǐngyīn |
| 핸드프리 免提通话 miǎntítōnghuà | 내장게임 内置游戏 nèizhì yóuxì |
| 내장 카메라 内置摄像头 nèizhì shèxiàngtóu | 부속품 标准配置 biāozhǔnpèizhì |
| 스크린 屏幕 píngmù | 휴대전화줄 手机链 shǒujīliàn |
| 스피커 扬声器 yángshēngqì | 휴대전화 케이스 手机套 shǒujītào(包 bāo / 袋 dài) |

# 카멜레온처럼 완벽하게 적응하라

# 06 하나
## 머리부터~ 발끝까지~ 관리 받아라

## >> 건강 · 미용

중국에서 병이 났을 때 한국에서 가져간 약을 먹고도 낫지 않는 경우가 있다. 그럴 때 사람들은 '중국에서 난 병은 중국 약으로 다스려야 한다'고 말한다. 중국에서 아플 때 어떻게 시설을 이용해야 할지 알아보자.

### 병원 이용하기

중국의 병원은 쭝이위엔 中医院(한방병원)과 시이위엔 西医院(양방병원)으로 크게 나눌 수 있는데, 두 병원을 병합한 형태의 병원도 있다. 중국 사람들은 전통의학을 중시하고, 또 한방병원에서 한의와 양의를 모두 처방하고 있어서 주로 한방병원을 찾는다. 그래서인지 한방병원이 규모도 크고, 서양식 병원보다 숫자도 많다.

병원에 가서 진찰을 받으려면 접수처에서 등록해야 하는데, 처음 접수할 때는 진료카드를 구입해서 기록을 해야 한다. 또 접수할 때는 먼저 진료과목과 진찰할 의사도 정해야 하는데, 병원 접수처 앞에 보면 그 시간대에 진찰을 하는 의사들의 사진이 쭉 걸려 있다. 진료비는 보통 10위엔부터인데, 명의나 특진 의사들은 50위엔 이상을

01 오래된 한약방에서 약재를 정리하는 주인 할아버지 02 베이징대학교에서 운영하는 남성 전문병원 03 병원 대기실 풍경 04 베이징의 전통 한약방 퉁런탕 同仁堂 전경 05 중국에서도 헌혈차를 종종 발견할 수 있다. 06 미용실의 가격표. 精剪 컷트 / 烫发 파마 / 染发 염색 / 接发 머리 붙이기 07 환하게 불이 켜진 대형 미용실

약국 내부　　　　　　　병원 간판　　　　　　　치과를 牙科라고 하지만,
　　　　　　　　　　　　　　　　　　　　　　　간혹 齿科라고도 한다.

받기도 한다. 진찰이 끝나면 처방전을 갖고 약 타는 창구에 가서 약을 받는데, 한약
과 양약 주는 곳이 따로 있으니 처방전에 기입된 창구를 반드시 확인할 것! 중국에
서는 감기, 설사 등의 비교적 간단한 병으로 병원을 찾더라도 꼭 꽈쉐이 挂水 (링거)
를 권한다. 병원에 들어서면 많은 사람들이 접수처 앞에 있는 대기실 의자에 앉아서
링거를 맞고 있는 모습을 쉽게 볼 수 있다.

### 약국 이용하기

가벼운 감기나 종종 발생하는 배탈, 설사 등은 굳이 병원에 가지 않아도 약국에서
해결할 수 있다. 병원 처방전으로 약을 지어주는 약국이 있는가 하면, 약만 전문으
로 파는 슈퍼마켓 같은 약국(Pharmacy)도 있다. 한약을 지으려면 물론 한약방으
로 가야 하는데, 중국 사람들은 치료를 목적으로 약을 먹기도 하지만, 예방 차원에
서 한약을 복용한다. 가장 흔하게 복용하는 반란건 板蓝根도 그중 하나인데, 일종
의 감기 예방약이다. 몇 년 전 사스(SARS)가 중국을 강타했을 때 약재장수들이 없
어서 못 팔았을 정도로 많이 찾았다고 한다.

### 건강 · 미용 서비스 시설 이용하기

중국인은 본래 발을 중시하고, 입식 생활도 오래해서 발 관리를 중요하게 여긴다.
혹시 피로가 많이 쌓였다면 주랴오 足疗 (발 마사지)에 가보자. 발 마사지는 기본이
고, 전신 추나 · 국부 추나 등도 시술하는데, 시설에 따라 가격 차이가 많이 난다.

한편 중국의 미용실에서는 머리만 감겨주기도 한다. 깐시토우 干洗头라고 하는데,
머리에 물을 묻히지 않고 앉은 자리에서 거품을 내고 헹궈낸다. 대도시의 미용실은
점점 대형화되고, 한국인이 운영하는 미용실도 심심찮게 볼 수 있다.

온몸이 쑤시고 으슬으슬한 것이 몸살인가. 짧은 중국어 실력으로 병원 가긴 무서운데⋯. 그렇다고 병을 키워선 안 될 터!
내 몸은 내가 챙겨야 해. 일단 병원은 왔는데 접수처 아가씨 왈, 무슨 과에 어느 따이푸 大夫냐고? 뭐야, 의사 선생님
을 내가 고르는 거야?

**Step 1**

听 把病历给我，挂哪一科?
Bǎ bìnglì gěi wǒ, guà nǎ yì kē?

说 (我要挂)内科。
(Wǒ yào guà) nèikē.

听 你哪里不舒服①?
Nǐ nǎli bù shūfu?

说 肚子不舒服。
Dùzi bù shūfu.

说 我要挂盛灿若大夫。
Wǒ yào guà Shèng Cànruò dàifu.

听 交10块钱。去9号诊室看病。
Jiāo shí kuàiqián. Qù jiǔ hào zhěnshì kànbìng.

단어 病历 bìnglì 병력, 진료 기록 | 挂 guà 접수하다, 걸다 | 不舒服 bù shūfu 괴롭다, 불편하다 | 诊室 zhěnshì 진료실 | 看病 kànbìng
진찰하다, 치료하다, 진찰을(치료를) 받다

참고 ① '몸이 편치 않다'는 것은 곧 '아프다'는 의미로 疼 téng이나 痛 tòng으로 바꿔 쓸 수도 있다.

해석 听 진료 카드 주세요. 어느 과에 접수하실 건가요?
说 내과요.

听 어디가 불편하세요?
说 배가 아파요.

说 성찬뤄(盛灿若) 선생님께 진료 접수하려고 합니다.
听 10위엔입니다. 9번 진료실에 가서 진료 받으십시오.

说 感冒两个星期了，一直没治好。
Gǎnmào liǎng ge xīngqī le, yìzhí méi zhì hǎo.

听 发烧吗？
Fāshāo ma?

说 前两天烧过，现在不烧了。
Qián liǎng tiān shāoguo, xiànzài bùshāo le.

听 咳嗽吗？有没有痰？
Késou ma? Yǒu méiyǒu tán?

说 咳嗽，痰也有一点。
Késou, tán yě yǒu yìdiǎn.

听 消化怎么样？
Xiāohuà zěnmeyàng?

说 还好，不过有点便秘。
Hái hǎo, búguò yǒudiǎn biànmì.

听 拿这个处方到收款处付钱，然后到药房取药。
Ná zhè ge chǔfāng dào shōukuǎnchù fùqián, ránhòu dào yàofáng qǔ yào.

五天以后再来。
Wǔ tiān yǐhòu zài lái.

**Step 2**

단어 一直 yìzhí 계속해서, 줄곧, 내내 | 发烧 fāshāo 열이 나다 | 咳嗽 késou 기침하다 | 痰 tán 가래 | 便秘 biànmì 변비 | 处方 chǔfāng 처방, 처방(전)을 내다 | 收款处 shōukuǎnchù 납부처, 수납처 | 付钱 fùqián 돈을 지불하다 | 然后 ránhòu 그러한 후에, 그러고 나서 | 取药 qǔ yào 약을 타다(찾다)

해석 说 감기가 2주째 낫지 않아요.
听 열이 나나요?
说 이틀간 열이 났었는데, 지금은 아니에요.
听 기침이나 가래는요?
说 기침이 나오고, 가래도 좀 있어요.
听 소화는 어때요?
说 괜찮은 편이에요, 그런데 변비가 있어요.
听 이 처방을 가지고 수납에 가서 납부하시고, 약국에 가서 약 받으세요. 5일 후에 다시 오세요.

한국에선 비싼 가격 때문에 살 엄두도 못 내는 녹용, 웅담, 동충하초 등 갖가지 약 재료들을 손쉽게 만날 수 있다. 물론 가짜도 많지만. 한국에서도 유명한 동인당의 우황청심환, 호랑이 연고를 귀국 선물로 사가면 엄마가 좋아라 하시겠지?

**Step1**

说 **我想买治脚气的药。**
Wǒ xiǎng mǎi zhì jiǎoqì de yào.

昕 有软膏，还有泡脚的，你要哪种?
Yǒu ruǎngāo, háiyǒu pàojiǎo de, nǐ yào nǎ zhǒng?

说 **你们可以代煎吗?**
Nǐmen kěyǐ dàijiān ma?

昕 可以，有处方吗?
Kěyǐ, yǒu chǔfāng ma?

说 **我有点胃酸过多**①，**要吃什么药?**
Wǒ yǒudiǎn wèisuān guòduō, yào chī shénme yào?

昕 你先吃苏打片，最好明天就去医院。
Nǐ xiān chī sūdápiàn, zuì hǎo míngtiān jiù qù yīyuàn.

**단어** 治 zhì 치료하다, 고치다 | 脚气 jiǎoqì (발의) 무좀 | 软膏 ruǎngāo 연고 | 泡脚 pàojiǎo 족욕하다 | 代煎 dàijiān 약을 대신 다려주다 | 胃酸 wèisuān 속이 쓰리다 | 苏打片 sūdápiàn 소다정

**참고** ① 중국에서는 '속이 쓰리다'는 표현을 할 때 胃酸过多(위산과다)라고 하며, 그대로 직역한 표현인 胃有点酸라는 표현은 쓰지 않는다.

**해석** 说 무좀약을 좀 사려고 합니다.
昕 연고도 있고, 물에 타서 발을 담그는 것도 있어요. 어떤 걸로 드릴까요?

说 약을 달여줄 수 있나요?
昕 네, 처방전은 있나요?

说 속이 좀 쓰린데요, 어떤 약을 먹어야 하죠?
昕 먼저 소다(탄산나트륨)정을 드시고, 내일 바로 병원에 가보시는 게 좋겠어요.

说 有头疼药吗?
Yǒu tóuténgyào ma?

听 头怎样疼? 是感冒引起的, 还是其它原因引起的?
Tóu zěnyàng téng? Shì gǎnmào yǐnqǐ de, háishi qítā yuányīn yǐnqǐ de?

说 这个我不太清楚, 不过好像不是感冒。
Zhè ge wǒ bú tài qīngchu, búguò hǎoxiàng búshì gǎnmào.

听 整个头都疼, 还是部分头疼?
Zhěng ge tóu dōu téng, háishi bùfen tóuténg?

说 整个头都疼。
Zhěngge tóu dōu téng.

听 你要中药还是西药?
Nǐ yào zhōngyào háishi xīyào?

说 有什么不同吗?
Yǒu shénme bù tóng ma?

听 中药虽然效果较慢, 但没有副作用, 对人体没有伤害。
Zhōngyào suīrán xiàoguǒ jiào màn, dàn méiyǒu fùzuòyòng, duì réntǐ méiyǒu shānghài.

---

**단어** 头疼 tóuténg 두통 | 感冒 gǎnmào 감기 | 引起 yǐnqǐ 야기하다. (사건 등을) 일으키다 | 原因 yuányīn 원인 | 不太清楚 bú tài qīngchu 그다지 분명하지 않다 | 整个 zhěng ge 전체(의), 온통(의), 전부(의) ↔ 部分 bùfēn 부분 | 中药 zhōngyào 한약 | 虽然…, 但~ suīrán…, dàn~ 비록 …하지만, ~하다 | 效果 xiàoguǒ 효과 | (比)较 (bǐ)jiào 비교적 | 副作用 fùzuòyòng 부작용 | 伤害 shānghài 상해하다, 해치다

**참고** 중국 한약의 알약 종류는 환 药丸 yàowán, 캡슐 胶囊 jiāonáng, 정 药片 yàopiàn 세 가지로 구분하며, 가루약은 물에 타 먹는 冲剂 chōngjì라는 것이 있다.

**해석** 说 두통약 있어요?
听 머리가 어떻게 아프세요? 감기 때문인가요, 아니면 다른 이유 때문인가요?
说 그건 잘 모르겠는데, 감기는 아닌 것 같아요.
听 머리 전체가 아픈가요, 아니면 편두통인가요?
说 머리 전체가 아파요.
听 한약으로 드릴까요, 양약으로 드릴까요?
说 뭐가 다른가요?
听 한약은 효과가 다소 늦지만, 부작용이 없고, 인체에 무해합니다.

| | |
|---|---|
| 온 몸에 힘이 하나도 없고, 입맛이 없어요. | 全身没劲儿，没胃口。<br>Quánshēn méi jìnr,  méi wèikǒu. |
| 통증이 심해졌어요. | 疼得更厉害了。<br>Téng de gèng lìhài  le. |
| 코가 막혔어요. | 鼻子不通。<br>Bízi    bù tōng. |
| 근육이 뻐근해요. | 肌肉又酸又疼。<br>Jīròu   yòu suān yòu téng. |
| 흉터가 남지 않을까요? | 会不会留下疤痕?<br>Huì bu huì  liúxia bāhén? |
| 뼈가 부러졌어요. | 骨头断了。<br>Gǔtou duàn le . |
| 팔이 빠졌어요. | 我的胳膊脱臼了。<br>Wǒ de  gēbo  tuōjiù  le . |
| 종기가 났어요. | 身上长(起)了疙瘩。<br>Shēnshang zhǎng(qǐ) le gēda. |
| 속이 메슥거려요 | 有点想吐。 = 有点恶心。<br>Yǒudiǎn xiǎng tù.     Yǒudiǎn ěxīn. |
| 목이 아파서 뭘 삼킬 수가 없어요. | 我嗓子痛，咽不下东西。<br>Wǒ sǎngzi tòng,  yān bu xià  dōngxi. |
| 머리가 어질어질해요. | 头晕得一闪一闪的。<br>Tóu yūn de  yì shǎn yì shǎn de. |
| 가슴이 답답해요. | 我胸口有点闷。<br>Wǒ xiōngkǒu yǒudiǎn mèn. |
| 눈이 따끔따끔해요. | 眼睛辣辣地疼。<br>Yǎnjing    làlāde    téng. |
| 이가 시려요. | 牙齿酸疼。<br>Yáchǐ  suānténg. |
| 식전에 먹나요, 식후에 먹나요? | 这药饭前吃还是饭后吃?<br>Zhè yào fàn qián chī háishi  fàn hòu chī? |

중국에서 누릴 수 있는 최대 호사, 안뭐 按摩 안마! 외국인 손님을 위주로 하는 비싼 곳도 있지만 잘만 찾으면 저렴한 가격에 피로와 스트레스를 한 방에 날릴 수 있는 것이 바로 주랴오 足疗 발마사지다. 신선 노름이 따로 없구나! 살살~ 칭 이디알 轻一点儿~

안마 받을 때   [听]    **力度够不够？**
Lìdù    gòu bu gòu?

[说]    **太轻了，再重一点。**①
Tài qīng le,    zài zhòng yìdiǎn.

미용실에서   [听]    **你要怎么剪？**
Nǐ yào zěnme jiǎn?

[说]    **就照这个样子剪。**
Jiù zhào zhè ge yàngzi jiǎn.

[听]    **你要做什么发型？**
Nǐ yào zuò shénme fàxíng?

[说]    **我想照这张照片做。**
Wǒ xiǎng zhào zhè zhāng zhàopiàn zuò.

**Step 1**

[단어] **力度** lìdù 힘, 세기, 역량 | **轻** qīng (무게·비중·정도 따위가) 가볍다 | **剪** jiǎn 자르다 | **照** zhào ~대로, ~에 따라 | **发型** fàxíng 헤어스타일 | **照片** zhàopiàn 사진

[참고] ① 一点과 有(一)点은 한국어로 둘 다 '조금, 약간'의 의미를 갖는데, 동사나 형용사와 함께 쓰일 경우 그 쓰임에 차이가 난다. 一点은 동사나 형용사의 앞에, 有(一)点은 동사나 형용사의 뒤에 위치하는데, 有(一)点을 쓸 경우 그 정도가 '조금 ~해서 만족스럽지 않다'는 심리적 의미가 포함된다. 따라서 "重一点。"이라고 말하면 '좀 더 세게요'라는 뜻이지만, "有(一)点重。"이라고 하면 반대로 '좀 센 것 같아요, 좀 살살 해주세요"라는 의미다.
  [예] 弄得好看一点。Nòng de hǎokàn yìdiǎn. 예쁘게 해주세요.
     有一点不适合。Yǒuyìdiǎn bù héshì. 좀 안 어울리는데요.

[해석] [听] 세기가 적당합니까?                      [听] 어떤 스타일을 원하세요?
[说] 좀 약한데요. 좀더 세게 해주세요.          [说] 이 사진처럼 했으면 해요.

[听] 어떻게 자르실 거예요?
[说] 그냥 이대로 (똑같이) 잘라주세요.

听 哟! 你做头发了!
　　Yō!　Nǐ zuò tóufa　le!

说 对! 心烦, 换个发型, 也换换心情。
　　Duì!　Xīn fán,　huàn ge　fàxíng,　　yě huànhuan xīnqíng.

听 看上去很有情调, 挺适合你的。
　　Kànshangqu hěn yǒu qíngdiào,　tǐng　shìhé　nǐ　de.

说 是吗? 我也觉得挺满意的。
　　Shì ma?　Wǒ yě　juéde tǐng mǎnyì　de.

听 嗨, 你还贴了指甲了。
　　Hāi,　nǐ hái tiē le zhǐjiǎ　le.

说 嗯, 漂亮吧。咦? 你怎么了? 哪儿不舒服吗?
　　Ěng,　piàoliang ba.　Yí?　Nǐ zěnme le?　Nǎr　bù shūfu ma?

听 可能睡落枕了。
　　Kěnéng shuì làozhěn le.

说 我正要去做推拿, 我们一起去吧。
　　Wǒ zhèngyào qù zuò tuīná,　wǒmen　yìqǐ　qù ba.

---

단어 心烦 xīn fán (마음이) 번잡하고 답답하다 | 看上去 kànshangqu 보아하니, 보자니, 보니 | 情调 qíngdiào 기분, 분위기, 무드 | 适合 shìhé 적합하다, 알맞다, 적절하다 | 满意 mǎnyì 만족하다, 만족스럽다 | 贴 tiē 붙이다 | 指甲 zhǐjiǎ 손톱 | 漂亮 piàoliàng 아름답다, 보기 좋다, 예쁘다 | 落枕 làozhěn (베개를 잘못 베고 자거나 한기가 들어서) 목이 뻣뻣하게 되다 | 正要 zhèngyào 마침 ~하려던 참이다 | 推拿 tuīná 안마(하다), 지압(하다), 추나

해석 听 어! 머리 했네!
　　说 응, 마음이 복잡해서, 머리 스타일 바꿔서 기분 전환 좀 하려구.
　　听 아주 분위기 있는걸, 잘 어울린다.
　　说 그래? 나도 아주 맘에 들어.
　　听 어, 손톱도 붙였네.
　　说 응, 예쁘지. 어? 너 왜 그래? 어디 아파?
　　听 자면서 목을 삐끗한 것 같아.
　　说 지금 추나 받으러 가는 길인데, 같이 가자.

我想照···做。

~대로(처럼) 하고 싶어요.

이 사진처럼 하고 싶어요.

我想照这张照片做。

他那样 tā nàyàng 저 분처럼 하고 싶어요.
老样子 lǎoyàngzi 늘 하던대로 해주세요.
原来的 yuánlái de 원래대로 해주세요.

표현 Plus +

예쁘게 해주세요.

弄得好看点。
Nòng de hǎokàn diǎn.

얼굴형하고 어울리게 해주세요.

给我做个适合我脸型的。
Gěi wo zuò ge shìhé wǒ liǎnxíng de.

머리 좀 다듬어주세요.

我要修头发。
Wǒ yào xiū tóufa.

양쪽 옆 머리를 쳐주세요.

两边剪短一点。
Liǎngbiān jiǎn duǎn yìdiǎn.

손톱 좀 다듬어주세요.

我要修甲。
Wǒ yào xiū jiǎ.

숱을 좀 쳐주세요.

稍微打薄一点。
Shāowēi dǎbó yìdiǎn.

앞머리 자르지 마세요.

不要剪刘海。
Búyào jiǎn liúhǎi.

살짝 웨이브만 있게 하고 싶어요.

有点弯曲。
Yǒudiǎn wānqū.

퍼머가 맘에 안 들어서, 풀려구요.

这个卷发我不太满意,
Zhè ge juǎnfà wǒ bútài mǎnyì,

我想把头发拉直还原。
wǒ xiǎng bǎ tóufa lāzhí huányuán.

머리를 기를 거니까 너무 많이 자르지 말고
상한 부분만 다듬어주세요.

我要留长头发,
Wǒ yào liúcháng tóufa,

不要剪多, 就把损伤的部分修剪一下。
búyào jiǎn duō, jiù bǎ sǔnshāng de bùfen xiūjiǎn yíxià.

## 중국병원 100% 활용하기

낯선 곳에서 낯선 언어로 병원을 이용할 생각을 하니 한숨이 먼저 나오지만, 몇 가지 절차만 알고 있으면 좀 더 쉽게 병원을 이용할 수 있다.

중국의 병원은 크게 양의 병원과 중의 병원, 양의·중의종합병원으로 나뉜다. 중의든 양의든 종합병원이면 소화과, 호흡과, 노년과, 혈액과, 내분비과, 신경내과 등으로 세분화되어 있어서 내과라고 하더라도 증세에 따라 해당하는 과에서 진찰받아야 한다.

진찰을 받으려면 먼저 접수를 해야 하는데, 진료는 일반의사에게 받는 일반진료와 교수 수준의 전문의에게 받는 전문진료로 나뉜다. 일반진료를 하는 일반의사의 수가 비교적 많기 때문에 대기 시간이 짧아서 위급한 상황이나 1차 검사를 할 경우에 적합하다. 전문진료는 아무래도 전문의에게 진찰을 받고자 하는 환자들이 많이 몰리기 때문에 진료 시작 시간에 딱 맞춰 가면 사람이 많아 접수하지 못하는 경우가 많다. 따라서 전문 의의 진료를 받으려면 새벽부터 서둘러야 한다.

초진 접수를 할 때는 진료기록카드인 '먼쩐삥리 门诊病历'를 구입해서 이후 병원에 갈 때 계속 사용한다. 접수 후 해당 진료실 앞에 있는 접수표 꽂아 두는 곳이나 테이블에 접수표를 놓고 대기하면 의사나 간호사가 접수표 번호나 이름을 부른다. 그러면 들어가서 의사에게 병세를 자세히 이야기하고, 진료를 받는다.

중국 병원은 선불제를 원칙으로 하고 있기 때문에 치료를 비롯해 추가 검사나 약 처방이 필요한 경우 약값이나 검사비도 먼저 지불해야 한다. 추가 검사가 필요하다고 할 경우 의사가 적어준 검사항목용지를 가지고 비용을 지불한 후 검사실에 가서 검사를 받는데, 검사를 마친 후에는 반드시 결과가 나오는 날과 찾는 방법을 물어보고 확인해야 한다. 대부분 검사실 앞에 항목별로 검사 결과 수취 날짜와 장소가 적혀 있으므로, 확인하고 꼭 메모해두는 것이 좋다. 마지막으로 약을 받을 때는 양약, 중약, 중성약을 내주는 창구가 다르다는 것에 주의해야 하며, 처방에 따라 한 종이에 양약과 중약 처방이 섞여 있기 때문에 빠뜨리지 않도록 주의해야 한다.

중국에도 의료보험이 있긴 하지만 중국은 한국처럼 의료보험 정책이 활성화 되어 있지 않기 때문에 외국인은 물론 자국민도 비싼 가격으로 병원을 이용할 수 밖에 없다고 한다. 혹자는 외국인과 내국인 사이의 진료비 차이가 심하다고 불평하기도 하지만, 간혹 유학생들이 중국인 친구들의 의료보험을 빌려서 병원에 가는 경우에도 진료비가 많이 나와 놀라는 일이 종종 있다.

유학생들은 중국 유학 서류를 준비할 때 각종 사고 및 질병에 대비한 '유학생 보험'에 들게 되어 있는데, 앞으로는 이 조항이 더욱 강화될 전망이다. 2008 년부터 중국에서 6개월 이상 유학하는 외국인 학생들은 의무적으로 중국 보험사의 상해 및 의료보험에 가입해야 하며, 유학비자신청 시 중국보험사 보험가입증서를 첨부해야 한다. 유학생들은 사망 시 10만 위엔, 의료비용으로 최소 40만 위엔 이상 보상이 가능한 보험상품이면 어느 보험사라도 선택할 수 있으니 미리 잘 알아보는 것이 좋다.

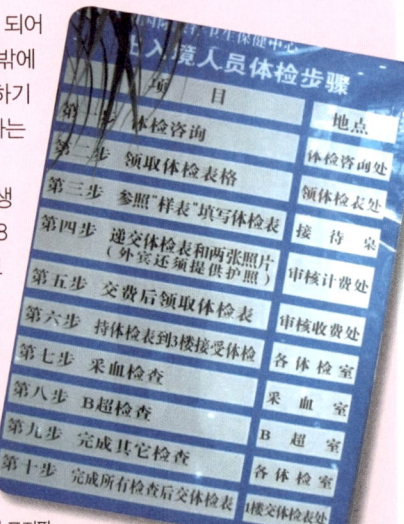

진료 순서 안내 표지판

## 병원 용어들

양의병원 西医院 xīyīyuàn
중의병원 中医院 zhōngyīyuàn
종합병원 中西医结合医院 zhōngxīyījiéhéyīyuàn
응급 진료 急诊 jízhěn
진료접수 挂号 guà hào
진료접수처 挂号室 guàhàoshì
일반진료(일반의 진료) 普通号 pǔtōnghào
전문진료(전문의 진료) 专家号 zhuānjiāhào

진찰 门诊 ménzhěn
진료카드 门诊病历 ménzhěn bìnglì
병력 病史 bìngshǐ
링거 挂水 guàshuǐ
중약 中药 zhōngyào
서약 西药 xīyào
정형외과 骨科 gǔkē
일반외과 外科 wàikē
내과 内科 nèikē
노년과 老年科 lǎoniánkē

소아과 小儿科 xiǎo'érkē
산부인과 妇产科 fùchǎnkē
이비인후과 耳鼻(咽)喉科 ěrbí(yān)hóukē
치과 牙科 yákē
피부과 皮肤科 pífūkē
안과 眼科 yǎnkē
성형외과 整容科 zhěngróngkē
소화기과 消化科 xiāohuàkē

## 비상용 개인 구급약품

약국 药店 yàodiàn / 药房 yàofáng
일회용반창고 创可贴 chuàngkětiē
약솜 药棉 yào mián
소독약 消毒药 xiāodúyào
반창고 胶布 jiāobù
붕대 绷带 bēngdài
면봉 棉棒 miánbàng
연고 软膏 ruǎngāo
파스 贴膏 tiēgāo
아스피린 阿司匹林 āsīpǐlín
환약 丸 wán

물약 服液 fùyè
캡슐 胶囊 jiāonáng
물에 풀어서 마시는 약 冲剂 chōngjì
가루약 散剂 sǎnjì
숟가락으로 떠먹는 약 膏 gāo
두통약 头疼药 tóuténgyào
판람근 板蓝根 bǎnlángēn
기침약 止咳药 zhǐkéyào
감기약 感冒药 gǎnmàoyào
소염제 消炎剂 xiāoyánjì

해열제 解热剂 jiěrèjì / 退烧药 tuìshāoyào
소화제 消化剂 xiāohuàjí
진통제 止疼药 zhǐténgyào
지사제 止泻药 zhǐxièyào
변비약 通便剂 tōngbiànjì
동인당 同仁堂 Tóngréntáng
녹용 鹿茸 lùróng
우황청심환 牛黄清心丸 niúhuángqīngxīnwán
호랑이연고 清凉油 qīngliángyóu

## 증상 및 질병 종류

가래 痰 tán
가렵다 痒 yǎng
가려움증 瘙痒 sāoyǎng
감기 感冒 gǎnmào
결리다/뻐근하다 酸疼 suānténg
고혈압 高血压 gāoxuèyā
골절 骨折 gǔzhé
곪다 化脓 huànóng
구토 呕吐 ǒutù
금이 가다/찢어지다 裂了 lièle / 裂开了 lièkāile
기절하다 晕倒 yùndǎo
기침 咳嗽 késou
다치다 受伤 shòushāng
당기다 拉伤了 lāshāngle
데이다 烫伤了 tàngshāngle
두통 头疼 tóuténg

따끔거리다 刺痛 cítòng
메스껍다 恶心 ěxīn
목이 쉬다 嗓子哑了 sǎngziyǎle
배가 아프다 肚子疼 dùziténg
변비 便秘 biànmì
베이다 割破了 gēpòle
부러지다 断了 duànle
삐끗하다 崴了 wǎile / 扭了 niǔle / 扭伤 niǔshāng
빈혈 贫血 pínxuè [구어—pínxiě]
상처 伤口 shāngkǒu
설사하다 拉肚子 lādùzi
소화불량(체하다) 消化不良 xiāohuà bùliáng
속쓰림 胃酸 wèisuān
식중독 食物中毒 shíwùzhòngdú
쑤시고 아프다 酸痛 suāntòng

아물다 愈合 yùhé
어지럽다 头晕 tóuyūn
열나다 发烧 fāshāo
염증(나다) 发炎 fāyán
오한 发冷 fālěng
요통 腰痛 yāotòng
위궤양 胃溃疡 wèikuíyáng
위산과다 胃酸过多 wèisuānguòduō
재발하다 复发 fùfā
재채기하다 打喷嚏 dǎpēntí
쥐 나다 抽筋了 chōujīnle
찰과상 擦伤 cāshāng
코 막힘 鼻塞 bísè
화상 烧伤 shāoshāng
흉터(남다) (留下)伤疤 (liúxià)shāngbā

137

# 06 둘 공공의 적(?), 공공기관을 접수하라

## >> 공공기관 이용하기

외국에서 장기 체류를 할 때 가장 자주 들락거리게 되는 곳이 바로 은행이다. 중국에서 은행을 비롯한 공공기관과 경찰서인 공안국 이용하기에 대해 간단하게 알아보자.

### 중국 은행의 영업 시간

중국의 은행들은 대부분 쉬는 날이 거의 없다. 토요일과 일요일에도 오전 9시 30분부터 오후 3시~4시 반까지 영업을 하고, 연휴 기간에는 이틀 정도 휴무를 하거나 아니면 같은 은행 지점들이 교대로 영업을 하기도 하고, 시민들의 불편을 줄이기 위해 최소 단축 근무를 한다. 개점 시간도 한국에 비해서 한 시간이나 빠른 8시 30분이고, 폐점은 오후 4시 30분 정도. 가끔 은행 안에서 암달러상을 볼 수도 있다. 단속을 해서 많이 줄었지만, 은행 안까지 들어와서 영업하는 걸 보면 정말 대담하다. 중국 은행에서는 한 통장에 런민삐 人民币(중국 돈)와 달러를 모두 입금할 수 있다.

### 중국에서 송금받기

중국에서 돈을 송금받을 수 있는 가장 일반적인 방법은 중국 은행에 통장을 개설해서

04　05　06　07

01 중국 우체국도 은행 업무를 한다.
02 중국의 중앙은행인 인민은행의 전
경　03 24시간 개방되어 있는 무인
지급기　04 은행 내부. 어느 나라건
은행의 모습은 크게 차이가 없는 듯.
05, 06 개미 한 마리 없는 공안국 앞
길. 역시 무서운 걸까? 귀여운 순찰
차량으로 이미지 개선을 해보지만, 바
꾸기 쉽지 않은 듯. 07 우체국을 이용
하는 사람들　08 중국 국내용 편지 봉
투. 수신자를 좌측 상단에, 발신자를
우측 하단에 적는다. 09 우체통은 신
상 信箱, 여우통 邮筒 등으로 부른
다. 头信口는 '편지 넣는 곳'.

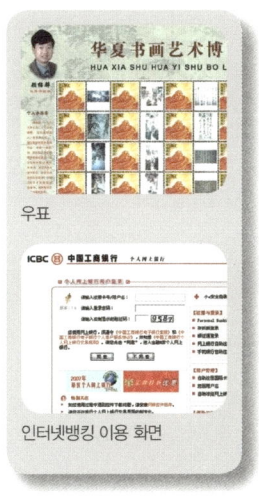

우표

인터넷뱅킹 이용 화면

한국 은행으로부터 송금을 받는 것이고, 두 번째는 중국에서도 이용 가능한 시티은
행이나 외환은행 통장을 한국에서 개설한 후 체크카드를 중국으로 가져와서 카드로
돈을 인출하는 방법이다. 이때는 국내 카드의 해외 사용 한도금액과 각 은행의 송금
수수료를 비교해본 다음 좀 더 경제적인 방법을 고르는 것이 좋다.

## 우체국 이용하기

우체국 영업 시간은 주중에는 8:30~17:30, 토요일에는 8:30~16:00이고, 이외의
시간에는 우체통을 이용하면 된다. 소포건 일반 우편이건 먼저 창구로 가서 필요한
봉투를 구입하고, 무게를 잰 후 필요한 만큼 우표를 구입해서 부친다. 국내, 국외,
빠른우편, 등기 등을 구분해서 직원에게 말하고 봉투를 받으면 된다. EMS 国际快
递를 이용할 때도 먼저 창구에서 EMS 신청서를 달라고 하면 된다. 중국 국내 우편
은 우리나라와 반대로 수신자 우편번호와 주소를 좌측 상단에 적고, 발신자를 우측
하단에 적는다. 우체국에는 우편번호 검색기가 설치되어 있으며, 성, 도시 순서로
찾으면 된다. 국제 우편은 국제 통용의 격식을 적용하므로, 국내 우편과 주소를 적
는 위치가 반대이다.

## 공안국 이용하기

외국인은 범죄를 저지르지 않는 한 공안국에 갈 일이 없을 것 같지
만, 만일 외국인이 학교 기숙사 등 정해진 지역이 아닌 일반 주택 지
역에 거주할 경우에는 공안국에 가서 거주신고를 해야 한다. 비자를
연장하고 싶을 때도 공안국에 가야 한다. 만일 택시기사와 요금 문제
로 실랑이를 한다면? 역시 공안국으로 가자. 공안국은 무
서운 곳이 아니니 괜히 긴장하지 말자.

09

08

가져온 돈도 다 떨어지고, 슬슬 엄마에게 손을 벌려야 할 시기. 그래, 송금을 받으려면 일단 은행에 가서 통장부터 만들어야지. 근데 이거 또 떨리는데? 통장 개설이라… 사전을 찾아보니, 카이후 开户!

**Step1**

说 **我想开个账户。**
Wǒ xiǎng kāi ge zhànghù.

听 **活期还是定期?**
Huóqī háishi dìngqī?

说 **我这张卡取不了钱。**
Wǒ zhè zhāng kǎ qǔbuliǎo qián.

听 **这张卡消磁了。**
Zhè zhāng kǎ xiāocí le.

说 **我要取300美元。**
Wǒ yào qǔ sānbǎi Měiyuán.

听 **要取美元，还是换成人民币?**
Yào qǔ Měiyuán, háishi huàn chéng Rénmínbì?

**단어** 开(个)账户 kāi ge zhànghù 통장을 개설하다 | 活期 huóqī 예금을 수시로 인출할 수 있는 예금(자유예금) | 定期(存款) dìngqī (cúnkuǎn) 정기예금 | 卡 kǎ 카드 | 消磁 xiāocí 마그네틱 선이 손상되다 | 美元 Měiyuán 미국 달러 | 取 qǔ 갖다, 찾다, 받다 | 人民币 Rénmínbì 인민폐

**해석** 说 통장을 개설하려고 합니다.
听 자유예금이요, 정기예금이요?

说 이 카드로 돈을 찾을 수가 없어요.
听 이 카드는 마그네틱 선이 손상되었네요.

说 300달러 찾으려고 합니다.
听 달러로 드릴까요, 인민폐로 환산해서 드릴까요?

说 我要汇款。
Wǒ yào huìkuǎn.

听 到哪儿，多少钱？
Dào nǎr, duōshao qián?

说 把3000元汇到这个帐户上。
Bǎ sānqiān yuán huì dào zhè ge zhànghù shang.

听 填一下这张表。现金还是转帐？
Tián yíxià zhè zhāng biǎo. Xiànjīn háishi zhuǎnzhàng?

说 从这个账户转帐。
Cóng zhè ge zhànghù zhuǎnzhàng.

听 请输入密码，这里签一下。
Qǐng shūrù mìmǎ, zhèli qiān yíxià.

说 手续费多少钱？
Shǒuxùfèi duōshao qián?

听 像这样同一个银行之间的市内汇款不需要手续费。
Xiàng zhèyàng tóng yí ge yínháng zhījiān de shìnèi huìkuǎn bù xūyào shǒuxùfèi.

---

단어 汇款 huìkuǎn 송금하다 | 转帐 zhuǎnzhàng (계좌) 이체하다 | 填 tián 채우다, 기입하다 | 输入 shūrù 입력하다 | 签 qiān 서명하다, 사인하다 | 手续费 shǒuxùfèi 수속비, 수수료

해석 说 돈을 송금하려고요.
听 어디에, 얼마나 하실 건가요?
说 3,000위엔을 이 계좌로 송금해주세요.
听 이 표를 작성해주세요. 현금을 송금할 건가요, 아니면 계좌이체할 건가요?
说 이 통장에서 바로 이체해주세요.
听 비밀번호를 입력하시고 여기에 서명하세요.
说 수수료는 얼마인가요?
听 이렇게 시내의 같은 은행의 지점간 계좌이체는 수수료가 없습니다.

## 我想…
~하려고 합니다.

통장을 개설하려고 합니다.
### 我想**开个账户**。

| | |
|---|---|
| 办张卡 bàn zhāng kǎ | 카드를 만들려고 합니다. |
| 结清户头 jiéqīng hùtóu | 계좌를 해지하려고 합니다. |
| 查询余额 cháxún yǔ'é | 잔액을 확인하려고 합니다. |
| 申请电话银行 shēnqǐng diànhuà yínháng | 텔레뱅킹을 신청하려고 합니다. |

## 표현 Plus+

환전하려구요.
**我要换钱。**
Wǒ yào huànqián.

이 통장은 이율이 어떻게 되나요?
**这个账户的利率是多少?**
Zhè ge zhànghù de lìlù shì duōshao?

송금이 들어왔는지 확인해주세요.
**我要查询一下钱有没有到我的账户上。**
Wǒ yào cháxún yíxià qián yǒu méiyǒu dào wǒ de zhànghùshang.

저의 이전 신용카드를 없애주세요.
**请把我以前的信用卡作废吧。**
Qǐng bǎ wo yǐqián de xìnyòngkǎ zuòfèi ba.

돈 좀 세어주세요.
**请把这笔钱数一下。**
Qǐng bǎ zhè bǐ qián shǔ yíxià.

돈이 잘못 나갔어요. 확인 좀 해주실래요?
**钱扣错了。你能不能帮我查一下?**
Qián kòu cuò le. Nǐ néng bu néng bāng wǒ chá yíxià?

### 24시 무인 현금지급기는 '셀프서비스'다?

은행 ATM기에서는 24시간 돈을 찾을 수 있어서일까? 중국에서는 ATM기를 24小时自助
服务 èrshí sì xiǎoshí zìzhù fúwù라고 부른다. '24시간 셀프 서비스'라고나 할까? 중국 은행
ATM기에서 우리나라 은행카드로 현금서비스를 받을 수도 있고, 중국의 현지 카드일 경우
에는 일반적으로 한번에 2500위엔, 1일 최대 5000위엔까지 뽑을 수 있다.

요즘에는 해외에 나가보지 않은 사람이 별로 없다고는 하지만, 1년 이상 장기 체류하는 사람을 찾아보면 또 그리 많은 것도 아니더라구. 넉넉한 유학생 살림은 아니지만, 중국에서만 구할 수 있는 특이한 것들을 모아 가족, 친구들에게 조그만 소포를 보내는 것도 그들에게 새로운 경험을 제공해줄 수 있을 거야. 어디 국제우편으로 소포 좀 보내볼까? 헉! 아니 웬 우편요금이 이렇게 비싸?!

说 **我要寄快递。**
Wǒ yào jì kuàidì.

听 **到哪儿?**
Dào nǎr?

说 **现在寄的话，他们什么时候能收到?**
Xiànzài jì de huà, tāmen shénme shíhou néng shōudào?

听 **大概明天下午，再迟后天也能收到。**
Dàgài míngtiān xiàwǔ, zài chí hòutiān yě néng shōudào.

说 **你现在可以过来拿吗?**
Nǐ xiànzài kěyǐ guòlai ná ma?

听 **请告诉我你所在的地方①，我们马上过去。**
Qǐng gàosu wǒ nǐ suǒ zài de dìfang, wǒmen mǎshàng guòqu.

Step 1

**단어** 寄 jì (우편으로) 부치다, 보내다 | 快递 kuàidì 국제특급우편(EMS), 특급우편 | 收 shōu 받다

**참고** ① 본문에서는 '당신이 있는 곳'이라는 뜻이다. A 所 B(동사) 的 C의 형태로 'A가 B하는 C'의 의미가 된다.
예 你所知道的事情 당신이 알고 있는 일

**해석** 说 빠른 우편을 보내려고 하는데요.
听 어디로 보내실 건가요?

说 지금 보내면 언제쯤 받을 수 있을까요?
听 아마 내일 오후나 늦어도 모레쯤이면 받을 수 있습니다.

说 지금 찾으러 올 수 있나요?
听 계신 곳을 말씀해주시면 바로 찾으러 가겠습니다.

听 喂，是李晓英吗? 我是送邮件的。这里有你的邮件。
Wèi, Shì Lǐ Xiǎoyīng ma? Wǒ shì sòng yóujiàn de. Zhèli yǒu nǐ de yóujiàn.

现在送,可以吗? 是不是在家?
Xiànzài sòng, kěyǐ ma? Shì bu shì zài jiā?

说 我现在不在家。
Wǒ xiànzài bú zài jiā.

听 那，你家现在有没有人?
Nà, nǐ jiā xiànzài yǒu méiyǒu rén?

说 现在家里没有人。三个小时以后来，好吗?
Xiànzài jiāli méiyǒu rén. Sān ge xiǎoshí yǐhòu lái, hǎo ma?

听 我明天过去，怎么样?
Wǒ míngtiān guòqu, zěnmeyàng?

说 不行，那你把邮件交给传达室，好吗?
Bùxíng, nà nǐ bǎ yóujiàn jiāo gěi chuándáshì, hǎo ma?

听 这可不行，这个邮件需要本人签名的。
Zhè kě bùxíng, zhè ge yóujiàn xūyào běnrén qiānmíng de.

说 要不，你把邮件送到我这儿，好不好? 我现在在北大。
Yào bù, nǐ bǎ yóujiàn sòng dào wǒ zhèr, hǎo bu hǎo? Wǒ xiànzài zài Běidà.

단어 邮件 yóujiàn 우편물 | 交给 jiāo gěi ~에게 교부하다, 건네주다, 맡기다 | 传达室 chuándáshì 주로 우편물이나 전달 사항을 전달하는 곳, 보통 한국의 관리실처럼 건물 1층이나 주택단지의 입구에 작은 사무실이 있다 | 可 kě 정도를 강조할 때 사용하는 부사

해석 听 여보세요, 이효영 씨인가요? 우편배달인데요. 이효영 씨 앞으로 우편물이 왔는데, 지금 집에 계신가요?
说 지금 집에 없는데요.
听 그럼 댁에 누구 다른 사람 없나요?
说 지금 집에 아무도 없어요. 3시간 후에 오시겠어요?
听 내일 가면 어떨까요?
说 안 되는데요. 그럼 관리실에 맡겨놓으시겠어요?
听 그건 안 됩니다. 이 우편물은 본인 사인이 있어야 하거든요.
说 아니면 우편물을 여기로 가져다 주시면 안 돼요? 제가 지금 베이징 대학교에 있거든요.

## 再···也～
아무리 ···해도 ～하다

아무리 늦어도 모레쯤이면 받을 수 있습니다.

**再迟后天也能收到。**

| 忙 máng | 要抽出时间 yào chōuchū shíjiān | 아무리 바빠도 시간을 내야 해요. |
| 便宜 piányi | 不买 bù mǎi | 아무리 싸도 안 사요. |
| 聪明 cōngmíng | 会失误 huì shīwù | 아무리 똑똑해도 실수할 수 있습니다. |
| 好 hǎo | 没用 méi yòng | 아무리 좋아도 소용없어요 |

### 표현 Plus⁺

---

우표 5위엔어치 주세요.

我要买五块钱的邮票。
Wǒ yào mǎi wǔ kuài qián de yóupiào.

---

이걸 한국으로 보내려고 합니다.

我想把这个寄到韩国。
Wǒ xiǎng bǎ zhè ge jìdào Hánguó.

---

더 빠른 건 없나요?

有没有更快的?
Yǒu méiyǒu gèng kuài de ?

---

이건 그다지 급한 거 아니니까,
싼 걸로 보내겠습니다.

这不是很急的邮件,
Zhè bú shì hěn jíde yóujiàn,

我要寄比较便宜的。
wǒ yào jì bǐjiào piányi de.

---

내가 지난번에 보낸 우편물을 그쪽에서
못 받았다고 하는데 좀 알아봐주세요.

我上次寄的邮件, 对方没收到,
Wǒ shàngcì jì de yóujiàn, duìfāng méi shōudào,

请你们查一下。
qǐng nǐmen chá yíxià.

---

**중국 우체통은 초록색!!**

중국의 우체국은 초록색 바탕에 中国邮政 China Post 라고 쓰인 간판을 달
고 있어 쉽게 발견할 수 있다. 중국의 우체통 邮筒 yóutǒng은 초록색인 것도
있고 빨간 것도 있다. 보통 우체국 앞이나 아파트 입구 등 적정한 간격을 두
고 배치되어 있다. 우체통에 투입구가 2개여서 시내우편물 本埠 běnbù 또는
本地 běndì과 시외우편물 外埠 wàibù 또는 外地 wàidì을 아예 구별해서 수
거한다.

지은 죄도 없는데 경찰서를 왜 가냐고? 모르는 소리~! 외국인이라면 반드시 해야 할 전입신고나 거류증 신청, 비자 연장 등의 여러 가지 업무를 보기도 하는 곳이 바로 파출소와 꽁안쥐 公安局 경찰서라구요. 따라서 중국에서 오래 거주하려면 꼭 거쳐야 할 곳 이기도 하다. 신고합니다~!! 워 야오 떵지 我要登记~!!

**Step1**

说 **我的包被偷了**①。
Wǒ de bāo bèi tōu le.

听 什么时候在哪里被偷的?
Shénme shíhou zài nǎli bèi tōu de?

说 **我要更换签证。**
Wǒ yào gēnghuàn qiānzhèng.

听 填一下这张表,
Tián yíxià zhè zhāng biǎo,

还有, 请给我这两面的复印件②和一张照片。
háiyǒu, qǐng gěi wo zhè liǎng miàn de fùyìn jiàn hé yì zhāng zhàopiàn.

说 **这个签证, 回韩国后再来,**
Zhè ge qiānzhèng, huí Hánguó hòu zài lái,

**不需要再办什么手续了吧。**
bù xūyào zài bàn shénme shǒuxù le ba.

听 是的, 这是可以多次往返的。
Shìde, zhè shì kěyǐ duō cì wǎngfǎn de.

---

**단어** 被 bèi ~당하다, …에게 ~당하다 | 被偷 bèi tōu 도둑맞다 | 更换 gēnghuàn 교체하다, 변경하다 | 复印件 fùyìnjiàn 복사본 | 手续 shǒuxù 수속, 절차 | 往返 wǎngfǎn 왕복하다

**참고** ① 被는 피동형 문장에서 동작·작용을 하는 주체를 표시하는데, 직접 동사와 함께 쓰이고 被뒤에 오는 동작의 주체는 생략이 가능하다.
② 여권 앞면과 비자가 있는 면을 복사해야 한다.

**해석** 说 가방을 도둑맞았어요.
听 언제 어디서 도둑맞았나요?

说 비자 좀 바꾸려고요.
听 이 표 작성하시고요, 여기 두 면의 복사본과 사진 한 장 제출하세요.

说 이 비자는 한국으로 돌아갔다 다시 올 때, 뭐 다른 수속이 필요 없는 거죠?
听 네, 여러 차례 왕복이 가능합니다.

说 我要登记住宿。
Wǒ yào dēngjì zhùsù.

听 填一下这张表。
Tián yíxià zhè zhāng biǎo.

说 不好意思，我不明白怎么写，你可以帮我填一下吗？
Bùhǎoyìsi, wǒ bù míngbai zěnme xiě, nǐ kěyǐ bāng wǒ tián yíxià ma?

听 把证件给我。 什么时候住进去的？
Bǎ zhèngjiàn gěi wǒ. Shénme shíhou zhùjìnqu de?

说 昨天下午。
Zuótiān xiàwǔ.

听 请告诉我地址和电话号码。
Qǐng gàosu wo dìzhǐ hé diànhuà hàomǎ.

说 这里写着的就是我的地址和电话号码。
Zhèli xiě zhe de jiùshì wǒ de dìzhǐ hé diànhuà hàomǎ.

听 好了，请收好护照。
Hǎole, qǐng shōuhǎo hùzhào.

---

단어 登记 dēngjì 등록(하다), 체크인하다 | 住宿 zhùsù 묵다, 투숙하다, 숙박하다 | 写 xiě (글씨를) 쓰다 | 证件 zhèngjiàn (신분·경력 등의) 증명서 | 地址 dìzhǐ 소재지, 주소 | 护照 hùzhào 여권

해석 说 전입신고를 하려구요.
听 이 표를 작성하세요.
说 죄송합니다만, 어떻게 써야 할지 잘 몰라서요, 대신 좀 써주실 수 있나요?
听 신분증 주세요. 언제 입주하셨죠?
说 어제 오후에요.
听 주소랑 전화번호를 말씀해주세요.
说 여기 쓰여 있는 게 제 주소랑 전화번호예요.
听 다 됐습니다. 여권 받으세요.

…被偷了。

~을 도둑맞았어요.

가방을 도둑맞았어요.

我的包 被偷了。

| 自行车 zìxíngchē | 자전거를 도둑맞았어요. |
| 手机 shǒujī | 휴대전화을 도둑맞았어요. |
| 钱包 qiánbāo | 지갑을 도둑맞았어요. |
| 护照 hùzhào | 여권을 도둑맞았어요. |
| 车票 chēpiào | 차표를 도둑맞았어요. |

## 표현 Plus +

| 비자 기간이 곧 만료돼요. | 我的签证快要到期了。<br>Wǒ de qiānzhèng kuàiyào dàoqī le. |
| 비자 연장하려구요. | 我要办签证延期。<br>Wǒ yào bàn qiānzhèng yánqī. |
| 이거 어디서 처리해요? | 这个在哪儿办?<br>Zhè ge zài nǎr bàn? |

 현지 엿보기

**무서운 공안국에 가야 한다구? 아~ 왜~?!!**

범죄를 저질러야 공안에 가는 것은 아니다. 기숙사가 아닌 학교 밖에서 거주한다면 반드시 가까운 파출소에 신고를 해야 한다. 비자 및 출입국 관리는 공안국에서 처리하는데 여권과 JW202, 거주신고서, 신체검사표 그리고 학교에서 적어주는 비자 신청표 등을 지참해야 한다.

### 은행 카드 분실 시 재발급 받기

카드를 분실했을 때 가장 먼저 해야 할 일은 물론 분실신고이다. 분실신고는 은행상담서비스에 전화하거나, 인터넷 뱅킹 또는 텔레뱅킹 서비스에 가입되어 있을 경우 각 서비스에 접속하여 분실신고를 접수하면 된다. 이런 경우를 대비해 평소 소지하는 수첩이나 휴대폰에 은행의 상담 번호를 저장해 두는 것이 좋다. 분실 신고를 한 후에는 은행에 방문하여 은행카드 재발급을 신청한다. 카드 재발급 신청을 할 때는 여권을 필히 지참해야 하며, 재발급 신청 수수료는 은행에 따라 조금씩 다르고, 수수료를 받지 않는 곳도 있다. 은행창구에 가서 은행카드를 다시 만들겠다고 말하면 작성해야 할 서류를 주는데, 그것을 작성해서 제출하면 영수증 같은 증서를 준다. 그 증서를 갖고 7~14일 후에 증서와 여권을 가지고 가서 은행카드를 찾으면 된다. 간혹 ATM 기기가 카드를 삼켜버리는 경우가 있는데 이럴 때는 신분증과 통장을 가지고 가면 찾을 수 있다. 그렇다면 카드를 분실했을 때 정말정말 필요한 표현은?

我丢了我的银行卡，要重新办。 "저 카드 잃어버렸거든요, 다시 만들어주세요!"
Wǒ diū le wǒ de yínháng kǎ, yào chóngxīn bàn.

中国银行存款凭条 Zhōngguó yínháng cúnkuǎn píngtiáo 중국은행 입금표(무통장 입금/송금시 사용)

币别 bìbié 화폐 종류

金额 jīn'é 금액(아라비아 숫자로 소수점 아래 두 자리까지 기입. ex) 120위엔이라면 '120.00')

入帐帐号 rùzhàng zhànghào 입금 계좌

客户证件 kèhù zhèngjiàn 예금주 성명(한문/영문, 대소문자 구별)

存款(代办)人签字 cúnkuǎn(dàibàn)rén qiānzì 입금자(대리인)서명

계좌번호 帐号 zhànghào

비밀번호 密码 mìmǎ

계좌 개설 开户头 kāi hùtou

계좌 해지 结清户头 jiéqīng hùtou

로그인 登陆 dēnglù

로그아웃 退出 tuìchū

인증번호 验证码 yànzhèngmǎ

계좌 확인 账户查询 zhànghù cháxùn

거래내역 확인 历史交易查询 lìshǐjiāoyì cháxùn

잔액 확인 账户余额查询 zhànghù yú'é cháxùn

계좌 이체 转账交易 zhuǎnzhàngjiāoyì

공과금 이체 代缴费 dàijiǎofèi

계좌 개설 지역 선택 请选择您的开户地
qǐng xuǎnzé nín de kāihùdì

개인인터넷뱅킹 个人网上银行 gèrén wǎngshàng yínháng

기업인터넷뱅킹 企业网上银行 qǐyè wǎngshàng yínháng

계좌 관리 账户管理 zhànghù guǎnlǐ
(비밀번호 변경, 분실 신고 및 사용정지 등을 관리하는 것)

환전 换钱 huànqián

환율 汇率 huìlǜ

## 우체국 이용, 효율적으로 하자!

소포를 부치려고 무겁게 들고 갔다가 우편 발송 금지 품목이라던가, 요금이 너무 비쌌다던가, 우체국이 문을 닫았다던가 하는 이런저런 이유로 소포를 들고 그냥 돌아온 적은 없는가? 자주 이용하지 않다보면 막상 이용하려 할 때 당황되기 마련이다. 살짝 맛보기 해보고 실전에서는 당황하지 말자.

1. **일반우편 平常信函** píngchángxìnhán / **그림엽서 明信片** míngxìnpiàn
   배송 시간 : 중국 내 7일 정도 / 해외 15일 정도 소요, 추적 불가능
   기본 요금 : 국내우편–0.60위엔 / 통(100g이하) / 국제우편–5위엔/통(20g 이하)

2. **등기우편 挂号信函** guàhàoxìnhán
   배송 시간 : 중국 내 2~3일정도, 해외 4~5일정도, 추적이 가능하지만, 분실시 보험 기능 없음
   기본 요금 : 국내–0.60위엔/통(100g이하)+등기수수료 3위엔/통
              국제(한국)–5위엔/통(20g 이하)+등기수수료 8위엔/통

3. **보험 우편 保价信函** bǎojiàxìnhán **은행통장, 신분증, 여권, 영수증 등 중요한 서류의 발송 시 이용**
   배송 시간 : 중국 내 2~3일, 해외 4~5일정도 소요
   기본 요금 : 국내–0.60위엔 / 통(100g이하)+ 보험료(물품가격의 1%)
              국제(한국)–5위엔/통(20g 이하)+ 보험료(물품가격 100위엔당 1위엔)

4. **빠른 우편 EMS特快专递** tèkuàichuándì – **상업, 금융, 무역 등 분야에 가장 많이 사용하며 비교적 안전**
   배송 시간 : 중국 내 2~3일, 외국 4~5일정도 소요
   기본 요금 : 국내–20위엔/통(500g 이하, 동일한 지역 내)
              국제(한국)–115위엔/통(500g 이하)

5. **중국내 EMS외 기타 물류업체 무료 서비스 전화번호 및 홈페이지**

   DHL 敦豪国际航空快件有限公司    TEL 800 810 8000    http://www.cn.dhl.com
   UPS 联合包裹                   TEL 800 820 8388    http://www.ups.com/cn
   FedEx 联邦快递                  TEL 800 988 1888    http://www.fedex.com/cn/
   TNT 天地快运                   TEL 800 820 9868    http://www.tnt.com/country/zh_cn.html

### 어휘 Plus+  우체국 관련 용어

발신자 서명 / Shipper's Sign 寄件人 jìjiànrén
수신자 서명 / Receiver's Signature 收件人签名
shōujiànrén qiānmíng
배송인 Delivered By 派件员 pàijiànyuán
연락인 Shipper, Attn 联络人 liánluòrén
주소 / Address 地址 dìzhǐ
지역번호 Area Code 区号 qūyù
전화번호 / Tel No. 电话号码 diànhùhàomǎ

물품명칭 / Description, Remark 物品名称 wùpǐnmíngchēng
결제방식 /Charge to Option 付款方式 fùkuǎnfāngshì
발신자 부담 Sender 寄(方)付 jì(fang)fù
수신자 부담, 착불 / Receiver 收方付/到付 shōufāngfù/ dàofù
제3자 부담 3rd Party 第三方付 dìsānfāngfù
월 결제 / Credit 月结 yuèjié
금액 / Amount 金额 jīn'é
무게 / G, W 重量 zhòngliàng

# 슬픔과 기쁨을 나눌
# '우정'을 찾아라

## 07

## ―
## 교제

# 07 겉돌지 말고 직접 부딪쳐라

## 〉〉 중국인의 '꾸안시'

중국에 오긴 왔는데, 중국 친구를 사귀기가 마음처럼 쉽지는 않다. 중국인들은 외국인들에게 호기심도 많고 친절한 것 같은데, 막상 친구가 되기는 어렵다. 중국인과 만나는 방법, 연구를 좀 해보자.

### 중국 학생들의 학교 생활

중국 학생들은 대학에 들어가기가 정말 어렵고, 졸업하기도 어렵기 때문에 필사적으로 공부한다. 그러다 보니 대부분의 학생들이 '기숙사 – 강의실 – 식당 – 도서관'만 돌아다니고 다른 사람에게는 별로 관심이 없다. 심지어는 같은 학년에 누가 있는지, 총 몇 명의 학생이 있는지도 모르는 경우가 많다 하니 같은 학과여도 같이 그룹과제를 하거나 하지 않으면 친구 사귀기가 쉽지 않다.

### 중국인 친구 사귀기

공부를 위해 만난 푸다오 輔导는 '친구 만들기'에 가장 좋은 대상이다. 푸다오를 통

01 공원에서 2008 베이징 올림픽을 열심히 홍보하는 할아버지. 이 할아버지께서 이렇게 외국인과 찍은 기념사진이 족히 백 장이 넘는다. 이런 분들과 얘기하는 것은 상당히 색다른 경험이 될 것이다. 02 단체로 운동에 여념이 없는 어르신들 03 푸다오에게 친구 좀 소개시켜달라고 해보자. 함께 식사하며 대화를 나누는 것은 친구 사귀기에 가장 좋은 방법이다. 04 학교에서 주최하는 한중문화 교류 축제 05 공원에서 카드놀이에 여념이 없는 어르신들 06 공원에서 중국 전통 놀이를 가르쳐주는 할아버지. 밝은 얼굴로 친절하게 운동 방법을 알려주신다.

해서 다른 중국 친구를 사귈 수도 있다. 아니면 길거리에 나가 막무가내로 친구 만들기에 도전해보는 것도 나쁘지 않다. 캠퍼스의 대자보나 게시판에 언어교환 공고를 붙일 수도 있다. 더욱 적극적으로 찾는다면 커피숍이나 찻집 같은 곳에서 혼자 공부하는 중국인 학생들에게 용기를 내서 말을 붙여보는 것도 방법이다. 아니면, 이른 아침 시간 공원에 나가보자. 공원에 나와 운동하는 많은 할아버지, 할머니들과 대화를 나누고, 함께 운동하다 보면 금세 친구가 될 수 있다.

### 중국인들의 '꾸안시' 문화

중국인들은 나이에 연연하지 않고 친구가 된다. 그 사람과의 관계가 좋으냐 나쁘냐, 얼마나 좋으냐, 상대방과 어떤 교류를 하느냐, 이게 핵심이다. '중국은 꾸안시 关系 사회다'라는 말이 있을 정도로 중국에서는 '관계'가 매우 중요하다. 중국인들은 '중국에서는 쉽게 되는 일도 없지만 안 되는 일도 없다'라는 말을 자주 하는데, '되고 안 되는' 것의 관건이 바로 이 '꾸안시'다. 중국에서는 사람을 찾아야 일이 빨리 해결된다. 그 많은 사람들 중에 누가 중요한 인물인지 아닌지를 알 수 있는 방법은 결국 인맥을 통해 소개를 거듭하는 것이다. 이렇게 서로의 '꾸안시'를 연결시켜주는 것을 '라 꾸안시 拉关系(꾸안시를 끌어당기다)'라고 한다. 만일 받은 사람이 이에 부응하지 못하고 이성적으로 대했다면 어느 순간 그들은 차갑게 등을 돌려버릴 수도 있다. 중국에 살다 보면 이 꾸안시라는 말이 얼마나 편하고도 힘든 말인지 느낄 때가 많을 것이다.

이젠 전화로도 날 찾는 사람이 제법 많아진 것 같아~ 내 중국어가 통하기 시작한 거야! 그런데 얼굴 보고 이야기할 때는 눈치껏 바디랭귀지로 대략 의사소통이 가능했었는데, 전화는 매번 난처한 상황들이 발생하니, 이를 어째…! "팅 부동 칭짜이슈어 听不懂, 请再说~" 잘 못 알아듣겠어요. 다시 이야기해주세요~

**Step 1**

听 喂! 李晓英在吗?
　　Wéi!　Lǐ Xiǎoyīng zài ma?

说 **我就是，你是哪一位?**
　　Wǒ　jiùshì,　　nǐ shì nǎ yí　wèi?

听 喂! ××中介公司吗?
　　Wéi!　XX zhōngjiè gōngsī ma?

说 **你打错了。**
　　Nǐ　dǎcuò　le.

听 喂! 韩希昌，我是张薇!
　　Wéi!　Hán Xīchāng,　wǒ shì Zhāng Wēi!

说 **请您声音大一点，好吗?**
　　Qǐng nín shēngyīn dà　yìdiǎn,　　hǎo ma?

**단어** 中介公司 zhōngjiè gōngsī 중개회사, 부동산 중개소 | 打错 dǎcuò (전화를) 잘못 걸다 | 声音 shēngyīn 소리, 목소리

**해석** 听 여보세요! 이효영 씨 계세요?
　　　说 전데요, 누구세요?

　　　听 여보세요! XX부동산이죠?
　　　说 잘못 거셨습니다.

　　　听 여보세요! 희창아! 나 장웨이야.
　　　说 크게 좀 말씀해주시겠어요?

听 喂，&%%&…
Wéi,

说 喂！喂！哎呀！这个电话信号不好，请你重打一次，好吗？
Wéi! Wèi! Āiyā! Zhè ge diànhuà xìnhào bù hǎo, qǐng nǐ chóng dǎ yí cì, hǎo ma?

听 喂！韩希昌，我是利丽。你能听清楚吗？
Wéi! Hán Xīchāng, wǒ shì Lìlì. Nǐ néng tīng qīngchu ma?

说 诶，利丽，你好！好久不见了。现在听得很清楚了。
Āi(éi), Lìlì, nǐ hǎo! Hǎo jiǔ bú jiàn le. Xiànzài tīng de hěn qīngchu le.

听 你假期过得怎么样啊？一直在学校的吗？
Nǐ jiàqī guò de zěnmeyàng a? Yìzhí zài xuéxiào de ma?

说 是啊，你什么时候回来的？
Shì a, nǐ shénme shíhou huílai de?

听 前天回来的，我们应该见见面①，是不是？
Qiántiān huílai de, wǒmen yīnggāi jiànjian miàn, shì bu shì?

说 那当然，既然说起了，我们就明天见吧。
Nà dāngrán, jìrán shuōqǐ le, wǒmen jiù míngtiān jiàn ba.

---

단어 重 chóng 재차, 다시, 거듭 ｜ 好久不见 hǎo jiǔ bú jiàn 오랜만이다 ｜ 假期 jiàqī 휴가 기간, 방학 기간 ｜ 过 guò 지내다 ｜ 见面 jiànmiàn 만나다, 대면하다 ｜ 既然 jìrán 이미 이렇게 된 바에야, 기왕 그렇게 된 이상 ｜ 说起 shuōqǐ 말을 꺼내다

참고 ① 이합동사가 목적어를 둘 때는 见他一面 jiàn tā yí miàn처럼 见과 面사이에 쓰거나, 跟他见面 gēn tā jiànmiàn처럼 앞에 써야 한다.

해석 听 여보세요, &%%&…
说 여보세요! 여보세요! 아휴! 신호가 안 좋으니까 다시 걸어주시겠어요?
听 여보세요, 희창아, 나 리리야. 들려?
说 어! 리리야, 오랜만이야. 지금은 잘 들려.
听 방학 동안 어떻게 지냈어? 계속 학교에 있었어?
说 응, 넌 언제 돌아왔어?
听 그저께 왔어, 우리 얼굴 한번 봐야지, 안 그래?
说 당연하지, 기왕 말 나온 김에 내일 당장 보자.

## 请…好吗?
~해주시겠어요?

크게 좀 말씀해주시겠어요?

**请**您声音大一点，好吗?

| | |
|---|---|
| **再说一遍** zài shuō yíbiàn | 다시 한 번 말씀해주시겠어요? |
| **说慢一点** shuō màn yì diǎn | 천천히 말씀해주시겠어요? |
| **记一下** jì yíxià | 적어주시겠어요? |
| **重打一次** chóng dǎ yí cì | 다시 한 번 걸어주시겠어요? |

### 표현 Plus⁺

상대방이 통화 중이니,
잠시 후 다시 걸어주십시오.

您拨打的电话正在通话中，请稍后再拨。
Nín bōdǎ de diànhuà zhèngzài tōnghuà zhōng, qǐng shāohòu zài bō.

지금 거신 (번호는) 휴대전화의 전원이 꺼져
있거나 서비스 지역을 벗어나 있습니다.

您所拨的电话已关机或者不在服务区。
Nín suǒ bō de diànhuà yǐ guānjī huòzhě bú zài fúwùqū.

(밤 늦게 전화했을 때) 쉬시는데
방해해서 죄송합니다.

不好意思，打扰你休息了。
Bùhǎoyìsi, dǎrǎo nǐ xiūxi le.

그가 오면 전화 좀 부탁한다고 전해주세요.

他回来以后请转告他，打个电话给我。
Tā huílai yǐhòu qǐng zhuǎngào tā, dǎ ge diànhuà gěi wǒ.

별로 중요한 일 아니에요.
제가 나중에 다시 전화하겠습니다.

也没有什么事，我过一会儿再打过来。
Yě méiyǒu shénme shì, wǒ guò yíhuìr zài dǎguòlai.

죄송하지만 메모 좀 남겨주시겠어요?

麻烦你给他留个话儿，好吗?
Máfan nǐ gěi tā liú ge huàr, hǎo ma?

잠시만 기다리세요.

请(您)等一下。
Qǐng (nín) děng yíxià.

뭐 전하실 말씀이라도 있으세요?

有什么话留给他吗?
Yǒu shénme huà liú gěi tā ma?

그는 금방 나갔는데, 곧 올 거예요.

他刚出去马上就回来。
Tā gāng chūqu mǎshàng jiù huílai.

지금은 일이 있어서 전화 받기가 좀 그렇거든요.
잠시 후에 다시 걸어주시겠어요?

不好意思，我现在有点事不能接电话，
Bùhǎoyìsi, wǒ xiànzài yǒudiǎn shì bù néng jiē diànhuà,

待会儿再打给我，好吗?
dāi huìr zài dǎ gěi wǒ, hǎo ma?

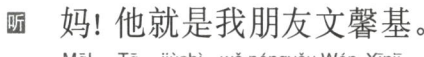
우리도 그렇지만 중국인들도 초대해준 친구 집에 빈손으로 가는 일은 없다. 샤오이쓰 小意思 작은 성의라도 표시해야겠지. 뷔무 伯母 아주머니! 나를 위해 이렇게 많은 음식을 차려주신 거예요? 에구~ 감사해라! 입에 좀 안 맞더라도 무조건 하오츠 好吃~ 맛있어요~

听 妈! 他就是我朋友文馨基。
　　Mā! Tā jiùshì wǒ péngyǒu Wén Xīnjī.

说 伯母，您好! 谢谢您叫我来做客。
　　Bómǔ, Nín hǎo! Xièxie nín jiào wǒ lái zuòkè.

听 来就来，还带什么东西啊!
　　Lái jiù lái, hái dài shénme dōngxi a!

说 这只是一点小意思。
　　Zhè zhǐshì yìdiǎn xiǎoyìsi.

听 阿姨，今天晚餐真好吃，谢谢你啦。
　　Āyí, jīntiān wǎncān zhēn hǎochī, xièxie nǐ la.

说 没什么的。好吃的话，以后经常来吃。
　　Méi shénme de. Hǎochī de huà, yǐhòu jīngcháng lái chī.

**단어** 伯母 bómǔ 큰어머니, 아주머니(친구의 어머니를 친근하게 부르는 호칭) | 叫 A… jiào A… A가 ~하도록 하다 | 做客 zuòkè 손님이 되다, 방문하다 | 只是 zhǐshì 다만, 오직, 오로지 | 小意思 xiǎoyìsi 성의, 작은 마음의 표시 | 没什么 méi shénme 별것 아니다

**해석** 听 엄마, 얘가 바로 내 친구 문형기야.
　　说 어머님, 안녕하세요! 초대해주셔서 감사합니다.
　　听 그냥 오면 되지, 뭘 이런 걸 들고 왔어!
　　说 그냥 별거 아니에요(작은 정성입니다).

　　听 아주머니, 오늘 저녁 정말 맛있었습니다. 감사합니다.
　　说 뭘, 맛있었다니 자주 놀러 와서 먹으렴.

Step 1

说 我听说中国人经常打麻将, 是这样吗?
　Wǒ tīngshuō Zhōngguórén jīngcháng dǎ májiàng, shì zhèyàng ma?

听 确实是的。 过节或者放假的时候,
　Quèshí shì de. Guòjié huòzhě fàngjià de shíhou,

就跟亲戚朋友一起打麻将。
jiù gēn qīnqī péngyou yìqǐ dǎ májiàng.

说 你也经常打麻将吗?
　Nǐ yě jīngcháng dǎ májiàng ma?

听 在学校里几乎没机会打, 放假回家了才有机会打。
　Zài xuéxiàoli jīhū méi jīhuì dǎ, fàngjià huíjiā le cái yǒu jīhuì dǎ.

说 好玩儿吗?
　Hǎowánr ma?

听 当然好玩, 你哪天有空到我家来, 咱们一起吃吃饭,
　Dāngrán hǎowán, nǐ nǎ tiān yǒu kòng dào wǒ jiā lái, zánmen yìqǐ chīchi fàn,

打打麻将。 怎么样?
dǎda májiàng. Zěnmeyàng?

说 真的? 那样就太好了。
　Zhēnde? Nàyàng jiù tài hǎo le.

听 太好了! 其实我妈早就说想见你。
　Tài hǎo le. Qíshí wǒ mā zǎojiù shuō xiǎngjiàn nǐ.

---

单어 麻将 májiàng 마작 | 过节 guòjié 명절을 쇠다, 명절을 지내다 | 放假 fàngjià 휴가로 쉬다, 방학하다 | 一起 yìqǐ 함께, 같이 | 几乎 jīhū 거의 | 机会 jīhuì 기회 | 好玩儿 hǎowánr 재미있다, 놀기가 좋다 | 空 kòng 비어 있는 시간, 틈, 겨를 | 其实 qíshí 사실은, 실제로는 | 早就 zǎojiù 이미, 일찍이, 진작, 벌써

解석 说 중국 사람들은 마작을 자주 한다던데, 정말 그래?
听 확실히 그래. 명절이나 방학 때 친척들이나 친구들을 만나면 같이 마작을 하고 놀아.
说 너도 마작 자주 해?
听 학교에서는 거의 기회가 없어. 방학해서 집에 가야 기회가 생기지.

说 재미있어?
听 당연하지. 언제 시간 있으면 우리 집에 와서 밥도 먹고, 마작도 하고 그러자.
说 정말? 그럼 너무 좋지.
听 잘됐다. 사실 우리 엄마가 진작부터 널 한번 보고 싶다고 하셨거든.

## 谢谢你···
~해주셔서 감사합니다.

초대해주셔서 감사합니다.
**谢谢你** 叫我来做客。

这样关心我 zhèyàng guānxīn wǒ　이렇게 관심을 가져주셔서 감사합니다.
为我担心 wèi wǒ dānxīn　절 걱정해주셔서 감사합니다.
的帮助 de bāngzhù　도와주셔서 감사합니다.

### 표현 Plus+

마작을 가르쳐줄 수 있나요?

能不能教我打麻将?
Néng bu néng jiāo wǒ dǎ májiàng?

중국 사람들은 보통 어떤 선물을 좋아하나요?

中国人一般喜欢什么礼物?
Zhōngguórén yìbān xǐhuan shénme lǐwù?

마음에 드실지 모르겠어요.

不知道你满意不满意。
Bù zhīdao nǐ mǎnyì bu mǎnyì.

이건 한국에서 가져온 화장품입니다.

这是从韩国带过来的化妆品。
Zhè shì cóng Hánguó dàiguòlai de huàzhuāngpǐn.

그냥 작은 성의입니다. 별거 아니에요.

这只是小意思，没什么特别的。
Zhè zhǐshì xiǎoyìsi, méi shénme tèbié de.

고맙다는 인사에 답례하기 〉〉

아니에요. 뭘요.

哪里哪里。　不客气。　谢什么。　哪儿有。　不谢。
Nǎli nǎli.　　Bú kèqi.　　Xiè shénme.　　Nǎr yǒu.　　Bú xiè.

무슨 그런 예의를.

不用谢。　客气什么呀!
Bú yòng xiè.　　Kèqi shénme ya!

이제 어느 정도 적응도 되고, 외롭지 않을 만큼 중국 친구들도 생겼고…. 그러고 보니 중국인들은 '관계'를 시작하거나 발전시켜 나가는 것은 더데도 유지하고 지속하는 것은 확실한 것 같군. 한국인들은 보통 술로 꾸안시를 맺는데, 중국인들은 식사 대접으로 시작을 하네? 워먼 스 펑요우 我们是朋友~ 우리 친구 아이가~

**Step1**

听 他是我的好朋友，叫刘东宁。
Tā shì wǒ de hǎo péngyou, jiào Liú Dōngníng.

说 刘先生，你好! 初次见面!
Liú xiānsheng, nǐ hǎo! Chūcì jiànmiàn!

听 你好，认识你很高兴!
Nǐ hǎo, rènshi nǐ hěn gāoxìng!

说 我也很高兴，我早就希望跟你见面了。
Wǒ yě hěn gāoxìng, wǒ zǎojiù xīwàng gēn nǐ jiànmiàn le.

听 我听说你帮了她不少忙。
Wǒ tīngshuō nǐ bāng le tā bùshǎo máng.

说 哪里。作为朋友，这是应该的。
Nǎli. Zuòwéi péngyou, zhè shì yīnggāi de.

**단어** 朋友 péngyou 친구 | 初次见面 chūcì jiànmiàn 처음 뵙겠습니다 | 认识 rènshi 알다, 인식하다 | 高兴 gāoxìng 즐겁다, 기쁘다 | 希望 xīwàng 희망하다, 바라다 | 作为… zuòwéi ~의 신분(자격)으로

**해석** 听 이쪽은 내 친구 류동닝이라고 해.
说 류선생, 안녕하세요. 처음 뵙겠습니다!

听 안녕하세요, 만나서 반갑습니다!
说 저도 반갑습니다. 진작부터 한번 뵙고 싶었습니다.

听 그녀(제 친구)를 많이 도와주셨다고 들었습니다.
说 별말씀을요. 친구니까 당연한 거죠.

听 喂! 文馨基吗? 接电话方便吗?
Wéi! Wén Xīnjī ma? Jiē diànhuà fāngbiàn ma?

说 方便, 方便! 你讲。
Fāngbiàn, fāngbiàn! Nǐ jiǎng.

听 我经常说的那个在天津的朋友今天来这儿了。
Wǒ jīngcháng shuō de nà ge zài Tiānjīn de péngyou jīntiān lái zhèr le.

说 是吗? 这就是 "有朋自远方来不亦乐乎阿!"①, 对不对?
Shì ma? Zhè jiùshì "Yǒu péng zì yuǎnfāng lái bú yì lè hū ā!", duì bu duì?

听 对! 对! 你进步得很快嘛。
Duì! Duì! Nǐ jìnbù de hěn kuài ma.

说 当然, 有你这样优秀的老师在嘛。
Dāngrán, yǒu nǐ zhèyang yōuxiù de lǎoshī zài ma.

听 哈哈! 今天晚上你有空的话, 我们见个面, 好不好?
Hā hā! Jīntiān wǎnshang nǐ yǒu kòng de huà, wǒmen jiàn ge miàn, hǎo bu hǎo?

说 当然好啊! 你的朋友来了, 再忙也得抽出时间才对。
Dāngrán hǎo a! Nǐ de péngyou lái le, zài máng yě děi chōuchū shíjiān cái duì.

---

단어 方便 fāngbiàn 편리하다, (상황이) 알맞다, 적합하다 | 讲 jiǎng 말하다, 이야기하다, 강의하다 | 进步 jìnbù 진보(하다) | 优秀 yōuxiù 우수하다, 뛰어나다 | 再…也~ zài…yě~ 아무리 …해도 ~하다 | 得 děi ~해야 한다 | 抽出时间 chōuchū shíjiān 시간을 내다, 마련하다

참고 ① '벗이 먼 곳에서 찾아오니 기쁘지 아니한가'라는 뜻으로 《논어》의 한 구절이다.

해석 听 여보세요? 문형기? 전화 받기 괜찮아?
说 응 괜찮아! 말해.
听 왜 내가 늘 말하던 톈진(天津)에 산다던 그 친구가 오늘 왔거든.
说 그래? 그거 말 그대로 '유붕(有朋)이 자원방래(自遠方來)하니 불역락호아(不亦樂乎阿)'네, 안 그래?
听 그렇지, 너 정말 많이 늘었는데.
说 당연하지. 너처럼 훌륭한 선생님이 옆에 있는데.
听 하하! 오늘 저녁 시간 있으면 같이 만났으면 해서, 괜찮겠어?
说 당연하지. 네 친구가 왔는데, 아무리 바빠도 시간을 내야지.

我早就…了。

진작에~

진작부터 한번 뵙고 싶었습니다.
我早就希望跟你见面了。

| 听说 tīngshuō | 진작에 들었습니다. |
| 告诉他 gàosu tā | 진작에 (그에게) 말했어요. |
| 习惯 xíguàn | 진작부터 습관이 되었습니다. |
| 来 lái | 진작에 왔습니다. |

## 표현 Plus+

이렇게 만나게 되어 정말 기쁩니다.

见到你真的很高兴!
Jiàndào nǐ zhēn de hěn gāoxìng!

---

잘 부탁 드립니다.

请多关照。 = 多多关照。
Qǐng duō guānzhào. Duōduo guānzhào.

---

도움이 필요하시면 언제든 연락주세요.

需要什么帮助, 随时联系。
Xūyào shénme bāngzhù, suíshí liánxì.

---

우리 자주 연락해요.

我们保持联系吧。
Wǒmen bǎochí liánxì ba.

---

그 사람에게서 얘기 많이 들었어요.

他经常提起你的。
Tā jīngcháng tíqǐ nǐ de.

---

현지 엿보기

**중국 학생들은 100% 기숙사 생활!**

중국의 대학은 학부생 전원이 기숙사에서 생활하도록 규정하고 있다. 부유한 학생들의 경우라 해도 외부에서 통학 走读 zǒudú을 허락하지 않는다. 기숙사 비용은 보통 1년에 600위엔~1,000여 위엔 정도이다. 한 방을 보통 3~4명이 같이 쓰는데, 많게는 8명~10명까지 함께 방을 쓴다. 화장실은 보통 층마다 공동으로 사용하고, 샤워는 주로 대중 목욕탕을 이용한다. 아마 기숙사 근처에서 목욕 바구니를 들고 젖은 머리를 늘어뜨린 채 다니는 학생들을 쉽게 볼 수 있을 것이다.

## 중국인 친구에게 선물할 때 알아두어야 할 것들

중국인 친구에게 처음으로 초대를 받았다면 빈손으로 가기 보다는
뭔가를 준비해야 할 것 같은데, 뭘 준비해야 할지 난감하다. 한국에
서는 선물용 음료수나 선물세트 등을 많이 사기 때문에 습관적으로
그런 것을 맨 처음 떠올리지만, 수퍼마켓이나 대형마트에서 눈 씻고
찾아봐도 찾을 수가 없다. 중국 사람들은 집에 초대 받았을 때 보통
꽃다발이나 과일을 산다. 만약 포장을 한다면 포장지의 색은 빨간색
계열을 선택하는 것이 좋다.

만일 신혼부부의 집에 초대를 받았다면 과일 중에 '배'는 피하라! 배
를 뜻하는 梨 lí가 이별을 뜻하는 리 离 lí와 발음이 같아서 받는 사람
들이 언짢아 할 수도 있기 때문이다. 역시 커플에게 피해야 할 것은
우산. 중국어 伞 sǎn은 '흩어지다, 분산되다'라는 뜻의 '散 sàn'과 발
음이 같기 때문에 절대 금물! 만일 은사님 댁에 초대 받았다면 '시
계'를 피하라. 시계를 뜻하는 중국어 钟 zhōng 은 '죽는다, 마치다'의
뜻을 지닌 '终 zhōng'과 발음이 같으니 말이다.

경조사 때에 축의금이나 조의금은 어떻게 낼까? 중국은 한국처럼 결혼식을 중시하지는
않지만, 생활 수준이 높아짐에 따라 결혼식뿐만 아니라 피로연까지 화려해지고 있다. 그
런데 중국은 아주 절친한 친구나 친척, 지인들에게만 초대장을 주기 때문에 참석 여부를
결혼식 전에 알려줘야 한다. 또 축의금을 낼 때는 홍빠오 红包 hóng bāo 라는 붉은 봉투에 넣으며, 주머니 사
정에 따라서 다르겠지만 친구의 결혼일 경우 400~1000위엔 정도를 축의금으로 낸다고 한다. 중국 사람들
은 금액보다는 짝수냐 홀수냐에 더 신경을 쓴다. 중국에서는 짝수가 길(吉)하고 홀수가 흉(凶)하다고 생각하
기 때문이다. 그래서 축의금은 짝수로 조의금은 홀수로 내며, 조의금을 낼 때는 흰 봉투를 사용한다.

어휘 **Plus⁺**   '우정'을 표현하는 사자성어

만나면 인사정도만 하는 가벼운 사귐 → 点头(儿)之交 diǎn tóu(r) zhī jiāo

어린 시절부터 같이 자라온 친구, 죽마고우 → 竹马之交 zhú mǎ zhī jiāo

= 幼年之交 yòu nián zhī jiāo = 青梅竹马 qīng méi zhú mǎ

고난을 같이한 벗, 환난지교 → 患难之交 huàn nàn zhī jiāo

아주 친한 친구 사이, 관포지교 → 管鲍之交 Guǎn Bào zhī jiāo

지극히 친한 사이 → 금란지교 金兰之交 jīn lán zhī jiāo

# 민간 외교관이 되어라

## >> 문화 교류

한국인과 대화하는 중국인들이 가장 먼저 꺼내는 최고의 화두는 바로 한국 드라마다. 대체로 한국 드라마에서 시작해 한국 연예인, 한국 음식, 한국 문화로 넘어간다. 우리 문화에 대해 궁금해하는 중국인 친구를 위해 민간 외교관이 되어보는 것은 어떨까?

### 식지 않는 한류 열풍

근 10년 동안 한류 열풍이 사그라질 듯하면서 계속 식지 않고 있다. 덕분에 중국인들이 '북조선'이 아닌 '한국'에 대해 알게 되었고, 한국에 대한 인식도 많이 달라졌다. 일각에서는 '반(反) 한류'를 외치고, 한국 드라마들이 가부장적이고 남성주의적인 드라마라고 비판하기도 하지만, 그래도 일반인들에게 한국 드라마의 인기와 영향력은 여전히 대단하다. 〈대장금〉을 방영할 때는 방영 시간인 8시 이후에는, 한참 사람들이 많이 돌아다닐 시간인데도 베이징 시내의 거리와 상점, 식당 등이 매우 한산했

01 DVD 대여점에 가면 최신 한국 드라마와 영화뿐만 아니라 정말 오래 전의 드라마도 찾아볼 수 있다. 중국인 친구와 함께 드라마를 보면서 서로의 문화에 대해 이해하는 시간을 갖는 것도 좋을 듯. 02, 03 CJ의 뚜레쥬르와 씨젠은 중국의 젊은 이들뿐만 아니라 중장년 층에게도 맛집으로 인기가 높다. 04, 05 한국의 대표 요리는 역시 갈비? 한식 레스토랑들. 06, 07 중국에서 개봉하는 한국 영화도 많이 늘었고, 개봉 시기도 빨라지고 있다. 또 한국의 각종 연예 소식은 거의 실시간으로 인터넷이나 TV에서 소개된다.

다고 한다. 이렇게 한국 드라마의 인기가 높다 보니 비교적 오래된 것부터 현재 방영 중인 것까지 DVD로 안 나오는 작품이 없다.

## 한국 음식의 대중화

드라마의 영향은 여기서 그치지 않는다. 〈대장금〉 방영 이후에 한국 음식에 대한 관심도 같이 급상승했는데, 기름기가 없고 담백한 맛의 한식을 중국인들은 건강식으로 여긴다.

중국인들이 가장 좋아하는 한국 음식은 바로 삼겹살. 그 밖에 돌솥비빔밥이나 순두부 찌개, 소갈비나 해물탕도 인기 있다. 베이징에는 식당뿐만 아니라 한국식 술집에, 노래방까지 모두 있어서 한국인지 중국인지 구분이 안 될 정도이다. 대부분의 한식당에서는 한국어가 통하지만 간혹 한국어를 못하는 중국인 종업원도 있으니, 음식 이름을 중국어로 미리 알아두면 좋다.

## 문화 교류로 친구 사귀기

중국인들은 기본적으로 한국 음식에 대해서 호의적인 편이기 때문에, 만약 사귀고 싶은 친구가 있다면 한국 음식을 대접해보는 것도 좋다. 중국 사람들은 같이 식사를 하면서 마음을 여는 경우가 많기 때문에 함께 음식을 먹고 이야기를 나누면서 쉽게 친해질 수 있다. 그런데, 한국 문화를 체험해보라는 의도로 온돌 바닥에 양반다리 자세로 앉는 식당에 데려가는 건 좀 무리이다. 중국 사람들은 본래 입식생활을 하기 때문에 양반다리 자세를 매우 힘들어하니, 상대방을 배려해 의자에 앉는 식당으로 가는 센스가 필요하다.

의류나 악세사리 등을 파는 상점들은 최신 한국 스타일이라며 광고하고, 불고기 파는 한국 식당마다 중국인들로 넘쳐나고 한국 문화에 대한 관심이 쏟아지고 있는 지금, 나도 한국을 대표하는 민간 외교관이라고! 파오차이 泡菜 김치가 건강에 좋다고 하니, 매워도 맛있게 먹는 중국 친구들. 친구들 왈, 한국인들은 김치를 먹어 피부가 좋다나?

**Step1**

说 **你吃过韩国菜吗?**
Nǐ chīguo Hánguó cài ma?

听 当然吃过。现在到处都有韩国餐馆。
Dāngrán chīguo. Xiànzài dàochù dōu yǒu Hánguó cānguǎn.

说 **韩国的泡菜你吃得惯吗?**
Hánguó de pàocài nǐ chī de guàn ma?

听 一开始的时候有一点吃不惯，但现在我非常喜欢吃。
Yì kāishǐ de shíhou yǒu yìdiǎn chī bu guàn, dàn xiànzài wǒ fēicháng xǐhuan chī.

说 **你最喜欢哪一道菜?**
Nǐ zuì xǐhuan nǎ yí dào cài?

听 我最喜欢烤五花肉。
Wǒ zuì xǐhuan kǎo wǔhuāròu.

**단어** 到处 dàochù 도처, 곳곳 | 吃得惯 chī de guàn 입에 맞다, 입맛에 맞다 ↔ 吃不惯 | 一开始 yìkāishǐ 처음(부터), 시작(부터) | …的时候 …de shíhou ~할 때 | 喜欢 xǐhuan 좋아하다 | 五花肉 wǔhuāròu 삼겹살

**해석** 说 한국 음식 먹어봤어요?
听 당연하죠. 지금은 어디에나 한국 식당이 있답니다.

说 한국 김치가 입에 맞던가요?
听 처음에는 조금 익숙치 않았는데, 지금은 아주 좋아합니다.

说 어떤 음식을 좋아합니까?
听 삼겹살을 제일 좋아해요.

说 韩国菜中，你最喜欢哪一道菜？
Hánguó cài zhōng, nǐ zuì xǐhuan nǎ yí dào cài?

听 我最喜欢吃的是泡菜。
Wǒ zuì xǐhuan chī de shì pàocài.

说 你喜欢的是哪一种泡菜？
Nǐ xǐhuan de shì nǎ yì zhǒng pàocài?

听 我最喜欢萝卜泡菜，不过别的也都很喜欢，
Wǒ zuì xǐhuan luóbo pàocài, búguò biéde yě dōu hěn xǐhuan,

看来泡菜有很多种，是不是？
kànlái pàocài yǒu hěn duō zhǒng, shì bu shì?

说 是的，非常多。有大白菜做的，还有萝卜泡菜、黄瓜泡菜、
Shì de, fēicháng duō. Yǒu dàbáicài zuò de, háiyǒu luóbo pàocài、huángguā pàocài、

小萝卜泡菜等多得不得了。
xiǎoluóbo pàocài děng duō de bùdéliǎo.

听 果然是"泡菜王国"。
Guǒrán shì "Pàocài wángguó".

说 泡菜王国？这话很有意思。泡菜确实是代表韩国的一道菜。
Pàocài wángguó? Zhè huà hěn yǒuyìsi. Pàocài quèshí shì dàibiǎo Hánguó de yí dào cài.

我们吃饭时，不能少泡菜。
Wǒmen chī fàn shí, bù néng shǎo pàocài.

听 怪不得，在韩国餐馆里吃饭的时候，
Guàibude, zài Hánguó cānguǎn li chī fàn de shíhou,

我们点什么都来泡菜。
wǒmen diǎn shénme dōu lái pàocài.

---

단어 看来 kànlái 보기에, 보니까, 보아하니 | 果然 guǒrán 과연 | 有意思 yǒuyìsi 재미있다, 흥미 있다, 그럴듯하다 | 怪不得 guàibude 어쩐지 = 难怪 nánguài

해석 说 한국 음식 중 어떤 음식을 제일 좋아해요?
听 김치를 제일 좋아합니다.
说 어떤 김치를 제일 좋아해요?
听 깍두기를 제일 좋아해요. 하지만 다른 것도 다 좋아해요. 보아하니 김치 종류가 아주 많은 것 같던데요. 그렇죠?
说 네, 아주 다양합니다. 배추김치도 있고, 깍두기, 오이김치, 총각김치 등 아주 많습니다.

听 과연 '김치왕국'이네요.
说 김치왕국이요? 그 말 참 재미있네요. 김치는 분명히 한국을 대표하는 음식입니다. 우린 밥 먹을 때 김치를 빼놓을 수 없습니다.
听 어쩐지, 한국 식당에서 밥을 먹을 때면, 어떤 걸 주문해도 다 김치가 나오더라구요.

你…过~吗?

~해본 적 있어요?

한국 연속극 본 적 있어요?

**你看过韩国连续剧吗?**

| | | |
|---|---|---|
| 学 xué | 韩语 Hànyǔ | 한국어를 배운 적 있어요? |
| 去 qù | 韩国 Hánguó | 한국에 가본 적 있어요? |
| 听 tīng | 韩国音乐 Hánguó yīnyuè | 한국 음악을 들어본 적 있어요? |
| 吃 chī | 韩国菜 Hánguó cài | 한국 음식을 먹어본 적 있어요? |

## 표현 Plus⁺

한국인들은 반드시 어른이 먼저 식사를 합니다.

韩国人吃饭时必须长辈先动筷子。
Hánguórén chī fàn shí　bìxū　zhǎngbèi xiān dòng kuàizi.

한국 사람들은 식사할 때 보통 음료가 아니라 물을 마십니다.

韩国人吃饭时，一般喝水不喝饮料。
Hánguórén chī fàn shí,　yìbān　hē shuǐ bù hē yǐnliào.

한국 사람들은 술을 마실 때 첨잔을 하지 않습니다.

韩国人喝酒时，杯子里有酒的话，
Hánguórén hē jiǔ shí,　bēizi　li yǒu jiǔ de huà,

不添酒。
bù tiān jiǔ.

한국 사람들은 보통 차가운 맥주를 마십니다. 미지근한 맥주를 좋아하지 않아요.

韩国人一般喝冰的啤酒，
Hánguórén　yìbān　hē bīng de　píjiǔ,

不爱喝常温的啤酒。
bú　ài hē chángwēn de　píjiǔ.

**노래 많은 한국식 노래방이 인기짱!**

한국인들이 밀집지역인 왕징 望京이나 우따오커우 五道口에는 한국식 노래방 韩式练歌房 Hánshì liàn'gēfáng이 많다. 중국 노래는 물론이고 최신 한국 노래까지 부를 수 있는데, 곡 수가 중국 노래방에 비해 월등히 많아서 인기가 좋다. 중국사람들은 노래방을 卡拉 OK kǎlā OK, KTV 등의 외래어로 부른다.

예로부터 동방예의지국으로 칭송받았던 우리나라 한국. 기본 예의는 지킬 줄 아는 사람들이 한국인 아니겠어? 그런 데 중국인들에게는 한국의 예절이 어려워보이나 봐. 예의도 다 자연스럽게 몸과 마음에서 우러나와야 하는 거라구.

听 你们韩国在礼节方面很讲究，是不是?
Nǐmen Hánguó zài lǐjié fāngmiàn hěn jiǎngjiu, shì bu shì?

说 是的，我们非常重视。
Shìde, wǒmen fēicháng zhòngshì.

听 听说韩国很重视结婚典礼，是吗?
Tīngshuō Hánguó hěn zhòngshì jiéhūn diǎnlǐ, shì ma?

说 是，我们大都是先举行婚礼，然后办结婚登记。
shì, wǒmen dàdōu shì xiān jǔxíng hūnlǐ, ránhòu bàn jiéhūn dēngjì.

说 韩国过生日一般喝海带汤，你们呢?
Hánguó guò shēngrì yìbān hē hǎidàitāng, nǐmen ne?

听 我们一般吃面条，
Wǒmen yìbān chī miàntiáo,

我们把这种面条叫做"长寿面"。
wǒmen bǎ zhè zhǒng miàntiáo jiào zuò "chángshòu miàn".

**단어** 礼节 lǐjié 예절 | 讲究 jiǎngjiu 중히 여기다, 따지다, 신경을 쓰다, 주의하다 | 重视 zhòngshì 중시(하다), 중요시(하다) | 结婚典礼 jiéhūn diǎnlǐ 결혼식 = 婚礼 | 大都 dàdōu 대부분, 대체로 | 举行 jǔxíng 거행하다, 개최하다 | (办)结婚登记 (bàn)jiéhūn dēngjì 혼인 신고(하다) | 面条 miàntiáo 국수

**해석** 听 한국은 예절을 매우 중시합니다, 그렇죠?
说 네, 매우 중시합니다.

听 한국은 결혼식을 매우 중요하게 여긴다는데, 그런가요?
说 네, 우리는 보통 먼저 결혼식을 올리고 혼인신고를 합니다.

说 한국에서는 생일이면 미역국을 먹는데, 중국은 어때요?
听 우리는 보통 국수를 먹는데, 이런 국수를 '장수면'이라 부릅니다.

听 韩国也有春节吗?

Hánguó yě yǒu Chūnjié ma?

说 有，我们也过。

Yǒu, wǒmen yě guò.

听 你们的春节也跟我们的一样热闹吗?

Nǐmen de Chūnjié yě gēn wǒmen de yíyàng rènào ma?

说 对，我们也很热闹! 放三天假，全家都聚在一起吃好吃的菜，

Duì, wǒmen yě hěn rènào! Fàng sān tiān jià, quánjiā dōu jùzài yìqǐ chī hǎochī de cài,

还探亲访友呢。

hái tànqīn fǎngyǒu ne.

听 是吗? 跟我们很相似。过年的时候你们吃什么样的特色菜?

Shì ma? Gēn wǒmen hěn xiāngsì. Guònián de shíhou nǐmen chī shénmeyàng de tèsè cài?

说 我们吃年糕汤，有的家庭包饺子吃。

Wǒmen chī niángāo tāng, yǒude jiātíng bāo jiǎozi chī.

听 你们还有什么节日?

Nǐmen háiyǒu shénme jiérì?

说 我们的传统节日还有正月十五、寒食节、端午节和中秋节，

Wǒmen de chuántǒng jiérì háiyǒu Zhèng yuè shíwǔ、 Hánshíjié、 Duānwǔjié hé Zhōngqiūjié,

这四个节日加上春节被称为"五大节日"。

zhè sì ge jiérì jiāshang Chūnjié bèi chēng wéi "Wǔ dà jiérì".

其中春节和中秋节最受重视。

Qízhōng Chūnjié hé Zhōngqiūjié zuì shòu zhòngshì.

---

**단어** 热闹 rènào 번화하다, 왁자지껄하다, 떠들썩하게 놀다 | 全家 quánjiā 전 가족, 온 집안 | 聚 jù 모이다 | 探亲访友 tànqīn fǎngyǒu 친척과 친구들을 방문하다 | 相似 xiāngsì 닮다, 비슷하다 | 过年 guònián 설을 쇠다, 새해를 맞다 | 有的 yǒude 어떤 (것) | 包饺子 bāo jiǎozi 만두를 빚다 | 节日 jiérì 경축일, 기념일, 명절

**해석** 听 한국에도 '춘제'가 있나요?
说 네, 우리도 설을 쉽니다.
听 한국의 춘제도 우리처럼 이렇게 떠들썩한가요?
说 네, 우리도 설이면 매우 벅적벅적합니다. 3일의 휴가가 주어지는데, 온 가족이 모여서 함께 맛있는 것을 먹고, 친척이나 친구의 집을 방문합니다.
听 그래요? 우리와 비슷하네요. 설에는 어떤 음식들을 먹나요?

说 우리는 떡국을 먹는데, 어떤 집에서는 만두를 빚기도 하죠.
听 또 어떤 명절이 있나요?
说 한국의 전통 명절로는 정월 대보름, 한식, 단오, 추석 등이 있는데, 여기에 설을 합해 '5대 전통 명절'이라고 합니다. 그리고, 그중 설과 추석을 가장 중시합니다.

听(…)
说…

듣자하니

듣자하니, 한국은 결혼식을 매우 중요하게 여긴다는데, 그런가요?

**听说** 韩国很重视结婚典礼，是吗?

物价又要涨了。　　　　　　　　듣자하니, 물가가 또 오른다면서요?
wùjià yòu yào zhǎng le.

**听**小李说你没买到火车票。　샤오리의 말을 듣자하니, 기차표를 못 샀다구요?
Tīng Xiǎolǐ shuō, nǐ méi mǎi dào huǒchē piào.

**听**天气预报说，明天会很冷。　일기예보에서 그러는데, 내일 아주 추울 거에요.
Tīngtiānqì yùbào shuō, míngtiān huì hěn lěng.

---

**표현 Plus⁺**

---

한국 사람들은 늦게 자는 편입니다.　　　　韩国人睡觉睡得比较晚。
　　　　　　　　　　　　　　　　　　　Hánguórén shuìjiào shuì de  bǐjiào wǎn.

- - -

한국어는 존댓말이 매우 발달되어 있습니다.　韩语的敬语非常发达。
　　　　　　　　　　　　　　　　　　　Hányǔ  de  jìngyǔ  fēicháng  fādá.

- - -

한국에는 중국어를 배우는 사람들이 아주 많습니다.　在韩国有很多人学汉语。
　　　　　　　　　　　　　　　　　　　Zài Hánguó yǒu hěn duō rén xué Hànyǔ.

- - -

한국 사람들은 축구를 특히 좋아합니다.　　韩国人特别喜欢足球。
　　　　　　　　　　　　　　　　　　　Hánguórén  tèbié  xǐhuan  zúqiú.

- - -

한국에 대해 참 많이 아시네요.　　　　　你对韩国了解得真多啊。
　　　　　　　　　　　　　　　　　　　Nǐ  duì  Hánguó  liǎojiě  de zhēn duō a.

---

현지 엿보기

**한국은 미역국, 중국은 길게~ 살아라, 장수면!!**

생일에는 국수의 긴 면발처럼 오래살라는 의미로 중국사람들은 국수의 한 종류인 장수면 长寿面을 먹는다. 또 처음 만나는 사람과의 식사에서 마지막 주식으로 자주 국수를 먹는다. 역시 오래 관계를 유지하자는 의미가 담긴 것이다. 배가 부르더라도 반드시 한 젓가락은 먹는 것이 예의다.

상당수의 중국인들이 평소에 즐겨 보는 드라마나 영화 속의 모습 때문에 한국인들을 오해하는 일이 많지. 한국인들은 다 미남, 미녀들이라고? 그래, 나도 춤 좀 되고 노래만 되면 한류의 주역이 될 수도 있었을 것을, 흐윽! OTL

**Step1**

说 **你看过的韩剧当中，最有意思的是哪一部？**
Nǐ kànguo de Hánjù dāngzhōng, zuì yǒuyìsi de shì nǎ yí bù?

听 我觉得"冬日恋歌"最好看。
Wǒ juéde "Dōng rì liàn gē" zuì hǎokàn.

说 **你喜欢听韩国音乐吗？**
Nǐ xǐhuan tīng Hánguó yīnyuè ma?

听 是的，我经常听电台播出的韩国流行歌曲。
Shìde, wǒ jīngcháng tīng diàntái bōchū de Hánguó liúxíng gēqǔ.

说 **你会说韩语吗？**
Nǐ huì shuō Hányǔ ma?

听 嗯，我以前跟朋友学过一点，只会说几句话。
Èng, wǒ yǐqián gēn péngyou xuéguo yìdiǎn, zhǐ huì shuō jǐ jù huà.

**단어** 韩剧 Hánjù 한국 드라마 | 好看 hǎokàn 아름답다, 근사하다, 흥미진진하다, 재미있다 | 电台 diàntái 라디오 방송국 | 播 bō 전파하다 | 只 zhǐ 그저, 오로지, 겨우

**해석** 说 한국 드라마 중 제일 재미있는 것은 어느 것인가요?
听 저는 '겨울연가'가 가장 재미있었던 것 같아요.

说 한국 음악을 즐겨 듣습니까?
听 네, 저는 항상 라디오에서 들려주는 한국 가요를 듣습니다.

说 한국어 할 줄 아십니까?
听 예전에 친구에게 좀 배워서 몇 마디 할 줄 아는 정도예요.

听 我最近看了"大长今"，很有意思。
Wǒ zuìjìn kàn le "Dàchángjīn", hěn yǒuyìsi.

说 那部连续剧在韩国播放的时候也很受欢迎的。
Nà bù liánxùjù zài Hánguó bōfàng de shíhou yě hěn shòu huānyíng de.

听 女主人公李英爱很漂亮。在韩国也很有名吗？
Nǚ zhǔréngōng Lǐ Yīng'ài hěn piàoliang. Zài Hánguó yě hěn yǒumíng ma?

说 是的，非常有名。
Shì de, fēicháng yǒumíng.

听 我还看了"澡堂老板家的男人们"，非常有意思。
Wǒ hái kàn le "Zǎotáng lǎobǎn jiā de nánrénmen", fēicháng yǒuyìsi.

说 那部在韩国也是很受欢迎的，你还看了些什么呢？
Nà bù zài Hánguó yě shì hěn shòu huānyíng de, nǐ hái kàn le xiē shénme ne?

听 很多呢。还看了"看了又看"、"浪漫满屋"、
Hěn duō ne. Hái kàn le "Kàn le yòu kàn"、 "Làngmàn mǎn wū"、

"我叫金三顺"……
"Wǒ jiào Jīn Sānshùn"…

说 你确实是看了不少。
Nǐ quèshí shì kàn le bù shǎo.

---

단어 播放 bōfàng 방송하다, 방영하다, 상영하다 ㅣ 漂亮 piàoliang 예쁘다 ㅣ 有名 yǒumíng 유명하다 ㅣ 澡堂 zǎotáng 목욕탕 ㅣ 受欢迎 shòu huānyíng 환영을 받다, 인기가 있다

해석 听 최근에 '대장금'을 보았는데, 정말 재미있었어요.
说 그 드라마는 한국에서도 아주 인기 있었던 드라마예요.
听 여주인공인 이영애라는 배우가 참 예쁘더군요. 한국에서도 유명한가요?
说 네, 아주 유명합니다.
听 또 '목욕탕집 남자들'도 아주 재미있게 봤어요.
说 그 드라마도 한국에서 아주 인기 있었답니다. 또 어떤 걸 봤나요?
听 많아요. '보고 또 보고', '풀 하우스', '내 이름은 김삼순' …….
说 정말 많이 봤네요.

중국에서 인기 있는 한국 연예인은 누구인가요?　在中国哪个韩国明星最受欢迎？
Zài Zhōngguó nǎ ge Hánguó míngxīng zuì shòu huānyíng?

저는 원빈 팬이에요.　我是元斌的影迷。
Wǒ shì Yuán Bīn de yǐngmí.

당신 정말 이영애를 닮았어요.　你长得真像李英爱。
Nǐ zhǎng de zhēn xiàng Lǐ Yīng'ài.

그녀는 연기를 잘해요.　她演技很好。
Tā yǎnjì hěn hǎo.

**말다툼할 때 표현 》**

그러게 내가 뭐랬어.　我说什么来着。
Wǒ shuō shénme láizhe.

내 너 이럴 줄 알았다니까.　我早就知道你会这样。
Wǒ zǎojiù zhīdao nǐ huì zhèyang.

난 또 뭐라구.　我还以为什么呢。
Wǒ hái yǐwéi shénme ne.

말 같지도 않네.　不像话。
Búxiàng huà

관두자, 관둬!　算了！别说了！
Suàn le! Bié shuō le!

말 돌리지 말고 그냥 말해.　有话直说吧。
Yǒu huà zhí shuō ba.

잘 먹고, 잘 살아라.　过你的小日子去吧。
Guò nǐ de xiǎorìzi qù ba.

미안하다면 다야?　说一声"对不起"就可以吗？
Shuō yì shēng "duìbuqǐ" jiù kěyǐ ma?

지금 잘했다는 거야?　你想说你做得对吗？
Nǐ xiǎng shuō nǐ zuò de duì ma?

## 중국의 송편, 위에빙 月饼

한국에서는 추석 때 송편을 먹지만 중국에서는 위에빙 月饼을 먹는다. 위에빙은 가정의 평안함을 상징하기 때문에 쯍치우지에 中秋节 추석에 절대로 빠질 수 없는 중요한 음식이다. 위에빙은 고대 왕조인 은(殷), 주(周) 시기부터 있었던 것으로 전해지는데, 고대 황제들이 달의 신에게 제사를 올리던 제사 음식의 하나였다. 이것이 당대(唐代)부터 여러가지 소들을 안에 넣은 다양한 형태를 띠기 시작했는데, 이때 위에빙 전문점도 따로 있었다고 한다.

위에빙은 맛과 속재료, 모양이 지역에 따라 다른데, 베이징 京, 톈진 津, 광둥 广, 쑤저우 苏, 차오저우 潮 지역의 위에빙이 중국 최고의 '5대 위에빙'으로 꼽힌다. 위에빙의 소로는 팥, 설탕, 참깨 등이 들어간다. 위에빙은 소뿐만 아니라 겉 껍질에 따라서 장을 넣은 피, 설탕을 넣은 피, 바삭한 피 등 3종류로 나뉘는데, 위에빙의 겉색은 다 비슷해보일지 몰라도 겉껍질의 재료에 따라 맛은 판이하게 다르다. 베이징과 톈진식은 담백한 맛이 특징이며, 광둥식은 기름기가 적으면서 단맛을 내고, 쑤저우식은 적당한 기름기와 단 맛을 가지고 있어 맛이 진하고 부드러우면서도 바삭하다. 한편 차오저우식 위에빙은 납작하면서 껍질이 희며, 설탕으로 소를 만든다. 최근에는 무설탕 위에빙, 아이스크림 위에빙, 과일 위에빙 등 새로운 위에빙들이 속속 등장하고 있다.

시장에 가면 널린 게 위에빙! 맛있는 위에빙은 어떻게 고를까? 크기가 균일하고 알차게 보이는 것이 좋으며, 신선한 위에빙은 위에빙 특유의 맛 좋은 냄새를 풍긴다. 또 그 맛이 담백하고 먹어보면 바삭바삭하면서도 부드럽고 입자가 곱다. 위에빙을 더 맛있게 즐기려면 차에도 특별히 신경을 써야 한다. 위에빙을 먹을 때 맑은 차를 마시면 지방을 분해하고 소화에 도움을 주며, 천천히 씹어 삼킬 때 맛을 더욱 음미할 수 있도록 해준다. 일반적으로 짭짤한 맛의 위에빙을 먹을 때는 우롱차 乌龙茶를 곁들이는 것이 좋고, 단맛의 위에빙을 먹을 때는 화차 花茶를 마시는 것이 좋다.

1위엔 짜리부터 몇 백위엔 짜리까지 가격이 다양한데 중추절 며칠 전부터 예약 판매를 하기도 한다. 요즘엔 과대한 포장으로 값만 비싸져서 본래의 의미를 잃어가고 있다는 목소리도 나오고 있다.

### 어휘 Plus⁺  한국 요리의 중국어 명칭

| | | |
|---|---|---|
| 된장찌개 大酱汤 dàjiàngtāng | 돌솥 비빔밥 石锅拌饭 shíguō bànfàn | 부침개 饼 bǐng |
| 김치찌개 泡菜汤 pàocàitāng | 삼겹살 烤五花肉 kǎo wǔhuāròu | 떡볶이 炒年糕 chǎoniángāo |
| 순두부 찌개 嫩豆腐汤 nèndòufutāng | 족발 猪蹄 zhūtì | 순대 炒米肠 chǎomíchǎng |
| 삼계탕 参鸡汤 shēn jītāng | 불고기 烤肉 kǎoròu | 오뎅 鱼丸 yúwǎn |
| 설렁탕 牛肉汤 kǎoròu / 雪浓汤 xuénóngtāng | 갈비 烤牛排 kǎoniúpái | 튀김 煎炸类 jiānzhálèi |
| 갈비탕 排骨汤 páigǔtāng | 물냉면 水冷面 shuǐlěngmiàn | 붕어빵 鱼形面包 yúxíngmiànbāo |
| 김치 泡菜 pàocài | 비빔냉면 拌冷面 bànlěngmiàn | 계란빵 鸡蛋面包 jīdànmiànbāo |
| 잡채 杂烩 záhuì / 什锦菜 shíjǐncài | 해물탕 海鲜汤 hǎixiāntāng | 호떡 糖饼 tángbǐng |
| 비빔밥 拌飯 bànfàn | 닭갈비 烤鸡排 kǎojīpái | 닭꼬치 鸡肉串 jīròuchuān |
| | 김밥 紫菜包饭 zǐcài bāofàn | |

**드라마 戏剧片 xìjùpiàn**

각설탕 方糖 Fāngtáng

번지점프를 하다 爱的蹦极跳 Àide bēngjítiào

사이보그지만 괜찮아 机器人也无所谓 Jīqìrén yě wúsuǒwèi

오아시스 绿洲 Lǜzhōu

JSA공동경비구역 JSA安全地带 JSAānquándìdài

타짜 老千 Lǎoqiān

우리 생애 최고의 순간 我人生中最精彩的瞬间 Wǒmen rénshēng zhōng zuì jīngcǎi de shùnjiān

봄, 여름, 가을 겨울 그리고 봄 春夏秋冬又一春 Chūn xià qiū dōng yòu yī chūn

박하사탕 薄荷糖 Bòhétáng

태극기 휘날리며 太极旗飘扬 Tàijíqí piāoyáng

식객 食神争霸 Shíshénzhēngbà

왕의 남자 王的男人 Wáng de nánrén

집으로 外婆的家 Wàipóde jiā

파이란 白兰 Báilán

**로맨스/멜로 浪漫片 làngmànpiàn / 爱情片 àiqíngpiàn**

댄서의 순정 舞者的纯情 Wǔzhěde chúnqíng

봄날은 간다 春逝 Chūnshì

시월애 触不到的恋人 Chùbudào de liànrén

청춘만화 青春漫画 Qīngchūnmànhuà

내 머릿속의 지우개 我脑海中的橡皮擦 Wǒ nǎohǎi zhōng de xiàngpícā

미술관 옆 동물원 美术馆旁的动物园 Měishùguǎn páng de dòngwùyuán

연애소설 向左爱，向右爱(恋爱小说) Xiàng zuǒ ài, xiàng yòu ài(liànài xiǎoshuō)

스캔들 丑闻_朝鲜男女相悦之事 Chǒuwén_Cháoxiān nánnǚ xiāngyuè zhī shì

클래식 不可不信缘(假如爱有天意) Bù kě bú xìn yuán(Jiǎrú ài yǒu tiānyì)

바람 피기 좋은 날 外遇的好日子 Wàiyùde hǎo rìzi

6년째 연애 중 第六年恋爱中 Dì liùnián liàn'ài zhōng

8월의 크리스마스 八月照相馆 Bāyuè zhàoxiàngguǎn

**코미디 喜剧片 xìjùpiàn**

마파도 麻婆岛 Mápódǎo

반칙왕 犯规王 Fànguīwáng

선생 김봉두 老师金奉斗 Lǎoshī Jīn Fēngdòu

동갑내기 과외 하기 我的野蛮女老师 Wǒ de yěmán nǚlǎoshī

미녀는 괴로워 丑女大翻身 Chǒunǚ dà fānshēn

복면 달호 蒙面达浩 Méngmiàn Dáhào

엽기적인 그녀 我的野蛮女友 Wǒ de yěmán nǚyǒu

일번가의 기적 一番街的奇迹 Yìfānjiēde qíjì

**액션 动作片 dòngzuòpiàn**

비열한 거리 卑劣的街头 Bēiliède jiētóu

숙명 宿命 Sùmìng

실미도 实尾岛 Shíwěidǎo

친구 朋友 Péngyou

태풍 台风 Táifēng

말죽거리 잔혹사 马粥街残酷史 Mǎzhōujiē cánkùshǐ

쉬리 生死谍变 Shēngsǐ diébiàn

조폭마누라 我的老婆是大佬 Wǒ de lǎopó shì dàlǎo

초록물고기 绿鱼(生死边缘) Lǜyú(Shēngsǐbiānyuán)

킬러들의 수다 杀手公司 Shāshǒu gōngsī

**스릴러 / 서스펜스 / 공포 悬疑片 xuányípiàn / 惊险片 jīngyànpiàn / 恐怖片 kǒngbùpiàn**

친절한 금자씨 亲切的金子 Qīnqiè de Jīnzi

살인의 추억 杀人的回忆 Shārén de huíyì

추격자 追击者 Zhuījīzhě

괴물 怪物 Guàiwù

올드 보이 老男孩 Lǎo nánhái

그 놈 목소리 那家伙的声音 Nà jiāhuǒ de shēngyīn

# 중국어, '초급' 딱지를 떼라

# 08  학교에 가서
# 체계적으로 공부하라

## >> 중국 유학

중국으로 갈 때 밟아야 하는 절차는 전혀 복잡하지 않다. 비자는 중국대사관에서 개인 신청을 받지 않기 때문에 어학연수라면 유학원에, 여행이라면 여행사에 의뢰해야 한다. 중국 유학에 대해 간략하게 살펴보자.

### 대학교 외사처 방문하기

한국에서 준비할 경우에는 모든 준비를 유학원을 통해 할 수 있으므로 크게 어려울 것은 없다. 만일 중국으로 여행을 갔다가 어학연수나 유학을 하기로 마음먹었다면 먼저 원하는 학교를 방문해보자. 학교마다 유학생 업무를 전담하는 외사처 外事處가 있어서 유학 수속 절차와 필요한 서류 등을 안내해준다. 입학 신청서는 영어나 중국어로 기입하는데, 중국어를 잘 못하는 학생들에게는 학교 측에서 대신 써주거

01 지난 10년간 중국 대학 순위에서 1위를 지켜 낸 칭화대학교 전경. 베이징대학교와 더불어 세계적인 교육 수준을 자랑한다. 02 빈 강의실에서 공부하는 학생들 03 유학생 식당. 내부가 상당히 화려하고 깨끗하다. 04 대학 도서관에서 중국 대학생들의 뜨거운 학구열을 느껴보는 것도 좋은 경험이 될 것이다. 05 베이징대학교의 아름다운 교정 06 베이징 어언문화대학교의 유학생 서비스센터 안내 07 베이징대학교 풍경. 따뜻하지 않은 날씨인데도, 호숫가에 앉아 책을 읽는 학생 08 대학 입학 신청서. 기록해야 할 사항들이 많지만 어렵다면 외사처 직원에게 물어보자. 친절하게 가르쳐줄 것이다.

178

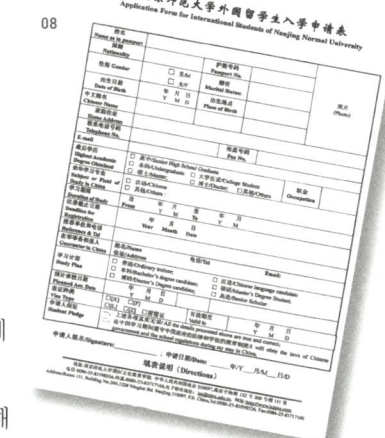

나 천천히 설명해주므로 걱정할 필요 없다. 신청서에는 신상 명세부터 희망 학과, 학습 계획까지 상세히 기록해야 한다. 학교마다 외국 학생을 유치하기 위해서 영어는 기본이고, 한글 사이트를 개발해놓은 학교들도 많으므로, 인터넷으로 검색하면 연락처 등 필요한 정보를 얻을 수 있다.

### 중국 대학의 다양한 과정들

언어연수생 语言生은 고등학교 졸업 이상의 학력을 가진 18세이상 60세 미만의 사람은 누구든지 신청할 수 있고, 주로 읽기 阅读, 말하기 口语, 듣기 听力, 쓰기 写作 등의 언어 수업 외에 중국 개황과 문화, 중국 역사 관련 수업과 함께 태극권 太极拳, 서예 书法 등의 문화 활동 및 다양한 여행 프로그램도 운영한다. 보통진수생 普通进修生은 일종의 청강생인데, 대학 2학년 이상의 학력을 가진 사람이 신청할 수 있으며, 중국 대학에서 전공 수업을 청강할 수 있다. 고급진수생 高级进修生은 석사 학위 소지자나 박사 과정에 재학 중인 외국인이 중국 대학에서 진행하는 연구 프로젝트에 참여하거나 중국 박사 과정 시험을 준비하는 청강 과정이다.

진수 과정은 '청강' 개념으로, 정식 학위 과정이 아니다. 정식 학위 과정으로는 학부생 本科生, 석사 과정 硕士研究生, 박사 과정 博士研究生이 있다. 학부는 4년제이고, 고등학교 졸업 이상의 학력이면 신청 가능하다. 석사 과정은 3년제이고, 논문이 통과되어야 학위가 나온다. 중국의 박사 과정도 석사 과정과 마찬가지로 3년이고, 역시 논문이 통과되어야 학위를 받을 수 있다. 석박사 과정은 서류전형과 필기시험, 면접시험을 거쳐서 선발한다.

교내 커피숍　　　　　교련 수업을 받는 학생들　　　　　학교를 소개하는 홈페이지

중국에 살다 보면 아무래도 말하는 건 빨리 늘지만, 체계적인 공부 없이는 한계에 부딪히기 마련이다. 완성된 문장이 아닌 끊어지는 단어만 늘어놓는 이 실력, 말만 할 줄 아는 문맹이 아니고 무엇이겠는가? 중국어 실력을 업그레이드시키는 데 학교 어학연수만큼 좋은 것이 없을 터… 빠오밍 报名! 등록하려구요!

**Step1**

说 **我想报名。**
Wǒ xiǎng bàomíng.

听 你是语言进修生，本科生，还是研究生？
Nǐ shì yǔyán jìnxiūshēng, běnkēshēng, háishi yánjiūshēng?

听 你以前学过 汉语吗？
Nǐ yǐqián xuéguo Hànyǔ ma?

说 **在韩国学过两个月汉语。**
Zài Hánguó xuéguo liǎng ge yuè Hànyǔ.

说 **一个班有多少个学生？**
Yí ge bān yǒu duōshao ge xuésheng?

听 大概二十个左右。
Dàgài èrshí ge zuǒyòu.

단어 报名 bàomíng 신청하다, 이름을 올리다, 등록하다 | 进修 jìnxiū 연수하다 | 以前 yǐqián 이전 | …过 guo ~한 적이 있다

참고 ① 동사 뒤에 놓여 과거의 경험을 나타낸다.

해석 说 등록하러 왔어요.
　　听 어학 연수예요, 본과예요, 석박사예요?

　　听 전에 중국어를 배운 적이 있나요?
　　说 한국에서 두 달 배웠어요.

　　说 한 반에 학생이 몇 명이에요?
　　听 약 20명가량 됩니다.

说 请问，留学生报名处在哪儿？
Qǐng wèn, liúxuéshēng bàomíngchù zài nǎr?

听 我也正要去留学生部，我带你去吧。
Wǒ yě zhèngyào qù liúxuéshēngbù, wǒ dài nǐ qù ba.

说 那太好了！谢谢！
Nà tài hǎo le! Xièxie!

听 你第一次来中国吗？来了多久？
Nǐ dì yī cì lái Zhōngguó ma? Lái le duōjiǔ?

说 以前来旅游过一次，这次来了才三天。
Yǐqián lái lǚyóuguo yí cì, zhè cì lái le cái sān tiān.

听 但你汉语讲得很不错。
Dàn nǐ Hànyǔ jiǎng de hěn búcuò.

说 我在韩国学过一阵子，那时候就打算来中国学习。
Wǒ zài Hánguó xuéguo yízhènzi, nà shíhou jiù dǎsuàn lái Zhōngguó xuéxí.

听 对！学语言，环境很重要。你在这儿待一段时间，
Duì! Xué yǔyán, huánjìng hěn zhòngyào. Nǐ zài zhèr dāi yíduàn shíjiān,

汉语肯定会提高很多。
Hànyǔ kěndìng huì tígāo hěn duō.

단어 带 dài (몸에) 지니다, 휴대하다, 인솔하다, 이끌다 | 第一次 dì yī cì 첫번째, 최초, 맨 처음 | 旅游 lǚyóu 여행(하다), 관광(하다) | 不错 búcuò 알맞다, 괜찮다, 좋다 | 一阵子 yízhènzi 한동안(동작이나 상황이 계속되는 시간) = 一段时间 | 打算 dǎsuàn ~하려고 하다, ~할 작정이다 | 环境 huánjìng 환경 | 重要 zhòngyào 중요하다 | 肯定 kěndìng 확실히, 틀림없이, 반드시, 꼭 | 提高 tígāo 제고하다, 향상시키다, 높이다

해석 说 말씀 좀 묻겠습니다. 유학생 등록처가 어디예요?
听 저도 지금 유학생부로 가는데, 제가 안내할게요.
说 와, 잘됐다! 감사합니다.
听 중국에 처음이세요? 온 지 얼마나 됐어요?
说 이전에 한 번 여행 온 적이 있어요. 그리고 이번에는 겨우 3일 되었어요.
听 그런데, 중국어 잘하네요.
说 한국에서 잠시 배웠는데, 그때 중국에 와서 공부해야겠다고 마음먹었죠.
听 맞아요. 언어 학습은 환경이 중요해요. 여기서 좀 더 시간을 보내면 중국어 실력이 분명히 많이 향상될 거예요.

패턴 drill 35

<table>
<tr>
<td>

**大概…**

대략 ~입니다.

</td>
<td>

**약** 20명가량 **됩니다.**

**大概**二十个左右。

二十几个 èrshí jǐ ge      약 20여 명입니다.

二十来个 èrshí lái ge      약 20명 정도입니다.

</td>
</tr>
</table>

## 표현 Plus +

교재는 무엇인가요?

教材是什么?
Jiàocái shì shénme?

---

등록은 언제까지인가요?

报名到什么时候截止?
Bàomíng dào shénme shíhou jiézhǐ?

---

지금 L비자인데요, X비자로 바꿀 수 있죠?

我现在拿的是旅游签证,
Wǒ xiànzài ná de shì lǚyóu qiānzhèng,

可以改成学习签证吧。
kěyǐ gǎichéng xuéxí qiānzhèng ba.

---

먼저 청강해보고 반을 결정해도 될까요?

我可以先试听然后选择合适的班吗?
Wǒ kěyǐ xiān shìtīng ránhòu xuǎnzé héshì de bān ma?

---

지금 반이 저한테 안 맞는 것 같은데,
바꿔도 될까요?

我觉得现在的班有点不合适,
Wǒ juéde xiànzài de bān yǒudiǎn bù héshì,

可以换一个班吗?
kěyǐ huàn yí ge bān ma?

---

현지 엿보기

**중국의 학제는?**

중국의 학제는 한국과 마찬가지로 초등학교 小学 xiǎoxué 6년, 중학교 初中学
chūzhōngxué 3년, 고등학교 高中学 gāozhōngxué 3년 그리고 고등교육기관 高等学
校 인 대학이나 대학원이 있는데, 정규 4년제 대학 외에 2~4년제의 전문대학 专科
zhuānkē와 단과로만 구성되어 있는 단과대학 学院 xuéyuàn 도 있다.

정확한 발음과 쉬운 어휘들로 설명하는 선생님 말씀이 귀에 쏙쏙 들어오기는 하지만 조금만 어려운 내용이 나오면 여전히 오리무중~ 모르는 건 바로바로 물어봐야지! 라오스 老师~ 선생님~!

**听** 我说话你们能听清楚吗?
Wǒ shuō huà nǐmen néng tīngqīngchu ma?

**说** 这后面听不清楚，请您大声一点。
Zhè hòumian tīng bu qīngchu, qǐng nín dàshēng yìdiǎn.

**说** 老师，休息一会儿吧。
Lǎoshī, xiūxi yíhuìr ba.

**听** 好的，我们休息十分钟再上。
Hǎo de, wǒmen xiūxi shí fēnzhōng zài shàng.

**听** 我现在布置作业。用今天学的生词，各造五个句子。
Wǒ xiànzài bùzhì zuòyè. Yòng jīntiān xué de shēngcí, gè zào wǔ ge jùzi.

**说** 太多了，能不能少一点作业?
Tài duō le, néng bu néng shǎo yìdiǎn zuòyè?

Step1

**단어** 清楚 qīngchu 분명하다, 뚜렷하다 | 老师 lǎoshī 선생님 | 休息 xiūxi 쉬다 | 布置 bùzhì 설치(하다), 안배(하다), 할당(하다) | 作业 zuòyè 숙제 | 用 yòng 쓰다, 사용하다 | 各 gè 각각 | 造 zào 짓다, 만들다 | 句子 jùzi 문장

**해석** 听 제 말 잘 들려요?
说 여기 뒤에는 잘 안 들려요, 크게 좀 말씀해주세요.

说 선생님, 쉬었다 해요.
听 좋아요, 우리 10분 쉬었다 다시 수업해요.

听 숙제 내줄게요. 오늘 배운 새 단어를 이용해서 각각 5문장씩 작문해오세요.
说 너무 많아요. 숙제 좀 줄여주시면 안 돼요?

Step 2

听 同学们，请把作业交上来。
Tóngxuémen, qǐng bǎ zuòyè jiāo shànglai.

说 老师，我做好了，但是忘记带作业本了。
Lǎoshī, wǒ zuòhǎo le, dànshì wàngjì dài zuòyèběn le.

听 那，你明天一定要交。还有哪个同学没交作业?
Nà, nǐ míngtiān yídìng yào jiāo. Háiyǒu nǎ ge tóngxué méi jiāo zuòyè?

说 约翰和皮特今天生病没来上课。
Yuēhàn hé Pítè jīntiān shēngbìng méi lái shàngkè.

听 是吗? 病得严重吗? 你们也要注意健康。
Shì ma? Bìng de yánzhòng ma? Nǐmen yě yào zhùyì jiànkāng.

说 老师，今天我们班有新面孔，让他自我介绍一下吧。
Lǎoshī, jīntiān wǒmen bān yǒu xīn miànkǒng, ràng ta zìwǒ jièshào yíxià ba.

听 好，那个新同学到前面来，介绍一下自己吧。
Hǎo, nà ge xīn tóngxué dào qiánmian lái, jièshào yíxià zìjǐ ba.

说 大家好! 我叫李晓英，来自韩国，以后请大家多多关照。
Dàjiā hǎo! Wǒ jiào Lǐ Xiǎoyīng, láizì Hánguó, yǐhòu qǐng dàjiā duōduo guānzhào.

**단어** 做好 zuòhǎo 다 하다 | 忘记 wàngjì 잊어버리다, 소홀히 하다 | 生病 shēngbìng 병이 나다 | 严重 yánzhòng 중대하다, 심각하다 | 注意 zhùyì 주의하다, 조심하다 | 健康 jiànkāng 건강(하다) | 面孔 miànkǒng 얼굴, 표정 | 自我介绍 zìwǒ jièshào 자기소개(하다) | 来自 láizì (~에서) 오다, 나오다(생기다) | 关照 guānzhào 돌보다, 관심을 갖다

**해석** 听 여러분 숙제 제출하세요.
说 선생님, 제가 오늘 숙제 노트를 깜박 잊고 안 가져왔어요.
听 그럼 내일 꼭 제출하세요. 또 누구 숙제 안 낸 사람?
说 존이랑 피터가 오늘 아파서 수업에 못 왔어요.
听 그래요? 많이 아픈가요? 여러분도 모두 건강에 유의하세요.
说 선생님, 오늘 우리 반에 새로운 얼굴이 있는데, 자기소개를 하라고 하죠.
听 그래요, 거기 새로 온 학생, 앞으로 나와서 모두에게 자기소개하세요.
说 여러분 안녕하세요! 저는 한국에서 온 이효영이라고 합니다, 앞으로 잘 부탁드립니다.

…一会儿吧。

잠시 ～합시다

좀 쉬어요.

**休息一会儿吧。**

坐 zuò                                        좀 앉아요.

等 děng                                        잠시 기다려요.

歇 xiē                                           좀 쉬어요.

## 표현 Plus +

선생님, 천천히 말씀해주시겠어요?

老师，请你说慢一点儿，好吗?
Lǎoshī, qǐng nǐ shuō màn yìdiǎnr, hǎo ma?

다시 설명해주시겠어요?

可不可以再给我解释一下?
Kě bu kěyǐ zài gěi wǒ jiěshì yíxià?

오늘 숙제가 너무 많은데, 좀 줄여주세요.

今天的作业太多了，能不能少一点?
Jīntiān de zuòyè tài duō le, néng bu néng shǎo yìdiǎn?

내일 제가 급한 일이 좀 있어서
수업에 못 나올 것 같아요.

明天我有要紧的事情，
Míngtiān wǒ yǒu yàojǐn de shìqing,

不能来上课，请老师谅解。
bù néng lái shàngkè, qǐng lǎoshī liàngjiě.

**중국에도 교련이 있다?!**

중국의 신학기는 9월에 시작해서 6월에 졸업식을 한다. 중고등학교와 대학교에서는 신입생들을 대상으로 짧게는 3일에서 3주 동안 군사훈련을 하는데 남녀불문하고 모든 학생이 훈련에 참여하도록 되어 있다.

학교 식당에서 쓰는 일명 판카 饭卡 밥 카드, 복사실에서 사용하는 푸인카 复印卡 복사 카드 등, 학교 안에서도 잘 만 이용하면 괜찮은 부대시설이 꽤 많다구~ 학교 구내식당은 값도 싸고 양도 많다오!

**Step1**

听 你的同屋是哪个国家的?
Nǐ de tóngwū shì nǎ ge guójiā de?

说 **是从澳大利亚来的留学生。**
Shì cóng Àodàlìyà lái de liúxuéshēng.

说 **学校里有些什么社团?**
Xuéxiàoli yǒu xiē shénme shètuán?

听 有很多, 你有兴趣的话可以去团委打听一下。
Yǒu hěn duō, nǐ yǒu xìngqù de huà kěyǐ qù tuánwěi dǎtīng yíxià.

说 **这个宿舍楼里有没有能复印的地方?**
Zhè ge sùshèlóuli yǒu méiyǒu néng fùyìn de dìfang?

听 有, 二楼有个复印室, 不过外边更便宜。
Yǒu, èrlóu yǒu ge fùyìnshì, búguò wàibiān gèng piányi.

**단어** 同屋 tóngwū 룸메이트｜社团 shètuán (노동조합·학생회 따위의) 단체, 동아리｜有兴趣 yǒu xìngqù 흥미가 있다｜团委 tuánwěi 단체위원회 (中国共产主义青年团委员会 '중국공산주의청년단위원회'의 준말)｜打听 dǎtīng 물어보다, 알아보다

**해석** 听 룸메이트는 어느 나라 사람이에요?
说 호주에서 온 유학생이에요.

说 학교에 어떤 동아리가 있나요?
听 아주 많아요. 관심 있으면, 동아리위원회에 가서 알아보세요.

说 이 기숙사에 복사할 만한 곳이 있나요?
听 네, 2층에 복사실이 있어요. 하지만 바깥이 훨씬 싸요.

说 上了这么久的课，我的口语能力还是没有提高。
Shàng le zhème jiǔ de kè, wǒ de kǒuyǔ nénglì háishì méiyǒu tígāo.

听 别着急，口语呢，跟中国人多交流，很快就会好的。
Bié zháojí, kǒuyǔ ne, gēn Zhōngguórén duō jiāoliú, hěn kuài jiù huì hǎo de.

说 我虽然在中国，但跟中国朋友一起交流的机会不是很多。
Wǒ suīrán zài Zhōngguó, dàn gēn Zhōngguó péngyou yìqǐ jiāoliú de jīhuì búshì hěn duō.

听 要不，你加入学校里的社团，跟那些中国朋友交流怎么样?
Yàobù, nǐ jiārù xuéxiàoli de shètuán, gēn nà xiē Zhōngguó péngyou jiāoliú zěnmeyàng?

说 学校里还有社团吗?
Xuéxiàoli háiyǒu shètuán ma?

听 非常多呢。一般都是本科的中国学生组织的。
Fēicháng duō ne. Yìbān dōushì běnkē de Zhōngguó xuéshēng zǔzhī de.

说 是吗? 我们留学生也可以加入吗?
Shì ma? Wǒmen liúxuéshēng yě kěyǐ jiārù ma?

听 应该可以吧。只要你们愿意他们肯定会欢迎的。
Yīnggāi kěyǐ ba. Zhǐyào nǐmen yuànyì tāmen kěndìng huì huānyíng de.

단어 能力 nénglì 능력, 역량 | 着急 zháojí 조급해하다, 안달하다, 초조해하다, 마음을 졸이다 | 交流 jiāoliú 교류(하다), 왕래하다, 오가다 | 加入 jiārù 가입하다, 참가하다 | 只要… zhǐyào… ~하기만 하면, 만약 ~라면

해석 说 수업 시작한 지 한참 되었는데, 회화가 영 늘지 않아.
听 조급해하지 마. 회화는 중국 사람이랑 많이 교류하다 보면 금세 늘 거야.
说 내가 중국에 있기는 하지만, 중국 친구들과 교류할 기회는 그리 많지 않아.
听 그럼, 학내 동아리에 가입해서 거기 친구들이랑 사귀어보는 건 어때?
说 학교에 동아리가 있어?
听 얼마나 많다구. 대부분 본과 다니는 중국 학생들로 이루어져 있어.
说 그래? 우리 유학생도 가입할 수 있지?
听 되겠지. 너희들이 원하기만 한다면 모두들 환영할 거야.

## 我是从…
## 来的留学生。

나는 ~에서 온 유학생이에요.

호주에서 온 유학생이에요.

## 我是从澳大利亚来的留学生。

| 韩国 Hánguó | 한국에서 온 유학생이에요. |
| 日本 Rìběn | 일본에서 온 유학생이에요. |
| 美国 Měiguó | 미국에서 온 유학생이에요. |
| 香港 Xiānggǎng | 홍콩에서 온 유학생이에요. |

### 표현 Plus+

---

학교 근처에 어떤 식당이 좋아요?

学校附近哪个餐厅比较好?
Xuéxiào fùjìn nǎ ge cāntīng bǐjiào hǎo?

---

중국인 친구들 좀 소개해주세요.

给我介绍介绍中国朋友。
Gěi wǒ jièshào jièshào Zhōngguó péngyou.

---

한 번에 몇 권을, 얼마 동안 빌릴 수 있나요?

一次能借多少本, 可以看多长时间?
Yí cì néng jiè duōshao běn, kěyǐ kàn duōcháng shíjiān?

---

하루 연체료가 얼마예요?

超过一天的罚款是多少钱?
Chāo guò yì tiān de fákuǎn shì duōshao qián?

---

현지 엿보기

**중국 대학생도 우리와 동병상련, 영어컴플렉스**

중국 학생들도 우리와 마찬가지로 영어 스트레스가 상당하다. 우리나라에서 토익이나 토플이 맹위를 떨치고 있는 것처럼, 중국에서 사회적으로 공신력을 지닌 영어시험은 '대학영어시험 大学英语考试'인데, 대부분의 회사에서 대졸 사원을 채용할 때 이 시험의 성적을 요구한다. 4급과 6급으로 나뉘어지는데, 4급시험을 통과한 사람에 한해서 6급시험에 응시할 수 있는 자격이 주어진다.

## 중국 대학에 입학하려면 HSK 성적은 필수!!

중국 대학에 들어가고자 한다면 무조건 HSK 성적을 취득해야 한다. 한 HSK는 중국 한어수평고시 汉语水平考试의 줄임말로 모국어(제1언어)가 중국어가 아닌 사람(외국인, 화교, 중국내 소수민족 포함)의 중국어 수준을 측정하는 국가급 표준화 시험이다. 듣기, 독해, 어법, 종합 등의 영역이며 수준별로 기초, 초·중등, 고등 세 종류로 나누어 시행한다. 중국 교육부 한어수평고시 위원회가 관리, 조직, 감독하며 규정된 성적에 도달한 사람은 그 등급의 '한어수평증서'를 취득할 수 있다. 매년 중국과 한국 등 국내외에서 시행되며 시기와 횟수는 연초에 공고된다.

자세한 사항은 HSK 한국 사무국 홈페이지(www.hsk.or.kr)에서 확인 할 수 있다.

### 어휘 Plus⁺ 학생이라면 이런 표현 정도는 알아 두자!

| | |
|---|---|
| 초등학교 小学 xiǎoxué | 신청서 申请书 shēnqǐngshū |
| 중학교 初中 chūzhōng | 입학허가서 录取通知书 lùqǔ tōngzhīshū |
| 고등학교 高中 gāozhōng | 장학금 奖学金 jiǎngxuéjīn |
| 대학 大学 dàxué | 추천서 推荐书 tuījiànshū |
| 전문대학 大专 dàzhuān | 학비(를 내다) (缴)学费 (jiǎo) xuéfèi |
| 단과대학 学院 xuéyuàn | 학생증 学生证 xuéshengzhèng |
| 중고등학교 中学 zhōngxué | 결석(하다) 缺课 quē kè / 缺席 quē xí |
| 고등교육기관(대학/대학원 등) 高等学校 gāoděng xuéxiào | 결석계를 내다 请假 qǐng jià |
| 대학 입시 高考 gāokǎo | 보충수업 补课 bǔ kè |
| HSK 汉语水平考试 Hànyǔ shuǐpíng kǎoshì | 수업시간표 课程表 kèchéngbiǎo |
| 언어연수생 语言生 yǔyánshēng | 수업(시작)하다 上课 shàng kè |
| 보통 진수생 普通进修生 pǔtōngjìnxiūshēng | 수업을 마치다 下课 xià kè |
| 고급 진수생 高级进修生 gāojíjìnxiūshēng | 지각하다 迟到 chídào |
| 학부생 本科生 běnkēshēng | 출석을 부르다 点名 diǎn míng |
| 석사 硕士研究生 shuòshì yánjiūshēng | 휴강 停课 tíng kè |
| 박사 博士研究生 bóshì yánjiūshēng | 강의 讲课 jiǎng kè |
| 읽기 阅读 yuèdú | 과외 家教 jiā jiào |
| 말하기 口述 kǒushù | 교과서 课本 kèběn |
| 쓰기 写作 xiězuò | 교재 教材 jiàocái |
| 듣기 听力 tīnglì | 작문하다 造句 zàojù |
| 문법 语法 yǔfǎ | 받아쓰기 听写 tīngxiě |
| 종합 综合 zōnghé | 숙제(를 내다) (布置)作业 (bùzhí) zuòyè |
| 건강진단서 体检表 tǐjiǎnbiǎo | 예습하다 预习 yùxí |
| 국비유학 公费留学 gōngfèi liúxué | 복습하다 复习 fùxí |
| 자비유학 自费留学 zìfèi liúxué | 외우다 背 bèi |
| 등록비 报名费 bàomíngfèi | 무단결석 旷课 kuàngkè |
| 등록(하다) 报名 bàomíng | 병가 病假 bìngjià |

# 중국어 실력에 날개를 달아라

## >> 심화 학습

중국 어느 대학을 가더라도 한국인 유학생 수가 가장 많다. 그런데, HSK 성적을 받지 못해 중국에서 대학을 졸업하지 못한 유학생들 이야기도 심심치 않게 들린다. 중국어 학습, 어떻게 해야 진정한 실력을 키울 수 있을까?

### 푸다오 찾기

요즘에는 중국으로 유학 간 학생들도 HSK 시험을 준비하기 위해 학교 수업이 끝나면 학원으로 향하기 일쑤이다. 그러나 시험과 진정한 실력은 별개인 듯. 실력을 높이는 방법으로는 무엇이 있을까? 푸다오 辅导는 역시 중국어 실력을 높이는 일등공신이 아닐까 싶다. 푸다오는 보통 아는 사람을 통해 소개받거나 학교 게시판 광고를 통해 구할 수 있는데, 지역마다 편차가 있긴 하지만 대체로 '시간당 얼마' 하는 식으로 가격이 형성되어 있다. 푸다오는 보통 대학생들이 아르바이트로 많이 하기 때문에, 일반인들보다 표현 능력이나 어휘 수준이 높으므로, 가급적 대화를 많이 해서 다양한 표현들을 듣고 배우는 것이 좋다.

01, 02 중국의 대형 서점 풍경. 서점에는 항상 사람들로 북새통을 이룬다. 03 왕푸징 서점 외관. 중국에는 이만한 크기의 서점이 많다. 04, 05 남녀노소 할 것 없이 앉을 곳만 있으면 어디든 책을 손에 들고 있는 사람들을 볼 수 있다. 문맹률이 높다는 중국인들의 독서량이 우리보다 훨씬 많은 듯. 06, 07 신문과 잡지를 파는 가판대의 모습도 정말 다양하다. 08 석간신문을 파는 아주머니. 자전거에 신문을 싣고 손님이 부르기만을 기다리고 있다.

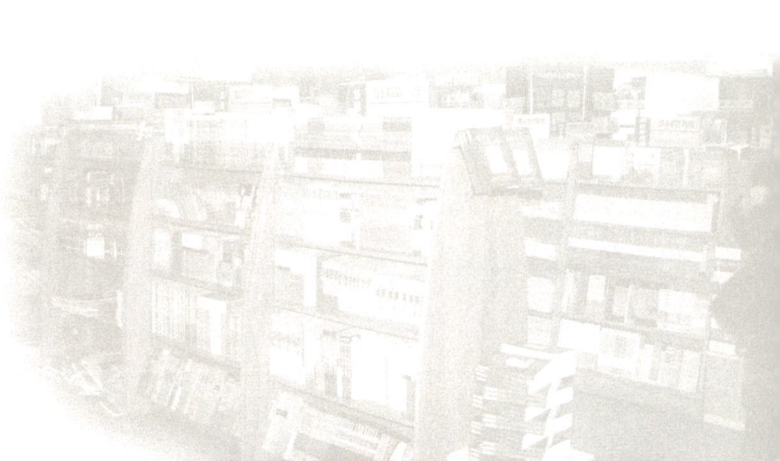

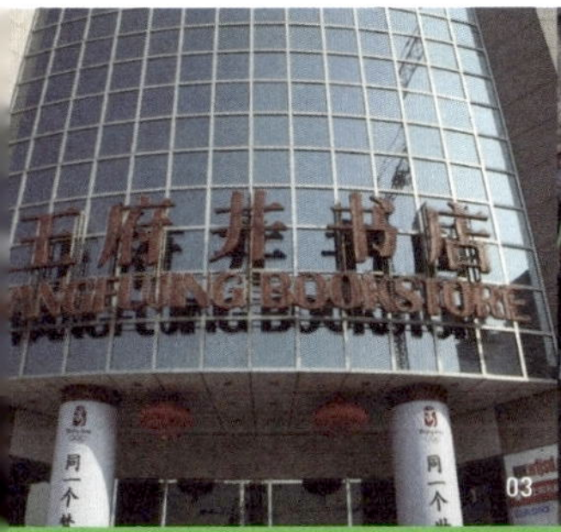

03

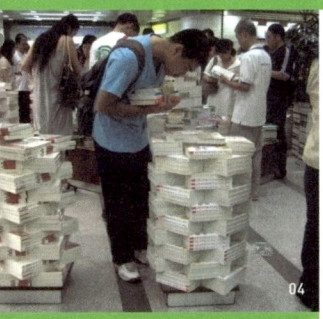

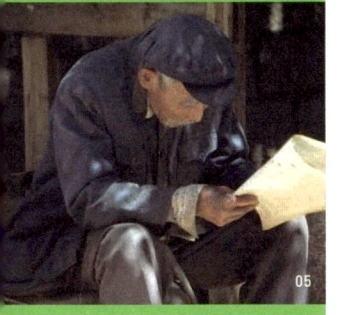

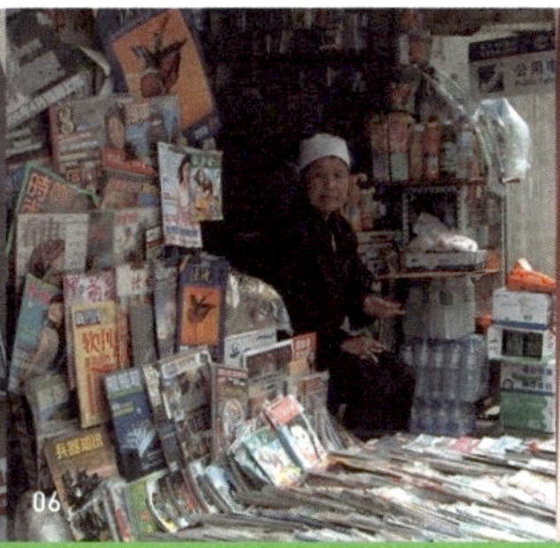
06

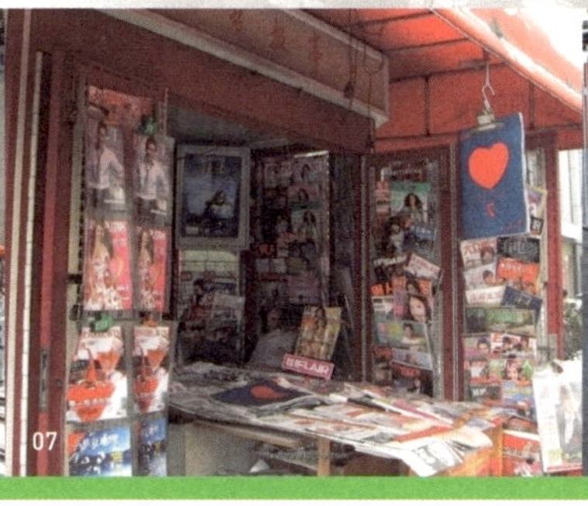
07

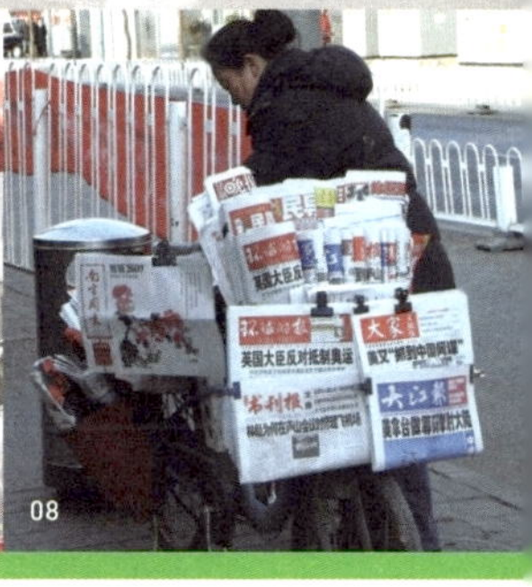
08

04

05

### 문화 상품 활용하기

자신이 관심을 갖고 있는 장르의 문화상품을 이용해보는 것도 좋은 아이디어다. 중국어 노래를 듣고 가사를 외운다든가, 만화 · 영화 · 드라마 등을 보면서 모르는 단어나 표현이 나오면 노트에 적어두었다가 사전을 찾아보는 것도 좋다. 또한 같은 취미를 가진 중국 친구들과 교류한다면 혼자 하는 것보다 학습 효과가 높게 나타난다. 그러나 꾸준한 학습이 없다면 매일 같은 말만 되풀이하게 되고, 마음이 잘 통하는 중국 친구들은 내가 말도 안 되는 중국어를 해도 무슨 말을 하는지, 무엇을 말하고 싶어하는지 너무 잘 알아서 자기도 모르게 '못된' 중국어가 그대로 입에 남을 수 있다.

### 독서량 늘리기

공부를 좀 더 깊이 있게 하고 싶다면 책이나 잡지, 신문을 꾸준히 보는 것이 많은 도움이 된다. 고급중국어로 실력을 상승시키려면 좋은 문장들을 많이 접해야 한다. 신문은 어느 나라건 지식이 있는 '글쟁이'들이 쓴 문장이므로, 정제된 고급 문장과 표현들이 담겨 있다. 신문을 우리말 신문 보듯이 읽을 수 있다고 생각하는 건 큰 오산이다. 하루치 내용을 전부 다 볼 수 없다는 걸 명심하고, 정치면이나 국제면, 사설이나 칼럼을 등 한 섹션을 꾸준히 읽는 게 좋다. 기사 하나를 선택해서 해석해보고, 단어를 공부하는 식으로 조금씩 꾸준히 읽는다면 많은 도움이 될 것이다.

아직, 뭔가 부족해… 푸다오 라오스 辅导老师 과외 선생님이나 후상빵주 互相帮助(서로 공부를 가르쳐주고 배우는 것)를 찾아봐야겠군. 나만을 위한 맞춤 개인교습! 음하하!! 어라, 중국 친구는 일취월장하는구만. 나도 분발해야지. 지아여우 加油~ 힘내자구~

**Step1**

说 **我想找一位辅导老师。**
Wǒ xiǎng zhǎo yí wèi fǔdǎo lǎoshī.

听 你有什么要求呢?
Nǐ yǒu shénme yāoqiú ne?

说 **我想找一个互相帮助的语言伙伴。**
Wǒ xiǎng zhǎo yí ge hùxiāng bāngzhù de yǔyán huǒbàn.

听 太好了, 我有一个朋友,正想学韩语。
Tài hǎo le, wǒ yǒu yí ge péngyou, zhèng xiǎng xué Hányǔ.

听 我们决定上课时间吧。你什么时候方便?
Wǒmen juédìng shàngkè shíjiān ba. Nǐ shénme shíhou fāngbiàn?

说 **我每个星期一、三、五下午没有课。**
Wǒ měi ge xīngqī yī、 sān、 wǔ xiàwǔ méiyǒu kè.

단어 **辅导** fǔdǎo (학습·훈련 등을) 도우며 지도하다, 과외 | **要求** yāoqiú 요구(하다), 요망(하다) | **找** zhǎo 찾다 | **伙伴** huǒbàn 동반자, 파트너 | **决定** juédìng 규정하다, 결정하다

해석 说 과외 선생님을 구했으면 합니다.
听 어떤 사람을 찾는데요?

说 서로 언어를 가르쳐줄 수 있는 언어 상대를 찾고 싶어요.
听 잘됐네요. 제 친구 한 명이 마침 한국어를 배우고 싶어해요.

听 우리 수업시간을 정하죠. 언제가 편하세요?
说 저는 매주 월, 수, 금 오후에 수업이 없어요.

听 你最近学习怎么样？是不是很吃力？
Nǐ zuìjìn xuéxí zěnmeyàng? Shì bu shì hěn chīlì?

说 最近学了语法和写作、阅读什么的，确实觉得有(一)点难。
Zuìjìn xué le yǔfǎ hé xiězuò、 yuèdú shénme de, quèshí juéde yǒu (yì) diǎn nán.

听 "学习"这个东西，本来就是这样，越学越难。
"Xuéxí" zhè ge dōngxi, běnlái jiùshì zhèyang, yuè xué yuè nán.

说 是的，所以我想找个辅导老师，你能不能帮我找一个？
Shì de, suǒyǐ wǒ xiǎng zhǎo ge fǔdǎo lǎoshī, nǐ néng bu néng bāng wǒ zhǎo yí ge?

听 你要找什么样的辅导老师？
Nǐ yào zhǎo shénmeyàng de fǔdǎo lǎoshī?

说 最好是中文系普通话说得标准的女生。
Zuìhǎo shì Zhōngwénxì pǔtōnghuà shuō de biāozhǔn de nǚshēng.

听 我有一个中文系四年级的朋友，我去问问她可不可以。
Wǒ yǒu yí ge Zhōngwénxì sì niánjí de péngyou, wǒ qù wènwen tā kě bu kěyǐ.

说 真的，太好了！那这件事就拜托你了。
Zhēn de, tài hǎo le! Nà zhè jiàn shì jiù bàituō nǐ le.

Step2

단어 吃力 chīlì 힘들다, 힘겹다 | 本来 běnlái 본래, 원래 | 越 A 越 B yuè A yuè B A할수록 B하다 → 越来越 (시간의 추이에 따라) 점점 ~하다 | 普通话 pǔtōnghuà 현대 중국어의 표준어 | 标准 biāozhǔn 표준(적이다), 규범(적이다) | 拜托 bàituō 삼가 부탁합니다, 부탁드리다

해석 听 요즘 공부하기 어때? 힘들지 않아?
说 요즘 어법이니 작문이니 독해 등이 많아서 확실히 좀 어려워.
听 원래 공부라는 게 할수록 어려운 거잖아.
说 그러게, 그래서 과외 선생을 구하려고 하는데 좀 도와줄 수 있어?
听 어떤 선생을 원하는데?
说 표준어를 정확히 구사하는 중문과 여학생이면 제일 좋겠어.
听 중문과 4학년에 다니는 친구가 하나 있는데, 내가 한번 물어볼게.
说 정말? 너무 잘됐다! 그럼 너만 믿는다.

## 正想…

마침 ~하려던 참이다

마침 한국어를 배우려던 참이에요.
**正想**学韩语。

| | |
|---|---|
| 做作业 zuò zuòyè | 마침 숙제를 하려던 참이에요. |
| 去吃饭 qù chīfàn | 마침 밥 먹으러 가려던 참이에요. |
| 给你打电话 gěi nǐ dǎ diànhuà | 마침 너에게 전화를 하려던 참이에요. |
| 去你那儿 qù nǐ nàr | 마침 너에게 가려려던 참인데.. |

## 표현 Plus⁺

이 단어 좀 설명해주세요.

请给我解释一下这个词，好吗？
Qǐng gěi wǒ jiěshì yíxià zhè ge cí, hǎo ma?

---

이 말은 어떨 때 쓰나요?

这句话什么时候用？
Zhè jù huà shénme shíhou yòng?

---

이런 상황에는 어떻게 말하는 것이 적절한가요?

这个情况说什么话比较合适？
Zhè ge qíngkuàng shuō shénme huà bǐjiào héshì?

---

제가 숙제한 거 맞는지 좀 봐주세요.

请帮我看看我这个作业对不对。
Qǐng bāng wǒ kànkan wǒ zhè ge zuòyè duì bu duì.

---

제가 쓴 문장 좀 교정해주세요.

请帮我修改一下我写的文章。
Qǐng bāng wǒ xiūgǎi yíxià wǒ xiě de wénzhāng.

---

 현지 엿보기

**서점에 책이 없으면 인터넷 서점을 활용하자!**

중국의 인터넷 서점은 책을 할인해주기도 하지만, 가장 큰 장점은 서점에서 찾을 수 없는 책들을 검색해서 구입할 수 있다는 것이다. 보통 해당 지역 우체국을 통해 배송해주고, 배송료는 무게에 따라 측정된다. 아직까지 무료배송을 하는 경우는 거의 볼 수 없지만 단체 구입이나 여러 권을 한 번에 구입했다면 배송료를 할인해주기도 한다.

만화책으로 무슨 공부를 하냐고? 모르시는 말씀! 동화책이든, 만화책이든, TV 프로그램이든 중국어로 된 것들은 다
공부의 대상이라구! 뭐든 꾸준히 보면 중국어 실력 향상에 도움이 되는 거 아니겠어?
한국에서도 즐겨 보던 짱구가 중국어로 뭐라고? 라비샤오신 蜡笔小新 중국어로 보니 새롭구만!

说 **请问一下,《蜡笔小新》在哪儿?**
Qǐng wèn  yíxià,  《Làbǐ xiǎoxīn》  zài  nǎr?

听 你到楼上专卖儿童漫画书的地方能找到。
Nǐ dào lóushàng zhuānmài értóng mànhuàshū de dìfang néng zhǎodào.

说 **请帮我找本书。**
Qǐng bāng wǒ zhǎo běn shū.

听 你要找什么书?
Nǐ yào zhǎo shénme shū?

说 **请帮我查一下有没有梅毅写的**
Qǐng bāng wǒ chá yíxià yǒu méiyǒu Méiyì xiě de
**《帝国如风：元朝的另类历史》。**
《Dìguó rú fēng： Yuán cháo de lìnglèi lìshǐ》.

听 不好意思,现在没有这本书。
Bùhǎoyìsi, xiànzài méiyǒu zhè běn shū.

**단어** 专卖 zhuānmài 전매하다, 독점 판매하다, 전문적으로 팔다 | 儿童 értóng 어린이 | 查 chá 검사하다, 조사하다

**참고** ① 양사 앞에 쓰이는 一는 생략할 수도 있으며, 꼭 하나라는 것을 강조하는 것은 아니다.
　　　예 打(一)个电话 dǎ (yí) ge diànhuà 전화를 걸다 | 喝(一)杯茶 hē (yì) bēi chá 차를 마시다

**해석** 说 저기요, 《짱구는 못 말려》 어디 있어요?
　　　听 위층 어린이 만화 코너에 가시면 찾을 수 있습니다.

　　　说 책 좀 찾아주세요.
　　　听 어떤 책을 찾으십니까?

　　　说 메이이(梅毅)가 쓴 《바람의 제국 : 색다른 원나라 역사》라는 책이 있는지 확인해주세요.
　　　听 죄송합니다만, 지금 그 책이 없습니다.

听 你要找什么书?
　Nǐ yào zhǎo shénme shū?

说 我想买小孩儿看的书。
　Wǒ xiǎng mǎi xiǎoháir kàn de shū.

听 要哪些方面的?
　Yào nǎ xiē fāngmiàn de?

说 我是学汉语的韩国人，想买能帮助我学习汉语的。
　Wǒ shì xué Hànyǔ de Hánguórén, xiǎng mǎi néng bāngzhù wǒ xuéxí Hànyǔ de.

听 是吗? 那样的话，这本《儿童绕口令》怎么样?
　Shì ma? Nàyàng de huà, zhè běn 《Értóng ràokǒulìng》 zěnmeyàng?

说 绕口令?
　Ràokǒulìng?

听 是一种语音训练。
　Shì yì zhǒng yǔyīn xùnliàn.

说 我来看看。哇! 这本书对我很有用!
　Wǒ lái kànkan. Wā! Zhè běn shū duì wǒ hěn yǒuyòng!

단어 绕口令 ràokǒulìng 잰말놀이 | 语音 yǔyīn 발음 | 训练 xùnliàn 훈련(하다) | 有用 yǒuyòng 쓸모가 있다, 유용하다(주로 对…有用의 형태로 쓰임)

해석 听 어떤 책을 찾으세요?
　说 아이들 보는 책을 사려고 합니다.
　听 어떤 종류를 찾으세요?
　说 저는 중국어를 배우는 한국인인데요. 중국어 학습에 도움이 되는 걸로 사려고 합니다.
　听 그래요? 그렇다면, 이런 《어린이 잰말놀이》는 어떠세요?
　说 잰말놀이요?
　听 일종의 발음 훈련용입니다.
　说 어디 한번 볼게요. 와! 이 책은 저에게 아주 유용하겠는걸요!

공부를 했으면 실력을 확인해봐야지. 한어수평고시(汉语水平考试) HSK는 자신의 중국어 실력을 객관적으로 가늠해볼 수 있는 영어의 토익이나 토플 같은 시험이다. 초급·중급·고급으로 나뉘니까, 일단 목표는 초·중급의 최고인 빠지 八级 8급! 목표 달성 기한은 뭐, 언젠가는…!

说 **我要报名考HSK。**
Wǒ yào bàomíng kǎo HSK.

听 **初·中级还是高级？**
Chū·zhōngjí háishi gāojí?

说 **考试的时候，需要带什么？**
Kǎoshì de shíhou, xūyào dài shénme?

听 **你必须带准考证和身份证，**
Nǐ bìxū dài zhǔnkǎozhèng hé shēnfènzhèng,

**还有几枝2B铅笔和一块橡皮。**
háiyǒu jǐ zhī èr B qiānbǐ hé yí kuài xiàngpí.

说 **成绩大概什么时候出来？**
Chéngjì dàgài shénme shíhou chūlai?

听 **成绩在考完一个月左右出来，**
Chéngjì zài kǎowán yí ge yuè zuǒyòu chūlai,

**不过成绩表出来之前可以在网上查询。**
búguò chéngjìbiǎo chūlai zhīqián kěyǐ zài wǎng shàng cháxún.

단어 考 kǎo 시험, ~시험을 보다 | 铅笔 qiānbǐ 연필 | 橡皮 xiàngpí 고무, 지우개 | 网 wǎng 인터넷 | 查询 cháxún 조회(하다), 문의(하다), 알아보다

해석 说 HSK 시험에 접수하려고 합니다.
听 초·중급이요, 고급이요?

说 시험 볼 때 뭘 가져야 하죠?
听 수험표와 신분증을 반드시 지참해야 하고, 2B연필 몇 자루와 지우개도 가져야 합니다.

说 성적은 언제 나오나요?
听 시험을 본 뒤 한 달 후쯤 나오는데, 성적표가 나오기 전에 인터넷으로 확인할 수 있습니다.

Step 1

Step 2

听 HSK报名开始了。你知道吗?
HSK bàomíng kāishǐ le.　Nǐ zhīdao ma?

说 嗯! 知道。我正想今天下午去报名呢。
Èng! Zhīdao.　Wǒ zhèng xiǎng jīntiān xiàwǔ qù bàomíng ne.

听 你别忘了带护照和照片。
Nǐ bié wàng le dài hùzhào hé zhàopiàn.

说 咦? 还需要照片吗? 我现在没有照片呢。
Yí?　Hái xūyào zhàopiàn ma?　Wǒ xiànzài méiyǒu zhàopiàn ne.

听 你赶紧去照相馆照个快照。
Nǐ gǎnjǐn qù zhàoxiàngguǎn zhào ge kuàizhào.

说 好的, 你知不知道这次HSK辅导班什么时候开始?
Hǎode,　nǐ zhī bu zhīdao zhè cì HSK　fǔdǎobān shénme shíhou kāishǐ?

听 我也不清楚, 不过到时候肯定会公布的。
Wǒ yě bù qīngchu,　búguò dào shíhou kěndìng huì gōngbù de.

说 那倒是。我这次压力挺大的, 因为如果想上本科的话,
Nà dàoshì.　Wǒ zhè cì yālì tǐng dà de,　yīnwèi rúguǒ xiǎng shàng běnkē de huà,

这次我一定要拿六级。
zhè cì wǒ yídìng yào ná liùjí.

---

단어 快照 kuàizhào 즉석 사진 (한두 시간 내에 찾을 수 있다) | 到时候 dào shíhou 때가 되다 | 公布 gōngbù 공포하다, 공표하다 | 压力 yālì 압력, 부담감, 스트레스 | 因为… yīnwèi 왜냐하면 (~ 때문이다) | 上(本科) shàng (běnkē) (본과에) 진학하다

해석 听 HSK 접수 시작했어. 알아?
说 응! 알아. 안 그래도 오늘 오후에 접수하러 가려고.
听 여권이랑 사진 가져가는 거 잊지 마.
说 어? 사진도 필요해? 나 지금 사진 없는데.
听 빨리 사진관 가서 즉석 사진 찍어.
说 응, 알았어. 근데 너 이번 HSK 과외반 언제 시작하는지 알아?
听 글쎄, 그때가 되면 분명 공고할 거야.
说 그건 그렇지. 어쨌든 난 이번에 부담이 커. 본과 들어가려면
　이번에 꼭 6급을 받아야 하거든.

我要报名考…

~시험 접수하려구요.

HSK 접수를 하려고 합니다.

我要报名考HSK。

| 英语 | yīngyǔ | 영어 시험 접수를 하려구요. |
| 大学 | dàxué | 대학 시험 접수를 하려구요. |
| 公务员 | gōngwùyuán | 공무원 시험 접수를 하려구요. |
| 驾照 | jiàzhào | 운전면허 시험 접수를 하려구요. |

**표현 Plus +**

선생님! 헤드폰이 이상해요, 잡음이 심해요.

老师！我这个耳机有问题，噪音很大。
Lǎoshī! Wǒ zhè ge ěrjī yǒu wèntí, zāoyīn hěn dà.

저기, 고사장이 어디예요?

请问，考场在哪儿？
Qǐng wèn, kǎochǎng zài nǎr?

신분증을 안 가져왔는데, 어떡하죠?

我没带身份证，怎么办？
Wǒ méi dài shēnfènzhèng, zěnme bàn?

성적표를 한국으로 부쳐줄 수 있어요?

能不能把成绩单寄到韩国？
Néng bu néng bǎ chéngjìdān jìdào Hánguó?

선생님! 지우개 좀 빌릴 수 있을까요?

老师！我能不能借一下橡皮？
Lǎoshī! Wǒ néng bu néng jiè yíxià xiàngpí?

현지 엿보기

**중국 대학생들의 필독서**

중국 대학생들의 필독서 중에는 모택동 사상, 등소평 이론, 마르크스주의 철학 등 공산주의 사상과 관련된 책들이 다수 포함되어 있으며, 이와 관련된 과목들이 교양필수로 개설되어 있다. 그 밖에도 논어·손자병법·노자·장자·사기 등을 비롯한 주요 사상이나, 중국 고전 문학, 주요 근현대 문학작품 등은 중국의 명문대학에서 재학생들에게 권고하는 필독서들이다.

## BCT

BCT는 Business Chinese Test의 이니셜로, 중국어를 모국어로 사용하지 않는 사람들을 대상으로 비즈니스 활동에 필요한 중국어 실력을 측정하는 시험이다. 매년 정기적으로 중국 내 및 한국을 비롯한 해외에서 시행된다. BCT는 비즈니스 활동 및 일상 생활, 사회 생활 중에서 응시생이 중국어를 응용할 수 있는 교제 능력을 측정하는데, 이 시험은 비즈니스 전문 지식 시험이 아니라, 중국어 실력을 측정하는 실용중국어 시험이며, 비즈니스 활동 및 일상생활, 사회생활 중에 사용되는 실용 중국어의 실력, 즉 중국어의 언어운용 능력과 응용력을 평가한다. 듣기와 읽기, 쓰기와 말하기 파트로 나뉘며, 성적은 5개 등급으로 구분되어 증서가 발급된다. 자세한 사항은 한국 BCT 운영위원회 홈페이지에서 확인할 수 있다.
한국 BCT http://www.bctkorea.com/

어휘 **Plus⁺**

**시험관련단어**

| | |
|---|---|
| 답지 答题纸 dátízhǐ | 응시료 考试费 kǎoshìfèi |
| 문제지 问卷 wènjuàn | 응시(하다) 报名 bàomíng |
| 성적 成绩 chéngjì | 점수 分数 fēnshù |
| 수험표 准考证 zhǔnkǎozhèng | 컨닝(하다) (打)小抄 (dǎ) xiǎochāo |
| 시험감독 监考老师 jiānkǎo lǎoshī | 합격 及格 jígé /合格 hégé |
| 시험장 考场 kǎochǎng | |

**서적관련 단어**

| | |
|---|---|
| 그림책 图画书 túhuà shū | 책벌레 书呆子 shūdāizi |
| 동화 童话 tónghuà | 신간 新书 xīn shū |
| 만화 漫画 mànhuà | 베스트셀러 畅销书 chàngxiāo shū |
| 소설 小说 xiǎoshuō | 격월간 双月刊 shuāng yuè kān |
| 무협소설 武侠小说 wǔxiá xiǎoshuō | 월간 月刊 yuè kān |
| 추리(탐정)소설 侦探小说 zhēntàn xiǎoshuō | 주간 周刊 zhōu kān |
| 에세이 随笔 suíbǐ | 삽화 插图 chātú |
| 번역서 翻译本 fānyì běn | 상권 上册 shàngcè |
| 잡지 杂志 zázhì | 하권 下册 xiàcè |
| 참고서적(사전류) 工具书 gōngjù shū | 연재하다 连载 liánzǎi |
| 절판 停售 tíngshòu | 정기구독 订阅 dìng yuè |

# 기차 타고 대륙을
# 횡단하라

**09**

—

여행

# 09  배낭 하나 달랑 메고 방방곡곡 쏘다녀라

## >> 배낭여행

02

03

01

중국은 너무 넓어서 지역별 기후 편차가 아주 심하다. 같은 나라지만 냉대기후와 열대기후가 공존하기 때문에 국내 여행을 간다 해도 기후나 날씨를 확인하는 건 필수! 중국을 여행할 때 반드시 알아야 할 교통편, 열차와 장거리 버스에 대해 알아보자.

### 중국 열차 이용하기

중국에서 5~6시간 기차로 이동하는 건 아무것도 아니다. 가까운 곳이 5시간, 먼 곳은 3박 4일 동안 꼬박 이동하기도 한다. 만일 기차를 갈아타는 데 시간이 잘 안 맞는다면 몇 시간이고 플랫폼에서 기다려야 한다.

중국 열차는 이동 거리와 객실 종류에 따라 일반적으로 터콰이 特快, 즈콰이 直快, 푸콰이 普快, 여우 游로 구분하는데, 장거리는 터콰이와 즈콰이, 중거리는 푸콰이로 나뉜다. 터콰이는 번호 앞에 K, T, Z 등이 붙은 것으로, 가장 빠르고 시설도 제일 좋다. 즈콰이는 급행, 푸콰이는 완행이다. 여우는 주로 관광객을 실어 나르는 유

람용 열차인데, 노선이 많지 않고, 대부분 2층 기차이다. 기차의 종류로만 요금이 달라지는 게 아니라 침대칸이냐 좌석이냐, 침대가 부드럽냐 딱딱하냐, 좌석이 부드럽냐 딱딱하냐에 따라 요금이 달라지며, 입석표도 있다.

기차역에 들어가면 짐을 검색대에 올려놓고 검사를 받아야 한다. 또, 짐이 너무 많으면 초과 운임을 내기도 하므로, 짐을 너무 많이 가져가지 않는 게 좋다. 장거리를 이동하면 피곤해서 잠을 자게 되는데 그 틈을 노린 절도범들이 많으니 주의할 것. 가급적이면 짐을 본인이 간수하기 쉽도록 정리해서 최대한 간편하고 안전하게 가져가는 게 좋다.

### 장거리 버스 이용하기

기차표를 못 구했다면 바로 장거리 버스 터미널로 가자! 침대 버스가 있어서 장거리라도 편하게 갈 수 있다. 최근에는 벤츠 같은 유명 회사들의 최신형 버스로 교체해 훨씬 깨끗해졌다. 그래서 열차표가 없을 때 장거리 침대 버스는 여행자들에겐 완전 소중한 교통수단이다. 정확한 소요 시간은 예측 불가능하지만, 저렴하고 편해서 좋다. 다만 냄새에 질식사하지만 않는다면 말이다.

베이징 시내 곳곳에 장거리 버스 터미널이 있다. 특히 시내 한복판에 있는 치엔먼 前门 터미널에는 베이징 근교부터 중국 각지로 가는 버스 노선이 모두 있다.

01 중국의 '서울역'인 베이징 기차역. 전국으로 가는 기차표를 모두 구할 수 있다. 02 치엔먼 버스터미널. 이곳에서는 베이징 근교로 가는 것은 물론 중국 각지로 향하는 각종 노선이 있다. 03 베이징 기차역 매표소 '전국으로 가는 차표 발권. 판매'라고 적혀 있다. 04 기차의 침대칸 내부. 객실에는 2~6개까지 침대가 들어간다. 05 장거리 버스의 내부. 침대가 아주 깨끗이 정리되어 있다.

여성 전용 창구 　　베이징 기차역 앞에서 암표　　상하이 기차역
　　　　　　　　 상을 단속하는 공안

중국 생활의 또 다른 묘미는 다름 아닌 여행! 여행이라고 꼭 멀리 가란 법은 없지. 일단, 베이징 시내에서 못가본 곳이나 현지인들이 즐겨가는 곳을 한번 돌아봐야지. 주말에는 베이징 근처로 나가보자구!

**Step 1**

说 **一天可以看哪些地方?**
Yì tiān kěyǐ kàn nǎ xiē dìfang?

听 **一整天的话，能看几个有名的景点。**
Yì zhěngtiān de huà, néng kàn jǐ ge yǒumíng de jǐngdiǎn.

说 **北京夜景在哪里看最好?**
Běijīng yèjǐng zài nǎlǐ kàn zuì hǎo?

听 **当然是什刹海附近最好。**
Dāngrán shì Shíchàhǎi fùjìn zuì hǎo.

说 **这里是什么地方?**
Zhèli shì shénme dìfang?

听 **这里是明朝的四合院。**
Zhèli shì Míngcháo de sìhéyuàn.

**단어** 整天 zhěngtiān 온종일, 진종일, 꼬박 하루 | 景点 jǐngdiǎn 경치가 좋은 곳, 명소 | 夜景 yèjǐng 야경, 밤 정경 | 四合院 sìhéyuàn 사합원, 베이징의 전통적인 주택 양식

**해석** 说 하루 동안 어떤 곳들을 볼 수 있어요?
听 종일이라면 몇몇 유명한 명소들을 볼 수 있습니다.

说 베이징 야경은 어디에서 보는 게 가장 멋진가요?
听 당연히 스차하이(什刹海) 근처가 최고죠.

说 여기는 어떤 곳인가요?
听 명 나라 때의 사합원(四合院)입니다.

说 明天就是周末了，想出去玩玩，散散心。
Míngtiān jiùshì zhōumò le, xiǎng chūqù wánwan, sànsan xīn.

听 那么，我们明天去旅行，怎么样？
Nàme, wǒmen míngtiān qù lǚxíng, zěnmeyàng?

说 当然好啊! 你推荐几个景点吧。
Dāngrán hǎo a! Nǐ tuījiàn jǐ ge jǐngdiǎn ba.

听 北京附近有很多好玩的地方呢! 长城、龙庆峡、
Běijīng fùjìn yǒu hěn duō hǎowán de dìfang ne! Chángchéng、Lóngqìngxiá、

明十三陵等等，这些地方都值得去看看。
Míng shísān líng děngdeng, zhè xiē dìfang dōu zhíde qù kànkan.

说 这些地方我都没去过，我们从近一点的地方开始去吧。
Zhè xiē dìfang wǒ dōu méi qùguo, wǒmen cóng jìn yìdiǎn de dìfang kāishǐ qù ba.

听 那我们去长城怎么样? 坐长途汽车两个小时就到长城。
Nà wǒmen qù Chángchéng zěnmeyàng? Zuò Chángtúqìchē liǎng ge xiǎoshí jiù dào Chángchéng.

说 太好了! 我还没坐过长途汽车呢，坐长途汽车去长城吧。
Tài hǎo le! Wǒ hái méi zuòguo Chángtúqìchē ne, zuò Chángtúqìchē qù Chángchéng ba.

---

단어 周末 zhōumò 주말 | 玩 wán 놀다 | 散心 sànxīn 근심을 없애다, 기분을 풀다, 기분 전환을 하다 | 推荐 tuījiàn 추천하다 | 值得 zhíde ～할 가치가 있다

해석 说 내일 벌써 주말인데, 우리 놀러 가자, 기분 전환도 할 겸.
听 그럼, 우리 내일 여행 가는 게 어때?
说 물론 좋지! 네가 몇 군데 추천해봐.
听 베이징 근처에도 재미있는 곳이 얼마나 많은데! 장성, 롱칭샤, 명13릉 등등, 전부 다 가볼 만한 곳이야.
说 난 다 안 가봤는데, 우리 가까운 곳부터 가보자.
听 그럼, 우리 장성으로 가는 게 어때? 장거리 버스로 2시간 정도면 가거든.
说 잘됐다! 나 장거리 버스 아직 안 타봤는데, 장거리 버스 타고 장성으로 가자.

단기 여행이라도 여행 출발 전에 사전 조사는 필수! 교통편, 숙소 예약까지 꼼꼼히 살펴야 된다. 신분증인 후자오 护照 여권 역시 필수! 하늘에 천당이 있으면, 하늘 아래에는 쑤저우, 항저우가 있다고 했던가! 자, 중국 곳곳으로 출발! 자금 사정이 넉넉하지 않으니 휘처 火车 기차로 가야겠다. 좌석표 확인하고, 어! 여기 내 자리인데 웬 아주머니가 앉아 계시네? 쩌스 워 더 쭤웨이 这是我的座位 여기 제 자리인데요… 어? 아무렇지도 않게 쓱~ 비켜주시네. 괜히 쫄았군.

**Step 1**

说 **这个月30号晚上到黄山市的，要两张卧铺。**
Zhè ge yuè sānshí hào wǎnshang dào Huángshān shì de, yào liǎng zhāng wòpù.

听 30号没有票。只有31号的。
Sānshí hào méiyǒu piào. Zhǐyǒu sānshíyī hào de.

说 **从北京到上海需要多长时间？**
Cóng Běijīng dào Shànghǎi xūyào duōcháng shíjiān?

听 大约12个小时。
Dàyuē shí'èr ge xiǎoshí.

说 **早上11点出发的火车，什么时候到广州？**
Zǎoshang shíyī diǎn chūfā de huǒchē, shénme shíhou dào Guǎngzhōu?

听 第二天早上七点三十分到广州。
Dì èr tiān zǎoshang qīdiǎn sānshí fēn dào Guǎngzhōu.

단어 卧铺 wòpù (기차나 여객선 등의) 침대 칸 | 票 piào 표 | 大约 dàyuē 대략, 대충, 얼추 | 第二天 dì'èrtiān 이튿날, 다음날

해석 说 이번 달 30일 저녁 황산(黄山)시 가는 침대 칸 두 장 주세요.
听 30일은 매진이고, 31일 표밖에 없습니다.

说 베이징(北京)에서 상하이(上海)까지 얼마나 걸리나요?
听 약 12시간 정도 걸립니다.

说 아침 11시 기차를 타면 언제 광저우(广州)에 도착하나요?
听 다음날 아침 7시 30분에 광저우에 도착합니다.

这个国庆节你打算怎么过？
Zhè ge Guóqìngjié nǐ dǎsuàn zěnme guò?

说 还是打算去旅游，中国太大，没去过的地方也太多。
Háishi dǎsuàn qù lǚyóu, Zhōngguó tài dà, méi qùguo de dìfang yě tài duō.

听 这次要去哪里？
Zhè cì yào qù nǎli?

说 国庆节嘛，只有几天，不能到很远的地方。
Guóqìngjié ma, zhǐyǒu jǐ tiān, bù néng dào hěn yuǎn de dìfang.

你觉得苏州怎么样？
Nǐ juéde Sūzhōu zěnmeyàng?

听 我也一直想去，可没机会去。最近天气很好，
Wǒ yě yìzhí xiǎng qù, kě méi jīhuì qù. Zuìjìn tiānqì hěn hǎo,

这个季节去应该不错。
zhè ge jìjié qù yīnggāi búcuò.

说 那，我们一起去苏州旅游怎么样？
Nà, wǒmen yìqǐ qù Sūzhōu lǚyóu zěnmeyàng?

听 当然很好啊！我们要提前买火车票，
Dāngrán hěn hǎo a! Wǒmen yào tíqián mǎi huǒchē piào,

国庆节火车票肯定会紧张。
Guóqìngjié huǒchēpiào kěndìng huì jǐnzhāng.

**단어** 国庆节 Guóqìngjié 국경절(10월 1일) | 打算 dǎsuàn 계획하다 | 天气 tiānqì 일기, 날씨 | 季节 jìjié 계절 | 提前 tíqián (예정된 시간이나 기한을) 앞당기다 | 紧张 jǐnzhāng (물자가) 부족하다, 긴장하다, 긴박하다

**해석** 听 이번 국경절에는 뭐 하고 지낼 생각이야?
说 아무래도 여행이나 갈까 해, 중국이 너무 커서 아직 안 가 본 곳도 너무 많네.
听 이번에는 어디 가려고?
说 국경절은 쉬는 날도 며칠 안 되고 해서 먼 곳은 못 가잖아. 쑤저우(苏州)가 어떨까?

听 나도 쭉 가보고 싶었는데, 기회가 없어서 아직 못 갔어. 요즘 날씨도 좋고, 지금 같은 계절에 가면 딱이지.
说 그럼, 우리 같이 쑤저우 가는 게 어때?
听 당연히 좋지! 먼저 기차표부터 사야겠는데, 국경절에 기차표 사기 쉽지 않거든.

고급 침대칸 두 장이요.

我要两张软卧。
Wǒ yào liǎng zhāng ruǎnwò.

표를 환불하고 싶은데요.

我想退票。
Wǒ xiǎng tuì piào

좌석으로 드릴까요, 침대 칸으로 드릴까요?

你要座位还是卧铺?
Nǐ yào zuòwèi háishi wòpù?

20%의 수수료가 공제됩니다.

需要扣除20%的手续费。
Xūyào kòuchú bǎifēn zhī èrshí de shǒuxùfèi.

가장 빨리 출발하는 걸로 주세요.

我要最近出发的。
Wǒ yào zuìjìn chūfā de.

시간을 바꾸고 싶어요.

我想换其它时间的。
Wǒ xiǎng huàn qítā shíjiān de.

**중국 침대 칸 기차 내부 모습**

중국의 기차 좌석은 침대와 의자, 또 딱딱한지 부드러운지에 따라 가격이 다른데, 롼워 软卧는 부드러운 침대로 가장 비싸고 4인 1실을 사용한다. 잉워 硬卧는 딱딱한 침대로 6인 1실, 둘 다 아래 칸이 제일 비싸다. 롼쭤 软座는 우리나라 새마을호 정도의 안락하고 깨끗한 편의 좌석을 말하는데, 보통 기차역에는 이들 롼쭤 전용 입구가 따로 있다. 잉쭤 硬座는 요금이 가장 싼 좌석으로 사람이 많고 의자 간격도 좁아 장거리 여행에는 매우 불편할 것이다.

정신 없이 사진을 찍다 보니 카메라의 메모리가 꽉 찼네? 그, 그런데 여기가 어디지? 찌 스 나리 这是哪里? 중국에 어느 정도 적응했다고 자신했건만 사투리에 완전히 무너지고, 사전 조사도 나름 열심히 했는데 계획이 어긋나는 일들도 수두룩하구나! 반드시 무사귀환하고 말겠닷!

说 **请帮我拍个照，可以吗?**
Qǐng bāng wǒ pāi ge zhào, kěyǐ ma?

听 **按这里，行吗?**
Àn zhèlǐ, xíng ma?

说 **在这里能拍照片吗?**
Zài zhèlǐ néng pāi zhàopiàn ma?

听 **这里禁止拍照。**
Zhèlǐ jìnzhǐ pāi zhào.

说 **这儿是哪里? 我迷路了。**
Zhèr shì nǎli? Wǒ mí lù le.

听 **您要去哪里?**
Nín yào qù nǎli?

단어 拍照 pāi zhào 사진 찍다 | 按 àn (동사) (손이나 손가락 등으로) 누르다 | 禁止 jìnzhǐ 금지하다 | 迷路 mí lù (길이나 방향 등을) 잃다

해석 说 사진 좀 찍어주시겠어요?
听 여기 누르면 되나요?

说 여기서 사진 찍어도 되나요?
听 사진 촬영 금지입니다.

说 여기가 어디죠? 길을 잃었어요.
听 어디 가실 건데요?

Step 1

Step 2

听 那前面有个小卖部，我们喝点什么吧。
Nà qiánmian yǒu ge xiǎomàibù, wǒmen hē diǎn shénme ba.

说 好吧。我也正好口渴呢!
Hǎo ba. Wǒ yě zhènghǎo kǒukě ne!

听 天气越来越热了!
Tiānqì yuè lái yuè rè le!

说 天气也热，也走累了。
Tiānqì yě rè, yě zǒulèi le.

听 那我们找个地方休息一下吧。
Nà wǒmen zhǎo ge dìfang xiūxi yíxià ba.

说 也好! 买点饮料，歇一会儿吧。
Yě hǎo! Mǎi diǎn yǐnliào, xiē yíhuìr ba.

听 哇! 这栋楼很特别，我们拍张照片，怎么样? 我帮你照。
Wā! Zhè dòng lóu hěn tèbié, wǒmen pāi zhāng zhàopiàn, zěnmeyàng? Wǒ bāng nǐ zhào.

说 我们还是找个人帮忙，一起照合影吧。
Wǒmen háishi zhǎo ge rén bāngmáng, yìqǐ zhào héyǐng ba.

단어 小卖部 xiǎomàibù 간이 식당, 스낵 바, 매점 | 正好 zhènghǎo 때마침 | 口渴 kǒukě 갈증 나다, 목마르다 | 走累 zǒulèi 걷다 지치다 | 歇 xiē (피로를) 풀다, 쉬다, 휴식하다 | 特別 tèbié (보통 것에 비하여) 두드러지게 다르다, 특별하다, 특이하다 | 合影 héyǐng (여럿이 함께 찍는) 사진

해석 听 저 앞에 매점이 있다. 우리 뭐 좀 마시자.
说 그러자. 나도 마침 목마르던 참이야!
听 날이 많이 더워졌어.
说 덥기도 하고, 많이 걸어서 그런가 피곤하네.
听 그럼 우리 어디서 좀 쉬었다 가자.
说 그래! 우리 음료수 사가지고, 저기서 좀 쉬자.
听 와! 이 건물 아주 독특한데, 우리 사진 찍자. 어때? 내가 찍어줄게.
说 우리 누구한테 부탁해서 같이 한 장 찍자.

## 중국이 자랑하는 4곳의 대표 관광지

### 경제의 중심지와 땅 위의 '천당', 그리고 고도(古都)—상하이, 쑤저우, 항저우, 난징

중국에서 가장 개방적이고 현대적이며 물질이 풍부한 도시를 꼽으라면 단연 '상하이'이다.
중국 근대사의 소용돌이를 그대로 간직한 상하이 上海는 도심 한 가운데서 중국의 전통
건축물과 첨단 빌딩, 거기에 19세기 유럽식 근대 건축물까지 모두 볼 수 있다. 상하이 근처
에는 중국인들의 자부심인 쑤저우 苏州와 항저우 杭州가 있다. 쑤저우는 '중국의 베니스'
라고 불릴 만큼 독특한 수로와 아기자기하고 단아한 정원으로 유명하고, 항저우는 이 도
시를 상징하는 호수인 시후 西湖 주변의 절경과 여러 명승고적으로 유명하다. 상하이에서 고속열
차 动车组로 2시간 정도의 거리에 있는 난징 南京도 빼놓을 수 없다. 베이징, 시안 등과 더불어 중국의 역
사와 문화적 가치를 자랑하는 난징은 명(明)나라의 문화 유적이 그대로 남아 있고, 일제 시대의 남경대학살
의 슬픈 역사도 고스란히 전하고 있다.

### 천하절경를 자랑하는 중국 여행지 – 황산, 구채구, 장가계

유네스코가 지정한 세계적인 관광지인 황산 黄山, 최근 한국인들이 가장 많이
관광하는 구채구 九寨沟와 장가계 张家界는 자연 경치를 중심으로 한 관광지
이다. 천혜의 원시림과 신비한 운해, 비취색 물색, 기이한 지형으로 보는 이의
탄성을 자아내는 구채구와 황산은 '황산을 보고 나면 다른 산을 보지 않고, 구
채구를 보고 나면 다른 물을 보지 않는다'는 말이 있을 정도로 천하절경을 자
랑한다. 중국 무협소설이나 옛 수묵화를 보면 나오는 하늘 위로 솟은 듯한 기암괴석과
협곡을 가진 장가계는 특히나 한국인들의 사랑을 많이 받는 관광지로, 전체 해외관광객 가운데 80%가 한국
인이라고 한다.

### 아시아와 유럽을 잇는 동서 교통로–실크로드와 티벳

세계의 동서를 잇는 실크로드를 따라 고대 동서양의 문화와 위구르족, 한족, 티벳족 등 다양한
소수민족들이 삶도 엿볼 수 있는 여행지이다. 고대 동서양 문명의 보고인 실크로드는 아시아와
유럽을 잇는 동서교통로로, 특히 실크로드의 거점인 우루무치 乌鲁木齐와 불교 문화의 보고인
뚠황 敦煌 석굴, 오랫동안 서역 문화의 중심지였던 투루판 吐鲁番 등이 대표적인 관광지이다.
또 '죽기 전에 꼭 가봐야 할 곳'으로 꼽히는 티벳에서는 '하늘열차'라고 불리는 칭짱 青藏 철도를
타고 '세계의 지붕'인 칭짱고원의 아름다운 풍경과 티벳 유목민의 생활상을 감상할 수 있다.

### 중국의 하와이– 하이난

하이난 섬 海南岛은 중국 최남단에 위치한 섬으로, 열대기후와 이국적인 자연
풍경을 자랑하는 휴양지. '동양의 하와이'라 불릴 만큼 천혜의 자연경관을 자랑
한다. 중국에서 겨울에도 여름을 보낼 수 있는 곳으로, 리조트와 해변이 잘 발달
되어 있어 휴양지 및 신혼여행지로도 각광 받고 있으며, 최근에는 중장년층이
골프여행을 즐기러 많이 찾는다고 한다.

# 09 둘 열심히 공부한 당신, 편하게 떠나라

## >> 패키지 여행

하루가 다르게 변모하는 베이징 시내를 돌아다니다 보면 이제 중국의 예전 모습이 많이 사라졌음을 느낄 수 있다. 그렇지만 시내 곳곳에서는 여전히 옛 흔적을 찾아볼 수 있다. 하루쯤 시간을 내어 베이징 시내를 관광해보는 것은 어떨까?

### 베이징의 옛모습 구경하기

서울에도 인사동이나 삼청동, 가회동 혹은 남산 한옥마을 같은 곳이 있듯이, 베이징 시내에도 옛모습을 간직한 곳들이 많이 있다. 한국인 관광객들이 한약, 호랑이 고약 등을 사오는 통런탕 同仁堂이 있는 따자란 大柵欄 거리나, 라이브 카페촌으로 변모하고 있는 허우하이 后海나 스차하이 什刹海에 위치한 명청(明靑) 시기의 후통 胡同과 쓰허위엔 四合园 등이 대표적이다. 이런 곳은 일일코스로 돌아다니면 여행 기분을 내기에도 좋다.

01 황실 가족들이 하늘에 제사를 지내던 티엔탄 天坛 공원. 지금은 매일 아침 일찍 운동하거나 춤을 추고 마작을 즐기는 어르신들로 공원이 가득 찬다. 02 마오쩌둥 사진이 걸려 있는 톈안먼 03 사람들 앞에서 한자 쓰는 법을 가르치시는 할아버지. 공원에 가면 재미있는 사람들을 종종 볼 수 있다. 04 톈안먼 광장에 있는 조각상 05 장성에서 기념품 파는 상인들. 06 이허위엔 颐和园 안의 인공호수 쿤밍 호 昆明湖. 여기서 나온 흙으로 이허위엔 안에 산을 만들었다고 07 베이징의 전통 골동품 시장 판자위엔 潘家园 풍경 08 베이징 시내에서 한 시간 반 정도의 거리에 있는 빠다링 만리장성 八达岭长城.

## 교외, 여행 가기

시내 구경이야 언제든지 맘만 먹으면 갈 수 있지만, 그 외 다른 지역으로 가려면 땅이 넓다 보니 교통편이 썩 편한 건 아니다. 만리장성 長城이나 룽칭샤 龙庆峡에 가고 싶다면 톈안먼 天安门 광장 근처에 있는 치엔먼 前门 버스터미널을 이용해보자. 관광버스와 가이드가 있는 렌터카 상품도 있으니 본인이 편한 걸로 고르면 된다.

## 여행사 이용하기

만일 좀 먼 곳으로 떠나보고 싶다면 현지 여행사를 이용하는 것도 좋은 방법이다. 여행을 준비할 시간적 여유도, 여행지에 대한 사전 지식도 충분하지 않다면 중국 현지 여행사의 패키지 상품도 괜찮은 선택이다. 길에 나가면 크고 작은 여행사들이 줄지어 있는데, 어느 여행사가 좋은지 정 모르겠거든 유명 여행사를 선택하는 게 안전하다. 일단 들어가서 가고 싶은 목적지를 얘기하고 좋은 프로그램을 추천해달라고 하면 이런저런 상품 리플릿이나 카탈로그, 팸플릿을 보여준다.

각종 여행 상품 광고판들

베이징 올림픽 마스코트

중국인들과 떠나는 패키지 여행, 옵션이나 기념품 가게에 들르는 것은 우리랑 똑같네. 다오여우 导游 가이드의 설명을 들으면서 관광지 공부도 하고, 중국인 아줌마, 아저씨들 수다에 좀 시끄럽긴 해도 나름대로 색다른 경험이군!

**Step1**

说 **一日游行程有几种?**
Yírìyóu xíngchéng yǒu jǐ zhǒng?

听 **您要北京一日游，还是去北京周边的景点?**
Nín yào Běijīng yírìyóu, háishi qù Běijīng zhōubiān de jǐngdiǎn?

说 **包车一天需要多少钱?**
Bāochē yì tiān xūyào duōshao qián?

听 **大约500元左右，不包括过路费。**
Dàyuē wǔbǎi yuán zuǒyòu, bù bāokuò guòlùfèi.

说 **门票是自理吗? 学生会不会打折?**
Ménpiào shì zìlǐ ma? Xuésheng huì bu huì dǎzhé?

听 **都已经包括了。带上学生证，**
Dōu yǐjīng bāokuò le. Dàishang xuéshengzhèng,

**到景点可退优惠票差价。**
dào jǐngdiǎn kě tuì yōuhuìpiào chājià.

**단어** 一日游 yírìyóu 일일 유람(관광) | 行程 xíngchéng 여정 | 包车 bāochē 렌트카 | 包括 bāokuò 포함하다 | 过路费 guòlùfèi 도로이용료 | 门票 ménpiào 입장권 | 自理 zìlǐ 스스로 처리하다, 스스로 부담하다 | 差价 chājià 가격 차

**해석** 说 1일 관광 코스로는 몇 가지 종류가 있나요?
听 베이징 일일 여행 코스를 보여드릴까요, 아니면 베이징 주변 지역을 보시겠습니까?

说 렌트카는 하루에 얼마 정도 합니까?
听 500위엔 정도이고요, 도로 이용료는 별도입니다.

说 입장료는 추가 지불해야 되나요? 학생 할인은 되나요?
听 이미 포함되어 있습니다. 학생증을 가져오시면 여행지에서 할인된 금액을 돌려드립니다.

说 我想去北京一日游。
Wǒ xiǎng qù Běijīng　yírìyóu.

听 我们有很多一日游的品种。你要包括哪些景点的?
Wǒmen yǒu hěn duō　yírìyóu　de pǐnzhǒng.　Nǐ yào bāokuò nǎ xiē jǐngdiǎn de?

说 我要到长城的。
Wǒ yào dào Chángchéng de.

听 有八达岭长城、十三陵一日游的。一个人120元。
Yǒu Bādálǐng chángchéng、　Shísān líng　yírìyóu　de.　Yí ge rén yìbǎi èrshí yuán.

说 这个价格包含什么?
Zhè ge　jiàgé　bāohán shénme?

听 包括车费、午餐、长城和长陵门票、导游服务费,
Bāokuò chēfèi、　wǔcān、　Chángchéng hé Chánglíng ménpiào、dǎoyóu fúwùfèi,

其他要自理的。
qítā　yào zìlǐ　de.

说 行程大概几点结束?
Xíngchéng dàgài jǐ diǎn jiéshù?

听 早上8点半到指定地点接车,
Zǎoshang bā diǎn bàn dào zhǐdìng dìdiǎn jiēchē,

晚上5点半乘车返回北京市内。我给您看看行程吧。
wǎnshang wǔ diǎn bàn chéngchē fǎn huí Běijīng shìnèi.　Wǒ gěi nín kànkan xíngchéng ba.

---

**단어** 品种 pǐnzhǒng 품종 | 包含 bāohán 포함하다 | 导游 dǎoyóu (관광객, 여행객을) 안내하다 | 服务费 fúwùfèi 봉사료, 팁 | 结束 jiéshù 마치다, 끝나다 | 接车 jiēchē 픽업하다 | 乘车 chéngchē 승차하다 | 返回 fǎn huí 되돌아가다

**해석** 说 베이징 1일 관광을 하고 싶은데요.
听 여러 종류의 1일 관광상품이 있는데요. 어떤 코스를 원하십니까?
说 만리장성 가는 걸로요.
听 빠다링 장성(八达岭长城), 명 13릉(明十三陵) 1일 코스가 있는데, 1인당 120위엔입니다.
说 이 가격엔 무엇이 포함되는 건가요?

听 차량과 점심식사, 빠다링 장성과 장릉(长陵)의 입장권, 가이드 비용이 포함되어 있고, 그 외의 것은 본인이 부담하셔야 합니다.
说 일정은 대략 몇 시쯤 끝나지요?
听 아침 8시 반에 지정된 장소에서 차를 타고 출발해서, 저녁 5시 반에 여행 일정을 마치고 베이징 시내로 돌아갑니다. 제가 일정을 보여드릴게요.

## 已经…了。

이미, 벌써 ~했다.

**이미 포함되어 있습니다.**

## 已经包括了。

| 走 zǒu | 이미 떠났습니다. |
| 吃饭 chīfàn | 이미 밥을 먹었습니다. |
| 起飞 qǐfēi | 이미 (비행기가) 이륙했습니다. |
| 去过 qùguo | 이미 가봤습니다. |

---

### 표현 Plus⁺

---

추가 옵션은 어떤 게 있죠?

**有什么样的自理项目?**
Yǒu shénmeyàng de zìlǐ xiàngmù?

---

지금은 성수기예요.

**现在是旺季。**
Xiànzài shì wàngjì

---

베이징에는 볼 만한 게 뭐가 있나요?

**北京有什么可看的风景?**
Běijīng yǒu shénme kě kàn de fēngjǐng?

---

어느 여행지가 좋아요?

**哪些景点好玩儿?**
Nǎ xiē jǐngdiǎn hǎowánr?

---

**현지 엿보기**

**중국에서 렌트카를 타고 여행해볼까?**

운전을 할 줄 안다면 렌트카를 타고 내키는 대로 자유롭게 중국대륙을 누벼보는 건 어떨까? 렌트카의 보증금은 2,000~5,000위엔 정도이다. 운전기사가 포함된 렌트카도 있는데, 기사 비용은 별도로 부과되고, 직접 운전할 경우에는 계약시 국제 운전면허증을 제시해야 한다. 대여만기일에서 24시간이 초과되면 초과된 만큼의 비용을 더 내야한다. 또 주행가능거리는 대개 300km정도로 규정된 하루 최대 주행거리를 초과할 경우 1km당 0.8~1위엔 정도의 추가비용을 낸다. 또한 빌릴 때 기름이 얼마큼인지 확인한 후 돌려줄 때 같은 양의 기름을 채워서 돌려주도록 되어 있다.

같은 관광지를 가는데도 종류와 가격이 천차만별인 빠오찌아뤼싱 包价旅行 패키지 여행. 숙소, 시간, 여행 코스 등 다시 한 번 봐야 하는 것들이 왜 이렇게 많은 거냐고… 그래도 안 봐서 손해 보는 것보다 꼼꼼히 살펴보는 게 낫겠지?

**Step1**

听 你要什么时候，到哪里去的？
　　Nǐ yào shénme shíhou, dào nǎli qù de?

说 **这星期六到云南的。**
　　Zhè xīngqīliù dào Yúnnán de.

说 **一定要购买旅游保险吗？**
　　Yídìng yào gòumǎi lǚyóu bǎoxiǎn ma?

听 不一定要买，您自己可以决定。
　　Bù yídìng yào mǎi, nín zìjǐ kěyǐ juédìng.

说 **要提前几天预定？**
　　Yào tíqián jǐ tiān yùdìng?

听 要提前一个星期来预定。
　　Yào tíqián yí ge xīngqī lái yùdìng.

**단어** 包价 bāojià 패키지 | 购买 gòumǎi 구매하다 | 保险 bǎoxiǎn 보험 | 决定 juédìng 결정하다 | 提前 tíqián (예정된 시간이나 기한을) 앞당기다

**해석** 听 언제, 어디로 가시게요?
　　　说 이번 주 토요일, 윈난(云南)으로요.
　　　说 여행자 보험은 꼭 가입해야 하나요?
　　　听 꼭 그렇진 않습니다. 편하실 대로 하세요.
　　　说 며칠 전까지 예약해야 하나요?
　　　听 1주일 전까지 예약하셔야 합니다.

说 下个周末去海南岛旅行的行程给我看看。
Xià ge zhōumò qù Hǎinándǎo lǚxíng de xíngchéng gěi wǒ kànkan.

听 几位客人走?几天几夜的?
Jǐ wèi kèrén zǒu? Jǐ tiān jǐ yè de?

说 两个大人和两个小孩,要四天三夜的。
Liǎng ge dàrén hé liǎng ge xiǎohái, yào sì tiān sān yè de.

听 我给你看一下行程。有三种,行程都差不多,
Wǒ gěi nǐ kàn yíxià xíngchéng. Yǒu sān zhǒng, xíngchéng dōu chàbuduō,

可住宿条件不同。有三星级的,四星级的,五星级的。
kě zhùsù tiáojiàn bùtóng. Yǒu sānxīngjí de, sìxīngjí de, wǔxīngjí de.

说 到时候可以自由活动吗?
Dào shíhou kěyǐ zìyóu huódòng ma?

听 跟导游商量,可以安排一些自由活动,
Gēn dǎoyóu shāngliang, kěyǐ ānpái yìxiē zìyóu huódòng,

但是不能有很大的改动。
dànshì bùnéng yǒu hěn dà de gǎidòng.

说 孩子跟大人的价格一样吗?
Háizi gēn dàrén de jiàgé yíyàng ma?

听 身高1.1米以下的儿童半价,1.1米以上的跟成人一样。
Shēngāo yī mǐ yī yǐxià de értóng bàn jià, yī mǐ yī yǐshàng de gēn chéngrén yíyàng.

---

단어 几天几夜 jǐ tiān jǐ yè 몇 박 며칠 (3박 4일 四天三夜) | 条件 tiáojiàn 조건 | 商量 shāngliang 상의하다, 상담하다, 의논하다 | 安排 ānpái 배치하다, 안배하다, 배정하다 | 改动 gǎidòng (글, 항목, 차례 등을) 바꾸다 | 米 mǐ m(미터) | 以下 yǐxià 이하 | 儿童 értóng 어린이 | 成人 chéngrén 어른, 성인

해석 说 다음 주 주말에 하이난 섬으로 가는 상품을 보여주세요.
听 몇 분이시죠? 며칠 머무실 건가요?
说 어른 둘에 아이 둘이요. 3박 4일이면 좋겠어요.
听 일정표를 보여드릴게요. 3가지인데, 일정은 비슷하지만 숙소가 달라요. 3성급, 4성급, 5성급입니다.

说 도착해서 개인적으로 관광할 수도 있나요?
听 가이드에게 말씀하셔서 개인 시간을 조금 더 가질 수는 있지만, 크게 변경하는 건 어려워요.
说 애들도 어른하고 똑같이 받나요?
听 키 1.1m 이하인 아동은 반액이고, 1.1m 이상은 어른과 같아요.

패키지 여행에서도 돌발 상황은 발생할 수 있는 법. 여행사에서 받은 배지 꼭 착용하고, 가이드와 여행사 전화번호는 꼭 챙겨두어야 무슨 일이 생겨도 능수능란하게 대처를 하겠지!

**Step 1**

说 **路线能改动吗?**
Lùxiàn néng gǎidòng ma?

听 没有特殊情况，一般不能改动。
Méiyǒu tèshū qíngkuàng, yìbān bù néng gǎidòng.

说 **我们什么时候集合?**
Wǒmen shénme shíhou jíhé?

听 大家回房间休息一会儿。然后，6点半在大厅集合。
Dàjiā huí fángjiān xiūxi yíhuìr. Ránhòu, liù diǎn bàn zài dàtīng jíhé.

说 **今天行程结束以后，晚上还有什么节目吗?**
Jīntiān xíngchéng jiéshù yǐhòu, wǎnshang háiyǒu shénme jiémù ma?

听 有，晚上10点有一个少数民族表演。
Yǒu, wǎnshang shí diǎn yǒu yí ge shǎoshù mínzú biǎoyǎn.

**단어** 路线 lùxiàn 노선, 여정 | 改动 gǎidòng 바꾸다, 변경하다 | 特殊 tèshū 특수하다, 특별하다 | 一般 yìbān 일반적으로 | 集合 jíhé 한 곳에 모이다, 집합하다 | 节目 jiémù 프로그램, 레퍼토리 | 少数民族 shǎoshù mínzú 소수민족 | 表演 biǎoyǎn 공연(하다) 연출(하다)

**해석** 说 일정을 수정할 수도 있나요?
听 특별한 상황이 아니라면 변경이 불가능합니다.

说 우리 언제 모이나요?
听 방으로 돌아가서 잠시 쉬세요. 그리고 나서 6시 30분에 로비로 모이십시오.

说 오늘 일정 끝나고 나서 저녁 때 또 무슨 프로그램이 있나요?
听 네, 저녁 10시에 소수민족 공연이 있습니다.

说 我们已经到海南岛了，
Wǒmen yǐjīng dào Hǎinándǎo le,

不过这里的情况和你们说的很不一样。这是怎么回事？
búguò zhèli de qíngkuàng hé nǐmen shuō de hěn bù yíyàng. Zhè shì zěnme huí shì?

听 您具体对哪些部分不满意？
Nín jùtǐ duì nǎxiē bùfen bù mǎnyì?

说 住宿条件、车辆都太差了。
Zhùsù tiáojiàn、 chēliàng dōu tài chà le.

听 我们先了解情况，再跟您联系。
Wǒmen xiān liǎojiě qíngkuàng, zài gēn nín liánxì.

说 行程也跟我们知道的不一样。
Xíngchéng yě gēn wǒmen zhīdao de bù yíyàng.

听 有时候按当地的情况，行程会有所改动。
Yǒu shíhou àn dāngdì de qíngkuàng, xíngchéng huì yǒusuǒ gǎidòng.

说 可是，根本不配这个价格。
Kěshì, gēnběn bú pèi zhè ge jiàgé.

听 不好意思，我们会尽量给您一个满意的答复。
Bùhǎoyìsi, wǒmen huì jìnliàng gěi nín yí ge mǎnyì de dáfù.

단어 具体 jùtǐ 구체적이다 | 情况 qíngkuàng 상황 | 不满意 bù mǎnyì 불만족하다 | 住宿 zhùsù 숙박하다 | 差 chà 모자라다 | 按 àn ~ 따라, ~에 의거하여 | 联系 liánxì 연락하다 | 当地 dāngdì 현지(사람, 사물이 소재한 곳 또는 일이 발생한 그곳) | 有所 yǒusuǒ 다소 ~하다 | 不配 bú pèi 적당하지 않다, 어울리지 않다 | 尽量 jìnliàng 가능한 한, 되도록, 될 수 있는 대로 | 答复 dáfù (문제 또는 요구에 대하여) 대답하다, 회답하다

해석 说 여긴 하이난 섬인데요, 그쪽 여행사에서 말했던 부분이랑 여기 사정이 많이 다르네요. 어떻게 된 거죠?
听 구체적으로 어떤 부분이 마음에 안 드시는지요?
说 숙박도 차량도 너무 형편없어요.
听 일단 저희가 그쪽 상황을 파악하고 고객님께 다시 연락 드리겠습니다.
说 그리고, 일정도 우리가 알던 거랑 다르고요.
听 현지 사정에 따라 일정은 좀 변하기도 합니다.
说 그래도 이 가격에 너무 수준 이하예요.
听 죄송합니다. 저희가 최대한 빨리 만족스런 답변을 드리겠습니다.

| | |
|---|---|
| 호텔이 너무 안 좋네요. | 饭店太差了。<br>Fàndiàn tài chà le. |
| 전혀 4성급이 아닌 것 같아요. | 根本不像四星级的。<br>Gēnběn búxiàng sìxīngjí de. |
| 길에서 버리는 시간이 너무 많은 것 같아요. | 我觉得路上浪费了不少时间。<br>Wǒ juéde lùshang làngfèi le bùshǎo shíjiān. |
| 일정이 너무 빡빡한 것 같아요. | 我觉得日程安排得太紧。<br>Wǒ juéde rìchéng ānpái de tài jǐn. |
| 도저히 받아들일 수가 없어요. | 实在接受不了。<br>Shízài jiēshòu bu liǎo. |
| 최대한 빨리 해결해주세요. | 尽量快点解决吧。<br>Jǐnliàng kuài diǎn jiějué ba. |
| 가이드 비용은 별도인가요? | 导游费另外再付吗?<br>Dǎoyóufèi lìngwài zài fù ma? |
| 이번 연휴 때, 여행 동호회에서 주최하는<br>신장(新疆) 여행을 가려고 합니다. | 这次长假的时候,<br>Zhè cì chángjià de shíhou,<br>我要参加驴友会组织的"新疆行"旅游。<br>wǒ yào cānjiā lǘyǒuhuì zǔzhī de "Xīnjiāngxíng" lǚyóu. |

**여행동반자가 '당나귀 친구'…?**

함께 여행을 하는 여행 동반자들을 '여행'이라는 뜻의 旅游 lǚyóu와 발음이 비슷한 驴友 lǘyóu라고 하며, 여행동호회를 驴友会, 즉, '당나귀모임'이라고 한다. 중국 땅이 워낙 넓으니 멀리 떠나는 건 쉽지 않겠지만, 중국 친구와 거주지 지역에서 가까운 곳을 함께 여행하거나, 방학이나 명절 때 중국 친구 집에 함께 가보는 것도 좋다. 중국 친구가 좋은 여행 동반자 旅伴 lǚbàn이자 훌륭한 가이드 导游 dǎoyóu가 되어준다면 중국을 좀 더 가까이 들여다볼 수 있을 것이다. 길다면 길고 짧다면 짧은 중국 유학 생활, 돌아가는 가방에 가득 찬 짐만큼이나 추억도 한가득이다.

## 중국 각지의 다양한 축제

### 하얼빈 빙등제 哈尔滨 冰灯节

**매년 1월 5일경– 2월 5일경, 헤이룽쟝성 黑龙江省 하얼빈시**
얼음의 도시라 불리는 하얼빈. 송화강 얼음으로 빙설 예술을 펼친다. 빙등. 눈조
각, 국제 얼음조각 대회등 다채로운 행사가 열린다. 한 가지 주의할 점, 엄청 춥다.

### 윈난 다이 傣族 살수제 傣族拨水节

**매년 4월 13일–15일, 윈난성 云南省 시수앙반나 西双版纳 다이족 자치구**
다이족의 가장 큰 명절로 서로서로에게 물을 뿌리며 복을 기원한다. 하지만 살살 합시다~!

### 뤄양 洛阳 모란꽃 축제

**매년 4월 중순, 허난성 河南省 뤄양시 洛阳市**
중국인들이 특히나 사랑하는 꽃. 모란!  꽃놀이, 연등, 서화, 사진전 등 다양한 행사가 열린다.

### 웨이팡 潍坊 국제 연축제

**매년 4월 하순, 산둥성 山东省 웨이팡시 潍坊市**
웨이팡시는 연의 고장으로 유명한 곳이다. 80년대 연축제가 시작된 이
래 매년 그 규모가 더욱 커지고 있다. 연날리기 대회부터 국제 연경기.
연 박물관 참관, 민간예술쇼 등이 열린다.

### 칭다오 青岛 국제 맥주 페스티벌

**매년 8월 중순, 산둥성 山东省 칭다오시 青岛市**
칭다오 맥주는 세계적으로도 이름난 맥주. 축제기간 동안 맥주관련 행사 및 패션쇼, 해상불꽃놀이, 체육경기
등이 펼쳐진다. 원없이 맥주를 마실 수 있다~

### 정저우 郑州 국제소림 무술제

**매년 9월 10일–15일 , 허난성 河南省 쩡저우시 郑州市**
1,500년의 역사를 지닌 소림사(少林寺)와 소림무술은 전 세계적으로 유명하다. 각종 소림무술 시연과 경기
및 무술애호가들의 교류활동도 펼쳐진다.

### 취푸 曲阜 국제 공자 문화제

**매년 9월 26일–10월 10일, 산둥성 취푸시 曲阜市**
중국 고대 사상가이자 교육가인 공자. 공자의 탄생지가 바로 이곳 취푸이다. 이
에 그의 생일인 음력 8월 27일이 되면 제사를 지내고 공자 문화 축제를 연다.

# 무사히 임무 완수,
## 귀환하라

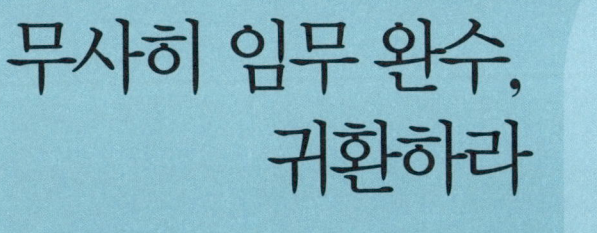

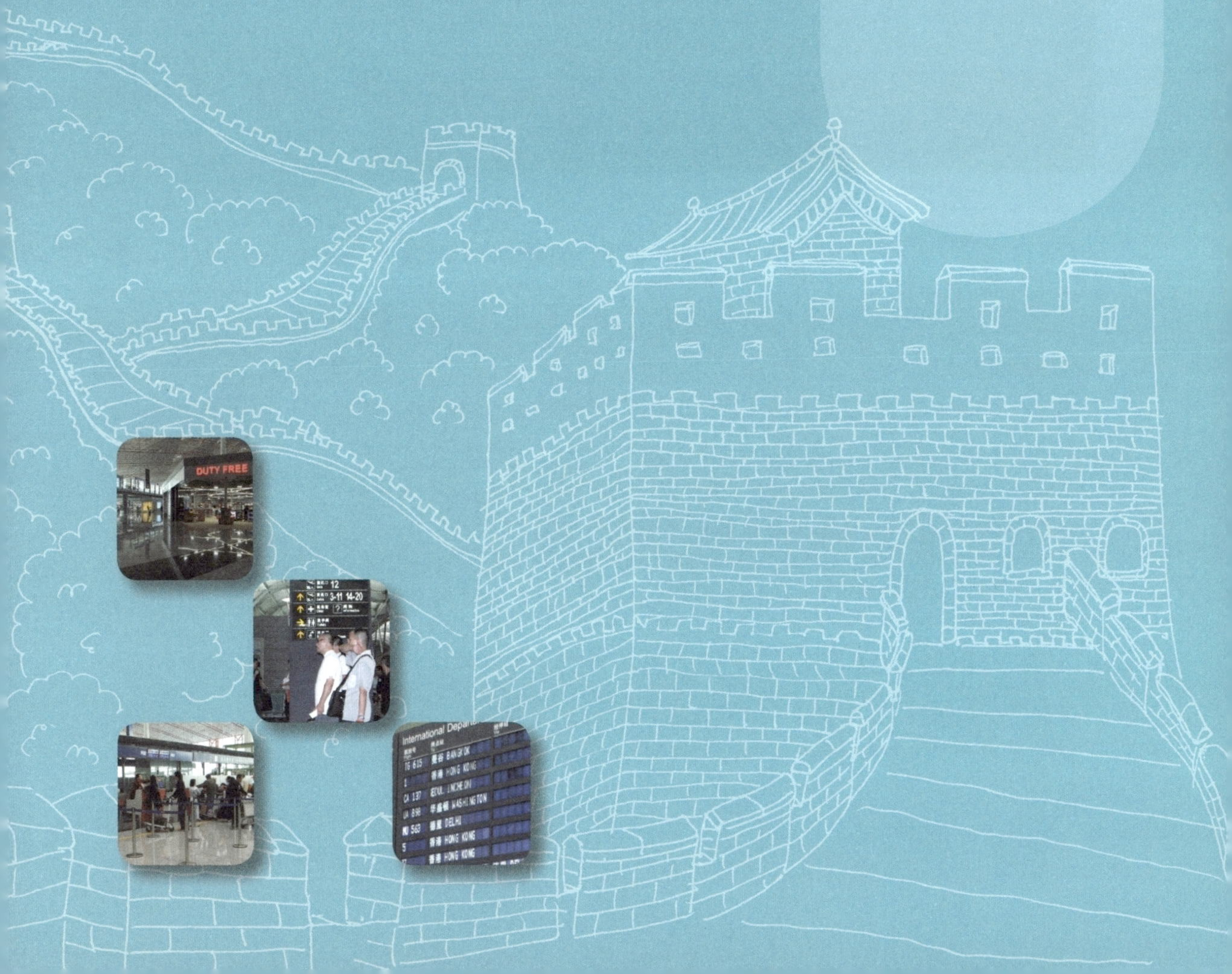

# 10 셔우뚜 지창에서 인천공항으로

## >> 귀국

01
02
07

짧다면 짧고 길다면 긴 중국 생활을 끝내고 돌아갈 준비를 할 즈음에는 여러 가지 생각이 머릿속에 가득할 것이다. 지나간 1년을 뒤로 하고 이제 귀국 절차를 밟아보자.

### 티켓 예매하기

가장 먼저 한국에서 중국으로 올 때 가져온 비행기 오픈 티켓의 상태를 확인해야 한다. 오픈 티켓은 귀국 날짜를 정하지 않고 발권한 티켓을 가리키며, 일반적으로 항공권에 'OPEN'이라고 표시되어 있다. 오픈 티켓은 출국하기 2주일 전에 날짜를 결정해서 해당 항공사에 출국일을 예약 해놓는 것이 좋다.

### 선물 준비

이제 중국 생활을 정리하며 짐을 싸보자. 1년여 만에 한국으로 돌아가는 길이라면 선물을 빠뜨릴 수가 없다. 선물을 구입할 때는 전체 짐의 무게를 생각해 면세점에서 살 것과 미리 시장에서 살 것을 나누어 적어놓는 것도 요령이다. 아버지 드릴 전통

주는 면세점에서 구입하고, 어머니 드릴 진주목걸이와 지인들에게 나눠줄 기념품은 시우쉐이지에 秀水街에서 구입하는 식으로.

선물을 준비할 때 중국의 농산물이 싸다는 얘기를 듣고 깨와 참기름, 호두 등의 견과류를 좀 사달라고 요청하시는 분들이 있을지도 모른다. 그러나 농산물은 한국 내 반입 금지 품목들이 많다는 것을 꼭 기억하자. 인천공항에서 걸리면 모두 압수되니 조심해야 한다.

## 출국 수속

인천공항에서 했던 절차와 똑같다. 항공권을 탑승권으로 바꾸고, 짐을 부치고 나서 레일을 타고 출국심사대로 간다. 출국심사대를 통과하면 면세점과 게이트가 있는 청사로 들어서게 된다. 중국 공항 직원들의 분위기나 태도가 예전보다 많이 부드러워졌다. 인사도 잘하고, 관광객들과 눈으로 웃음을 주고받는다. 물론, 안 그런 사람도 있지만. 덕분에 중국에서의 1년이 기분 좋게 마무리되고 좋은 추억으로 기억될 것이다.

01 베이징 셔우뚜 국제공항 T3 출국장 모습. 인천 국제공항과 많이 닮았다. 02 탑승 수속을 밟고 있는 사람들. 비행기표를 탑승권으로 바꾸고, 짐을 부친다. 03 수속을 마치면 레일을 타고 출국심사대와 게이트가 있는 청사로 이동한다. 레일 안에서 바라본 청사. 04 출국심사대를 통과하면 엑스레이 통로를 지나면서 검사를 받는다. 여기에서도 액체류와 날카로운 물품은 통과할 수 없다. 노트북 컴퓨터도 가방에서 잠시 꺼내어 엑스레이를 통과시켜야 한다. 05 신고 품목이 없으면 그냥 통과하는 녹색통로. 만약 신고할 품목이 있다면 빨간색 통로로 가야 한다. 06 면세점은 입국장과 출입국심사대의 청사 건물 두 군데에 모두 있다. 07 2008년 새로 바뀐 출국카드

항공사별 위치 안내판    한글이 병기된 안내판    게이트 안내판

mission **01** 떨지 말고 중국어로 비행기표를 구입하라

짐도 싸고 띵피야오 订票 비행기표 예약도 하고, 친했던 중국 친구랑 인사도 나누고……. 시원섭섭하네.

**Step1**

说 **我想买机票。**
Wǒ xiǎng mǎi jīpiào.

听 **哪里到哪里?**
Nǎlǐ dào nǎlǐ?

说 **我想买15号到韩国仁川的机票。**
Wǒ xiǎng mǎi shíwǔ hào dào Hánguó Rénchuān de jīpiào.

听 **要单程的还是往返的?**
Yào dānchéng de háishi wǎngfǎn de?

---

**단어** 机票 jīpiào 비행기 표 | 单程 dānchéng 편도 | 往返 wǎngfǎn 왕복

**해석** 说 비행기 표를 사려고 합니다.
听 어디에서 어디로 가는 표요?

说 15일 인천 가는 비행기 표를 사려고 합니다.
听 편도요, 왕복이요?

说 我要订飞机票。从北京到首尔的。
Wǒ yào dìng fēijīpiào. Cóng Běijīng dào Shǒu'ěr de.

听 要什么时候走的?
Yào shénme shíhou zǒu de?

说 下个星期三出发的不定期往返机票。
Xià ge xīngqīsān chūfā de búdìngqī wǎngfǎn jīpiào.

听 七月十五号有两个航班,上午是大韩的,下午是东方的。
Qī yuè shíwǔ hào yǒu liǎng ge hángbān, shàngwǔ shì Dàhán de, xiàwǔ shì Dōngfāng de.

你要几点的?
Nǐ yào jǐ diǎn de?

说 我要上午的。
Wǒ yào shàngwǔ de.

听 我先帮您查一下那天有没有票。
Wǒ xiān bāng nín chá yíxià nàtiān yǒu méiyǒu piào.

不好意思,下星期三没有位子了。星期六怎么样?
Bùhǎoyìsi, xià xīngqīsān méiyǒu wèizi le. Xīngqīliù zěnmeyàng?

说 先预定星期六的,星期三的,等别人退票吧。
Xiān yùdìng xīngqīliù de, xīngqīsān de, děng biérén tuì piào ba.

단어 退票 tuì piào 표를 환불하다

해석 说 비행기 티켓 예매하려고 합니다. 베이징에서 서울이요.
听 언제 출발하는 티켓을 원하시나요?
说 다음 주 수요일에 출발하는 오픈 왕복 티켓이요.
听 7월 15일에 두 개의 항공편이 있네요. 오전은 대한항공이고, 오후는 동방항공입니다.
언제로 하시겠어요?
说 오전으로 할께요.
听 먼저 좌석이 있는지 알아보겠습니다.
죄송합니다. 수요일에는 좌석이 없네요. 토요일은 어떠세요?
说 일단 토요일로 예약해주시고요. 수요일은 다른 사람이 환불하는 걸 기다리죠.(대기자 명단에 넣어주세요.)

### 귀국 선물로 뭐가 좋을까?

개인취향에 따라 다르지만 대표적인 몇 가지를 보면 '술', '참기름', '각종 곡식류', 녹용 등의 '한약재료', '진주', '이미테이션(짝퉁)', 'cd/dvd판', 호랑이연고나 우황청심환 같은 '약' 등이 제일 일반적으로 많이 선호하는 품목들이다.

술은 1인당 2병밖에 못 가져가므로 미리 사두는 것이 좋다. 대형 할인마트 등에서 사는 것이 안전하며 마오타이 茅台나 우량예 五粮液처럼 유명한 것도 좋지만 100위엔 정도하는 그 지역 특산주도 추천할 만하다. 요즘 액체, 특히 주류에 대한 검사가 엄격해지고 있어 면세점이 아닌, 밖에서 산 술이라면 기내반입은 불가능합니다. 만약 술병이 아닌 다른 병들, 예를 들면 참기름 병이나 약병 등, 술병으로 보여질 수 있는 물건이 2병이라면 짐을 풀어 술이 아님을 확인하는 경우도 많다. 중국 술은 포장이 그다지 견실하지 못하므로 술이 새어나와 옷가지나 다른 짐들을 버릴 수도 있으니 짐을 부칠 때 꼼꼼하게 재포장해야 한다.

참기름과 곡식류는 어른들, 특히 어머니들이 제일 좋아하는 품목. 곡식을 가지고 들어가는 데에 특별한 규정은 없지만 단일 품목은 5kg으로 제한하고, 잣은 1kg로 한국 세관에서 제한하고 있다. 특히, 요즘에는 중국에서 들여온 호두에서 나방이 같이 들어와 우리나라 농작물을 망치는 바람에 호두는 한국으로 반입 불가한 금지품목 1위이다.

웅담, 녹용 등 이런 건강식품들은 주로 지린성 吉林省 쪽에서 많이 난다. 백두산 관광을 다녀온 사람이라면 하나씩 으레 가지고 오게 되는데 가짜도 많다고 하니 살 때 유의할 것. 건조된 농산물이나 식물성 한약재는 가지고 올 수 있지만 흙이 묻어 있으면 안 된다.

진주, 유명 메이커의 짝퉁 시계, 가방 등은 한국인들이 제일 많이 사가는 품목들이다. 특히 중국의 짝퉁시장은 전 세계적으로 악명이 높은데, 중국도 대대적으로 단속을 한다고는 하지만 불가항력인 듯. 가격도 천차만별이라 잘 모르면 비싸게 사게 되는 경우가 많으니 사고자 한다면 주위 한국 분들의 조언을 받아서 사는 것이 좋다. 그냥 개인이 사용할 목적으로 한두 개 사는 거야 괜찮겠지만 너무 많이 산다면 세관에서 장사하는 사람으로 오해받을 수 있으니 주의하자. 또 CD나 DVD판도 한국돈으로 1000원을 넘지 않지만 불법 복제물이 대부분이다. 이것도 세관에서 규정된 것은 30장 이내라고 한다.

---

### 어휘 Plus⁺  공항에서 알아두어야 할 표현들

| | |
|---|---|
| 여권 护照 hùzhào | 출발시간 出发时间 chūfāshíjiān |
| 비자 签证 qiānzhèng | 도착시간 到达时间 dàodáshíjiān |
| 짐 行李 xíngli | 환승 转乘 zhuǎnchéng |
| 탑승권 登机牌 dēngjīpái | 수하물 찾는 곳 行李领取处 xíngli lǐngqǔchù |
| 편명 航班号 hángbānhào | 안내데스크 咨询台 zīxúntái |
| 탑승구 登机口 dēngjīkǒu | 분실물 신고센터 报失中心 bàoshīzhōngxīn |
| 국내선 国内航班 guónèi hángbān | 티켓오피스 票务服务 piàowùfúwù |
| 국제선 国际航班 guójì hángbān | 세관 海关 hǎiguān |

## 초과된 짐은 눈치껏 묻어가라

중국 생활을 하면서 늘어난 건 중국어 실력과 여러 가지 추억이 담긴 살림살이들. 그러다 보니 공항에서 가져갈 수 있는 짐 무게를 초과하는 것은 흔한 일이다. 유학생이라 해도 30kg은 넘길 수 없으니, 아쉬워도 버릴 건 과감히 버려야 한다. 안녕이다 중국아, 짜이찌엔 再见! 삐삐삐 헉!··· 반입 불가 품목을 뺀다는 걸 깜빡했네.

---

听 你们是一起的吗?
Nǐmen shì yìqǐ de ma?

说 **是，我们是一起的。**
Shì, wǒmen shì yìqǐ de.

说 **能托运几个行李呢?**
Néng tuōyùn jǐ ge xíngli ne?

听 一个人可以托运二十公斤。
Yí ge rén kěyǐ tuōyùn èrshí gōngjīn.

Step 1

---

해석 听 일행이세요?
说 네, 일행입니다.

说 짐은 몇 개나 부칠 수 있나요?
听 1인당 20kg까지 부칠 수 있습니다.

听 你要托运几个行李？
Nǐ yào tuōyùn jǐ ge xíngli？

说 两件行李。
Liǎng jiàn xíngli.

听 有需要申报的吗？
Yǒu xūyào shēnbào de ma？

说 没有。
Méiyǒu.

听 先放大的，好吗？
Xiān fàng dà de, hǎo ma？

说 好的。
Hǎode.

听 请填一下这张表。好了！这是您的登机牌。
Qǐng tián yíxià zhè zhāng biǎo. Hǎo le! Zhè shì nín de dēngjīpái.

请您四点半之前到三十七号登机口。
Qǐng nín sì diǎn bàn zhīqián dào sānshí qī hào dēngjīkǒu.

해석 听 짐 몇 개 부치실 거예요?
说 두 개 부칠 겁니다.
听 신고할 물품이 있으신가요?
说 없는데요.
听 큰 것부터 올리세요.
说 네.
听 이 표를 작성하세요. 됐습니다! 탑승권 받으세요.
4시 30분까지 37번 탑승구로 가세요.

| | |
|---|---|
| 날짜가 고정된 왕복 티켓의 경우 돌아오는 날짜 변경이 가능한가요? | 定期机票的话,<br>Dìngqī jīpiào de huà,<br><br>能不能更改回来的日期?<br>néng bu néng gēnggǎi huílái de rìqī? |
| 몇 명부터 단체 할인이 되나요? | 几个人可以享受团体优惠价格啊?<br>Jǐ ge rén kěyǐ xiǎngshòu tuántǐ yōuhui jiàgé a? |
| 공항에 몇 시간 전에 가야 하죠? | 要提前几个小时到机场啊?<br>Yào tíqián jǐ ge xiǎoshí dào jīchǎng a? |
| 티켓 취소 가능한가요? | 可以退票吗?<br>Kěyǐ tuìpiào ma? |
| 티켓을 취소하려면 수수료를 내야 합니까? | 退机票需要付手续费吗?<br>Tuì jīpiào xūyào fù shǒuxùfèi ma? |
| 티켓을 가져다 주실 수 있나요? | 你们可以送票上门吗?<br>Nǐmen kěyǐ sòng piào shàngmén ma? |
| 짐 무게가 초과되면 얼마나 더 지불해야 하죠? | 超重了要付多少钱?<br>Chāozhòng le yào fù duōshao qián? |
| 이 물건은 기내 반입이 되나요? | 这个东西可以带到机舱内吗?<br>Zhè ge dōngxi kěyǐ dài dào jīcāng nèi ma? |
| 죄송합니다, 더는 짐을 부치실 수 없습니다. | 不好意思,不能再托了。<br>Bùhǎoyìsi, bù néng zài tuō le. |
| 이미 규정 무게를 초과하셨습니다. | 已经超重了。<br>Yǐjīng chāozhòng le. |

현지 엿보기

**비행기 티켓과 여권의 영문 이름은 동일하게!!**

비행기 티켓을 구입할 때 영문 이름을 사용하는데, 간혹 여권의 이름과 다른 경우가 있어 공항에 도착해서 이 사실을 발견한 손님과 항공사 직원들이 옥신각신하는 장면을 종종 볼 수 있다. 이름이 잘못 기재 되었다던가 여권번호가 잘못 기입되면 출국을 할 수 없을 수도 있으니 이름, 특히 항공권 영문 이름 표기가 본인 여권의 표기와 같은지, 여권번호와 출발날짜, 비행기 편명도 확인해야 한다.

## 오픈 티켓 예약하기

많은 사람들이 한국에서 출국할 당시 오픈 왕복 티켓을 끊는다. 한국에서야 한국 직원이나 여행사 직원들의 도움을 받았으니 크게 문제될 것이 없었겠지만, 다시 한국으로 귀국할 때 중국 내에서 이 오픈 티켓을 가지고 돌아가는 항공 티켓을 예약하려면 중국어 실력이 필요하다.

제일 무난한 방법은 티켓과 여권을 가지고 현지에 있는 항공사 본사를 찾아가서 직접 예약을 하는 방법이다. 전화만으로도 예약이 가능하지만, 자칫 서툰 중국어로 인해 잘못 예약되는 경우가 있기도 하다. 성수기인 경우라면 원하는 날짜에 예약을 못하는 수도 있으므로, 입국 날짜가 정해지면 바로 예약하는 것이 좋고, 성수기가 아니라면 일주일 내에만 예약하면 문제가 없을 것이다. 혹시 모르니 출발하기 며칠 전에 예약을 다시 확인하고, 공항에도 되도록 빨리 도착해서 티켓팅을 일찍 해두는 게 안전하다.

요즘은 중국의 각 항공사마다 한국인 직원이나 한국어 가능한 직원들을 배치하는 추세여서, 영업 시간에 중국 내 본사로 전화하면 이들의 도움을 받을 수 있다.

### 한-중 노선 운행 중인 주요 항공사

| 항공사 명 | 중국 명칭 | 웹사이트 |
|---|---|---|
| 대한항공(KE) | 大韩航空公司 | http://www.koreanair.com |
| 아시아나항공(OZ) | 韩亚航空公司 | http://www.flyasiana.com |
| 중국국제항공(CA) | 中国国际航空公司 | http://www.airchina.com.cn |
| 중국동방항공(MU) | 中国东方航空公司 | http://www.ce-air.com/ |
| 중국남방항공(CZ) | 中国南方航空公司 | http://www.csair.com/cn/ |

**동양북스** 분야별 추천 교재

## 관광

중국어뱅크
관광 중국어 1

중국어뱅크
관광 중국어 2

중국어뱅크
의료관광 중국어

## 실무

중국어뱅크
판매 중국어

중국어뱅크
호텔 중국어

중국어뱅크
항공 서비스 중국어

중국어뱅크
비즈니스 실무
중국어 (초·중급)

중국어뱅크
비즈니스 실무
중국어 (중·고급)

## 어법

버전업!
삼위일체 중문법

똑똑한 중국어
문법책

중국어 문법·
작문 업그레이드

北京大学
중국어 어법의 모든 것

## 한자·어휘

중국어뱅크
중국어 간체자

중국어뱅크
중국어 간체자
1000

가장 쉬운
독학 중국어 단어장

新 버전업
중국어 한자 암기박사

## 문화

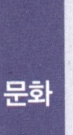
중국어뱅크
버전업 사진으로
보고 배우는
중국문화

중국어뱅크
시사 따라잡는 독해
중국 읽기

# 🔷 📖 동양북스 단계별 추천 교재 시리즈

| | 한어구어 | | 스마트 중국어(회화) | 베이직 중국어 |
|---|---|---|---|---|
| **입문과정** | <br>중국어뱅크<br>북경대학 한어구어 1 | 중국어뱅크<br>북경대학 12과로 끝내는<br>한어구어 上 | <br>중국어뱅크<br>스마트 중국어 STEP 1 | 중국어뱅크<br>베이직 중국어 1 |
| **초급과정** | <br>중국어뱅크<br>북경대학 한어구어 2 | <br>중국어뱅크<br>북경대학 12과로 끝내는<br>한어구어 下 | <br>중국어뱅크<br>스마트 중국어 STEP 2 | <br>중국어뱅크<br>베이직 중국어 2 |
| **초중급과정** | <br>중국어뱅크<br>북경대학 한어구어 3 | <br>중국어뱅크<br>북경대학 한어구어 4 | <br>중국어뱅크<br>스마트 중국어 STEP 3 | <br>중국어뱅크<br>베이직 중국어 3 |
| **중고급과정** | <br>중국어뱅크<br>북경대학 한어구어 5 | 중국어뱅크<br>북경대학한어구어 6 | <br>중국어뱅크<br>스마트 중국어 STEP 4 | |

| 드림 중국어 | 실력업 중국어 | 교양 중국어 | | |
|---|---|---|---|---|

중국어뱅크
DREAM 중국어 회화 1

중국어뱅크 실력UP 1
(스피드 중국어 STEP 1 개정판)

중국어뱅크
비주얼 중국어 회화 1

중국어뱅크
THE 중국어 1

중국어뱅크
NEW스타일
중국어 1

중국어뱅크
DREAM 중국어 회화 2

중국어뱅크 실력UP 2
(스피드 중국어 STEP 2 개정판)

중국어뱅크
비주얼 중국어 회화 2

중국어뱅크
THE 중국어 2

중국어뱅크
NEW 스타일
중국어 2

## 심화 과정

중국어뱅크
DREAM 중국어 회화 3

중국어뱅크 실력UP 3
(스피드 중국어 STEP 3 개정판)

중국어뱅크
스마트 중국어 독해 STEP 1

중국어뱅크
스마트 중국어 듣기 1

중국어뱅크
스마트 중국어 작문 1

중국어뱅크
DREAM 중국어 회화 4

중국어뱅크
스피드 중국어 회화
중급 독해편

중국어뱅크
스마트 중국어 독해 STEP 2

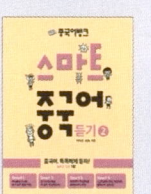

중국어뱅크
스마트 중국어 듣기 2

중국어뱅크
스마트 중국어 작문 2

# 🔶 📖 동양북스 단계별 추천 수험서 시리즈

## 新 HSK 모의고사

북경대 新HSK
실전 모의고사 · 6급 / 5급 / 4급 / 3급 / 2급

중국어뱅크 新HSK 이거 하나면 끝!
실전 모의고사 6급 / 5급 / 4급 / 3급

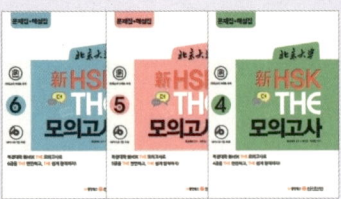

북경대학 新HSK
THE 모의고사 6급 / 5급 / 4급

중국어뱅크 新HSK
기출 적중문제집 6급 / 5급 / 4급

## 新 HSK 종합서

버전업! 新HSK
한 권이면 끝 6급 / 5급 / 4급 / 3급

## 新 HSK 어휘

新HSK VOCA 5000
6급 / 5급

버전업! 新HSK
VOCA 2500 6급 / 5급

## 新 HSK 회화

新HSK 한권이면 끝    新HSK 한권이면 끝    新HSK 한권이면 끝
고급 회화          중급 회화          초급 회화

## 新 HSK 영역별

新HSK 합격 쓰기          북경대 新HSK
6급 / 5급               듣기 · 독해 공략 6급

## BCT / TSC

新BCT 실전 모의고사 A형 / B형

TSC 한 권이면 끝

TSC VOCA